CÉREBRO CINZENTO, CÉREBRO ENSOLARADO

Elaine Fox

CÉREBRO CINZENTO, CÉREBRO ENSOLARADO

Como retreinar o seu cérebro para superar o pessimismo e alcançar uma perspectiva mais positiva na vida

Tradução
CLAUDIA GERPE DUARTE
EDUARDO GERPE DUARTE

Editora Cultrix
SÃO PAULO

Título original: *Rainy Brain, Sunny Brain*.
Copyright © 2012 Elaine Fox.
Copyright da edição brasileira © 2014 Editora Pensamento-Cultrix Ltda.
Texto de acordo com as novas regras ortográficas da língua portuguesa.
1ª edição 2014.

Todos os direitos reservados. Nenhuma parte desta obra pode ser reproduzida ou usada de qualquer forma ou por qualquer meio, eletrônico ou mecânico, inclusive fotocópias, gravações ou sistema de armazenamento em banco de dados, sem permissão por escrito, exceto nos casos de trechos curtos citados em resenhas críticas ou artigos de revistas.

A Editora Cultrix não se responsabiliza por eventuais mudanças ocorridas nos endereços convencionais ou eletrônicos citados neste livro.

P. S. Este livro pode ser exportado para a América do Sul e para o resto do mundo, com exceção de Portugal.

Editor: Adilson Silva Ramachandra
Editora de texto: Denise de C. Rocha Delela
Coordenação editorial: Roseli de S. Ferraz
Produção editorial: Indiara Faria Kayo
Editoração eletrônica: Fama Editora
Revisão: Liliane S. M. Cajado e Yociko Oikawa

Dados Internacionais de Catalogação na Publicação (CIP)
(Câmara Brasileira do Livro, SP, Brasil)

Fox, Elaine
  Cérebro cinzento, cérebro ensolarado : como retreinar o seu cérebro para superar o pessimismo e alcançar uma perspectiva mais positiva na vida / Elaine Fox ; tradução Claudia Gerpe Duarte, Eduardo Gerpe Duarte. — 1. ed. — São Paulo : Cultrix, 2014.

  Título original: Rainy brain, sunny brain.
  ISBN 978-85-316-1299-2
  1. Otimismo 2. Psicologia cognitiva 3. Psicologia positiva I. Título.

14-12121   CDD-155.232

Índices para catálogo sistemático:
1. Otimismo : Aspectos psicológicos 155.232

Direitos de tradução para o Brasil adquiridos com exclusividade pela EDITORA PENSAMENTO-CULTRIX LTDA., que se reserva a propriedade literária desta tradução.
Rua Dr. Mário Vicente, 368 — 04270-000 — São Paulo, SP
Fone: (11) 2066-9000 — Fax: (11) 2066-9008
http://www.editoracultrix.com.br
E-mail: atendimento@editoracultrix.com.br
Foi feito o depósito legal.

SUMÁRIO

Introdução 7

1 Cérebros cinzentos e Cérebros ensolarados 15
   A mente afetiva

2 O lado ensolarado para cima 44
   Investigando o otimismo

3 O cérebro cinzento... 77
   Por que o otimismo é mais esquivo do que o pessimismo

4 Genes do otimismo e do pessimismo..................................... 107
   Existem genes para a maneira como nós somos?

5 A mente maleável 138
   A extraordinária plasticidade do cérebro humano

6 Novas técnicas para remodelar o nosso cérebro..................... 173
   Do medo ao florescimento

Agradecimentos.. 209
Notas 212

"A cada momento da vida, somos o que iremos nos tornar,
tanto quanto o que já fomos."
— Oscar Wilde, *De Profundis*

O pessimista vê dificuldade em cada oportunidade.
O otimista enxerga oportunidade em cada dificuldade.
— Winston Churchill

INTRODUÇÃO

PSIQUIATRA DE ALVY
Com que frequência vocês dormem juntos?

ALVY
Quase nunca. Três vezes por semana no máximo.

PSIQUIATRA DE ANNIE
Vocês fazem sexo com frequência?

ANNIE
Constantemente! Eu diria que três vezes por semana.

— Annie Hall

A ciência psicológica estabeleceu uma simples verdade: a maneira como vemos o mundo e o modo como interagimos com ele altera a maneira como o mundo reage a nós. Este é um fato incontestável que é esquecido com excessiva facilidade. O nosso jeito de ser, a nossa opinião sobre as coisas, a nossa atitude diante da vida, o que eu chamo de mentalidade afetiva, influencia o nosso mundo, afetando a nossa saúde, a nossa riqueza e o nosso bem-estar de um modo geral. Os psicólogos desenvolveram várias maneiras de medir diferentes mentalidades — pessimismo e otimismo — de maneira que agora é possível quantificar as diferenças entre essas formas fundamentais de pensar. O mais extraordinário é que essas diferenças — quer nós nos voltemos para o lado luminoso da vida, quer para o sombrio — podem ser associadas a padrões específicos de atividade no próprio cérebro. Feixes de fibras nervosas, que conectam áreas contemporâneas do nosso cérebro "pensante" com regiões antigas que controlam as nossas emoções mais primitivas, compõem diferentes aspectos da nossa mente afetiva. A parte do cérebro "cinzento" destaca o negativo, enquanto o nosso cérebro "ensolarado" nos arrasta em direção às coisas boas da vida. Ambos são essenciais, e são os freios e contrapesos entre esses dois sistemas que, em última análise, tornam você o que você é e eu o que eu sou. É a nossa mente afetiva que confere significado à nossa vida sintonizando-nos com o que realmente importa.

Há mais de vinte anos, as diversas maneiras pelas quais as pessoas interpretam o mundo à sua volta estão no âmago do meu trabalho científico. A minha busca tem sido iluminar, pouco a pouco, as partes do nosso cérebro que nos permitem experimentar alegrias e receios, apreciar a beleza, divertir-nos e preocupar-nos a ponto de tocar as raias do desespero existencial. O afeto impregna a nossa mente de significado, tornando-nos conscientes do que poderia nos prejudicar, avisando-nos do que poderia dar errado, arrastando-nos em direção ao que é bom para nós, e realçando os prazeres e alegrias da vida. Ao longo de milhões de anos de evolução, antigas estruturas neurais se estenderam para formar elos com regiões mais recentes do cérebro, desenvolvendo circuitos e redes que nos sintonizam com o que é importante. Diferenças sutis na reatividade desses circuitos do cérebro afetivo resultam em atitudes e concepções sobre a vida profundamente divergentes — a essência do que eu chamo de a nossa "mente afetiva". É aqui que certamente encontraremos as respostas para por que nós diferimos tanto uns dos outros.

A nossa mente afetiva nos confere alma, insere paixão na vida. Essa capacidade de experimentar e sentir emoções, especialmente na maneira como reagimos aos prazeres e perigos, é compartilhada com muitas outras espécies, mas quando reunida com o nosso córtex cerebral ampliado — a parte do nosso cérebro que nos confere os nossos talentos cognitivos exclusivos de falar, pensar e resolver problemas — a nossa mente afetiva possibilita que transcendamos o resto da biologia. Essa interseção do pensamento e do sentimento pode nos fazer ficar boquiabertos diante da beleza inesquecível de um pôr do sol ou comovidos até as lágrimas por uma simples sequência de palavras ou notas musicais.

No entanto, essa mesma combinação de regiões antigas e contemporâneas do cérebro tem um inconveniente, deixando-nos vulneráveis à angústia existencial. Com excessiva facilidade, podemos ser esmagados por temores e preocupações, e abatidos pelo mero "pranto monstruoso do vento", como disse tão belamente W. B. Yeats.

As minhas tentativas de compreender a mente afetiva em toda a sua complexidade seguiu o caminho da própria ciência psicológica, concentrando-se inicialmente no negativo antes de se voltar para a questão de por que algumas pessoas vicejam, aparentemente impermeáveis a tudo o que a vida lança na direção delas. Durante a maior parte da sua história, a psicologia se ocupou de problemas: ansiedade, depressão, vícios, compulsões têm sido os seus principais temas. Ao longo dos anos, milhares de subsídios de pesquisa foram obtidos e artigos científicos escritos sobre por que algumas pessoas são propensas a um pessimismo difundido que pode se transformar em depressão e ansiedade, e um grande número de pesquisadores tentou descobrir maneiras eficazes de aliviar a angústia causada por toda essa negatividade. É claro que uma ênfase no negativo é compreensível e apropriado, tendo em vista a devastação que os transtornos da ansiedade e da depressão grave podem causar na vida das pessoas.

A minha abordagem do deslindamento desse mistério foi sondar a mente das pessoas ansiosas e deprimidas com as ferramentas tradicionais da psicologia cognitiva. Projetar imagens positivas e negativas em uma tela de computador, às vezes tão rápido que elas ficam abaixo do radar da consciência, e depois pedir às pessoas que detectem itens que ocorrem na mesma posição o mais rápido que puderem, me permite medir a rapidez com que as pessoas reagem a diferentes tipos de imagens — negativas ou positivas — revelando um vislumbre momentâneo do que cativa a mente inconsciente. Se a sua mente é atraída para uma cena negativa, como o resultado de um acidente de carro, por exemplo, em detrimento de uma imagem mais alegre, os itens que aparecem naquela posição serão encontrados mais rápido. A diferença pode ser de apenas centésimos de segundo, mas décadas de pesquisas usando técnicas como essa revelam que o cérebro ansioso se desloca imperceptivelmente na direção do negativo.

A tendência dentro da ciência psicológica está gradualmente se voltando para o que nos torna felizes e otimistas. E essa história que está se desenvolvendo está nos dizendo que a mente otimista é inexoravelmente atraída na direção do positivo, ao mesmo tempo que delicadamente está nos afastando do negativo. Os estilos cognitivos daqueles propensos ao pessimismo e à ansiedade e daqueles propensos ao otimismo e à felicidade são, com efeito, fundamentalmente diferentes. Por quê? Esses vieses profundamente entranhados desempenham um papel *causal* no motivo pelo qual algumas pessoas são pessimistas e ansiosas, ao passo que outras são profundamente esperançosas e otimistas? Em poucas palavras, de que maneira e por que a mente afetiva difere tanto entre as pessoas?

Desenvolvimentos sensacionais na ciência psicológica, ao lado de avanços surpreendentes na tecnologia que está por trás da neurociência e da genética, nos fornecem uma abundância de novas evidências sobre essas antigas questões. A maioria dos departamentos de psicologia nos dias atuais abriga uma variedade de sofisticados aparelhos de imagens do cérebro que nos permitem espiar o funcionamento interno do nosso cérebro como nunca foi possível antes. Combinadas com métodos tradicionais, essas novas informações lançam uma nova luz sobre o quanto a nossa perspectiva de vida está associada a processos que ocorrem nas profundezas do nosso cérebro.

A maneira como interpretamos e reagimos às coisas que acontecem exerce um impacto incalculável no tipo de vida que nós levamos. Vamos examinar a seguinte história de dois irmãos que conheci quando eu estudava na universidade. Daniel e Joey nasceram com um ano de diferença de um para o outro em uma pequena cidade na parte ocidental da Irlanda na década de 1960. Os seus pais eram relativamente abastados, com uma pequena loja na qual ambos os rapazes trabalhavam quando eram jovens. Ambos frequentaram a escola Christian Brothers e estavam ativamente envolvidos no clube Gaelic Athletic Association da localidade. A vida deles não foi marcada por nada espetacular; nada excessivamente ruim ou bom jamais acontecia na pequena cidade em que viviam. Hoje em dia, Daniel é multimilionário e mora nos Estados Unidos, tendo uma série de negócios bem-sucedidos. Joey trabalha como professor em Dublin, e se esforça para pagar a hipoteca da sua casa.

Desde o início os dois meninos eram diferentes. Sempre atento às oportunidades, Daniel começou um negócio de entrega de jornais na loja da família aos 7 anos de idade, ganhando uma porcentagem dos lucros; um ano depois, ele começou a entregar mercadorias de bicicleta para pessoas idosas que não podiam ir ao centro da cidade. Quase todos os seus clientes lhe davam generosas gorjetas. Durante toda a adolescência, Daniel fez serviços de entrega aqui e ali para outras pessoas, frequentemente persuadindo Joey a ajudá-lo. Na ocasião em que foi para a universidade em Dublin, aos 18 anos, Daniel tinha juntado dinheiro bastante para dar uma entrada em um apartamento perto do campus.

Ele perguntou ao irmão se ele queria juntar o seu dinheiro ao dele, mas Joey ficou com medo de perder suas economias e preferiu colocar o dinheiro no banco. Daniel continuou a ter ideias para pequenos negócios. Quando Daniel se formou, ele passou a alugar o apartamento e usou a renda para pagar a hipoteca de outra propriedade maior na qual passou a morar, ao mesmo tempo que alugava dois quartos para inquilinos, um dos quais era Joey.

Joey sempre foi um aluno melhor; estudioso e consciencioso, ele obteve notas excelentes nos exames finais e foi fazer pós-graduação. Ele rejeitou várias oportunidades de se envolver nos empreendimentos comerciais de Daniel, pois a sua cautela natural o persuadiu a não correr o risco. Isso muitas vezes fez sentido, já que vários dos projetos de Daniel foram fracassos espetaculares. A longo prazo, contudo, Daniel foi altamente bem-sucedido, e Joey, embora não tenha fracassado, vivia uma vida muito modesta.

A maioria de nós consegue ver reflexos tanto de Daniel quanto de Joey em nós mesmos. Às vezes nós mergulhamos de cabeça, jogando a cautela para o alto; às vezes, relutamos mais em correr o risco. Existem ocasiões em que enfrentamos o mundo com o coração e a mente abertos, prontos para gozar tudo o que a vida tem a oferecer. Em outros momentos, abordamos o mundo com uma atitude mental mais apreensiva e atenta a possíveis problemas.

A maneira como a vida de Joey acabou se desenrolando, e como ela foi diferente da de Daniel, nos mostra o impacto que a nossa perspectiva tem nas coisas que acontecem. Apesar de eles compartilharem uma formação, habilidades e genes semelhantes, a maneira como a vida deles se desenrolou foi imensamente diferente. Uma simples diferença de atitude resultou em trajetórias de vida divergentes.

Dos extremos da ansiedade e da depressão, onde as pessoas estão convencidas de que nada jamais dará certo, à apreensão mais branda, os pessimistas enfatizam o lado sombrio da vida. Os problemas são encarados como obstáculos em vez de oportunidades. Os otimistas, como Daniel, estão alertas a todas as oportunidades e tendem a mergulhar nelas de cabeça. Consideráveis evidências científicas nos dizem que essas diferenças afetam o quanto somos felizes, quanto sucesso nós alcançamos e o quanto permanecemos saudáveis.

A minha sondagem e análise dessas duas dimensões da nossa mente afetiva conduziram a uma surpreendente conclusão: as raízes do nosso cérebro ensolarado estão inseridas profundamente no *prazer*, as partes da nossa arquitetura neural que reagem a recompensas e às boas coisas da vida, enquanto as raízes do nosso cérebro cinzento repousam profundamente entre as antigas estruturas do cérebro que nos advertem do perigo e da ameaça — o nosso cérebro do *medo*. Minúsculas variações na maneira como o nosso cérebro do prazer e o nosso cérebro do medo reagem e o quanto essa transformação é mantida oculta por centros de controle mais elevados do cérebro conduzem ao surgimento, ao longo da vida, de uma rede de conexões que compõem o nosso cérebro cinzento e o nosso cérebro ensolarado.

Todos nós temos esses circuitos do cérebro cinzento e do cérebro ensolarado, mais ou menos nas mesmas regiões, mas a potência desses circuitos varia acentuadamente de pessoa para pessoa; algumas reagem instantaneamente ao prazer e ao divertimento, e outras levam mais tempo para se aquecer. Analogamente, algumas pessoas são altamente sensíveis ao perigo, ficando preocupadas e se atormentando a respeito da mais leve ameaça, enquanto outras têm um limiar muito mais elevado para o medo. Acredito que são essas diferenças que formam a base de quem nós somos.

Em *Cérebro Cinzento, Cérebro Ensolarado*, fazemos uma turnê da ciência de vanguarda contemporânea e também exploramos as experiências de muitos otimistas e pessimistas. Mostrarei a você a quantidade espantosa de coisas que aprendemos nas últimas duas décadas a respeito do que pode fortalecer e enfraquecer as duas dimensões cruciais da nossa mente afetiva: a nossa reação ao prazer e ao medo. Veremos como a ciência está começando a desvendar o mistério do que nos torna quem somos. Não é uma história simples, com a resposta residindo em algum lugar entre os limites da nossa constituição genética, do fluxo constante das coisas que nos acontecem e, o mais importante de tudo, como aprendemos a ver e interpretar essas coisas que acontecem. Sem dúvida os genes têm importância, mas o grau de influência deles está bastante relacionado com o nosso ambiente. Todos nascemos com certos pontos fortes genéticos, e também com vulnerabilidades genéticas, mas o fato de essas tendências emergirem ou não depende crucialmente da natureza do mundo que habitamos.

A nossa história percorrerá disciplinas tão diversas quanto a psicologia, a genética molecular e a neurociência para examinar como os mais profundos mistérios do que nos torna quem somos estão sendo gradualmente esclarecidos. Para compreender essa área da ciência, precisamos pesquisar debaixo das idiossincrasias e vieses de como nós pensamos e aventurar-nos profundamente nas células e redes do nosso cérebro e até mesmo em conjuntos de genes particulares que hoje sabemos que formam a base de muitos aspectos da nossa personalidade. Esta é uma fascinante história de como os genes e as coisas que nos acontecem se intercalam de maneiras complexas com cadeias de influência que correm nas duas direções. O emocionante é que nós sabemos agora que o otimismo, assim como o pessimismo, resulta de uma dança intricada da genética, experiências da vida e vieses específicos na maneira como cada um de nós encara e interpreta o mundo que nos cerca. Além das vulnerabilidades e pontos fortes genéticos, é o que a vida lança na nossa direção que determina se os nossos potenciais genéticos são consumados e quais circuitos do cérebro — positivos ou negativos — são fortalecidos. É esse delicado fluxo e refluxo de circuitos profundamente localizados no nosso cérebro que modela os contornos e vales da nossa personalidade. Se somos capazes de recuperar-nos e emergir mais fortes de uma crise ou se ficamos desconcertados com os reveses, ruminando incessantemente os aspectos negativos, é influenciado pelo fato de os circuitos de nosso cérebro cinzento ou de nosso cérebro ensolarado predominarem.

Conhecer as nossas vulnerabilidades e os nossos pontos fortes é importante e potencialmente útil. Ter consciência do que pode provocar ou até mesmo mudar essas predisposições pode nos ajudar a proteger-nos e, em última análise, nos colocar no caminho do florescimento. A boa notícia é que os circuitos do cérebro que formam a base do nosso cérebro cinzento e do nosso cérebro ensolarado estão entre os mais plásticos do cérebro humano. O estresse prolongado ou episódios depressivos podem resultar em mudanças estruturais em partes altamente específicas do nosso cérebro, assim como períodos prolongados de alegria e felicidade podem transformar a nossa arquitetura neural. Isso nos diz que o nosso cérebro pode mudar e efetivamente muda. Uma variação sutil na maneira como vemos o mundo — os nossos vieses e idiossincrasias mentais — podem remodelar a efetiva arquitetura do nosso cérebro, empurrando-nos em direção a uma avaliação mais otimista ou pessimista da vida. Ao mudar a maneira como o nosso cérebro reage aos desafios e às alegrias, podemos modificar a maneira como nós somos.

Descrevo várias técnicas, baseadas em fortes evidências científicas, que sabidamente efetuam verdadeiras mudanças na maneira como a nossa mente afetiva opera. Ao modificar os freios e contrapesos entre o nosso cérebro cinzento e o nosso cérebro ensolarado, veremos que não precisamos nos resignar a uma vida de temerosa contenção, mas podemos, em vez disso, tomar medidas para alterar a nossa perspectiva — e mudar a nossa vida.

CAPÍTULO 1

Cérebros cinzentos e cérebros ensolarados

A mente afetiva

> "Nada em si é bom ou mau,
> depende apenas do que pensamos."
> — WILLIAM SHAKESPEARE
> *Hamlet*, Ato 2, Cena 2

Era um dia frio e chuvoso, e eu estava atrasada. Eu tinha me esquecido de como o metrô fica cheio durante a hora do *rush* em Londres. Descendo apressada para a plataforma, dando encontrões em pessoas molhadas que corriam para algum lugar, ouvi o aviso de que a Linha Central tinha sido momentaneamente paralisada. Ouviu-se uma lamentação coletiva. Em seguida, ouvimos a informação de que a Linha Central tinha sido fechada completamente porque havia um corpo debaixo de um trem na estação Bond Street. Todo mundo sabia o que isso significava. Outro suicídio no antigo sistema subterrâneo de Londres. Estou certa de que não fui a única a me sentir culpada por causa da minha irritação.

Descobri mais tarde que o homem que se jogara debaixo do trem era Paul Castle, um rico magnata do setor imobiliário, jogador de polo e amigo do Príncipe Charles. Ele era de origem humilde, fizera e perdera fortuna duas vezes, e agora era dono de algumas propriedades nas áreas mais exclusivas de Londres, além de um elegante apartamento em St. Moritz na Suíça e um avião particular para conduzi-lo até lá. O que poderia tê-lo levado a praticar uma ação tão drástica? Os seus amigos não conseguiam explicar o motivo. "Estava em desacordo com ele", disse um. O seu amigo Stephen Brook disse que Paul tinha tido problemas de saúde recentemente, e a recessão havia afetado o seu negócio. Só podemos especular que um momento de pessimismo e desespero o tinha convencido de que não valia a pena continuar a viver.

Já tarde, na noite anterior, do outro lado da cidade, uma mulher jovem saltara da Blackfriars Bridge no escuro e glacial Tâmisa. Aparentemente, também com a intenção de cometer suicídio, ela entrara em pânico quando se viu em um movimentado corredor de tráfego marítimo e começou a gritar. Segundos depois, Adan Abobaker, ouvindo os seus gritos aflitos, atirou um salva-vidas o mais longe que conseguiu na água escura. "Percebi que ele não tinha ido parar perto dela", declarou ele mais tarde. Sem pensar duas vezes, ele despiu o casaco e o suéter e mergulhou. Adan levou mais de dois minutos para chegar aonde a mulher estava, mas ele conseguiu trazê-la para perto da costa, longe dos corredores de tráfego, onde ambos foram resgatados pela tripulação de um barco salva-vidas que assistira à cena. Os dois sobreviveram, depois de várias horas de tratamento para hipotermia em um hospital próximo.

Adan tinha tido dificuldades recentemente e estava morando no albergue St. Mungo para pessoas desabrigadas. "Fiz apenas o que precisava ser feito", disse ele, minimizando o ato de bravura. "Espero que ela tenha uma família. A vida vale a pena ser vivida; não vale a pena desistir." Se ao menos Paul Castle tivesse pensado dessa maneira.

Algumas pessoas têm uma convicção inabalável de que as coisas darão certo. Outras só conseguem imaginar um futuro sem esperança. A riqueza parece ter pouco a ver com isso. Adan Abobaker não tinha nada e no entanto arriscou a vida porque "não vale a pena desistir". Paul Castle tinha riqueza e sucesso além do que a maioria das pessoas imagina, e no entanto ele achou que não valia a pena seguir em frente.

Psicólogos e neurocientistas vêm trabalhando arduamente para descobrir maneiras de quantificar impressões tão profundamente diferentes sobre a vida. Um primeiro passo é perguntar o que queremos dizer com os termos *otimismo* e *pessimismo*. Um vocabulário livre, embora aceitável na vida do dia a dia, não é conciso o bastante para uma análise científica eficiente. Para quantificar eficazmente essas mentalidades, precisamos definir melhor as palavras comuns usadas para rotulá-las.

Um importante ponto de partida é a distinção que os psicólogos fazem entre disposições, ou traços, e estados, ou sentimentos momentâneos. Pense em alguns momentos de felicidade ou desespero que você tenha vivenciado, como quando ganhou um prêmio ou recebeu uma oferta de trabalho estimulante, ou quando alguém morreu. Essas experiências são *estados* de felicidade ou tristeza; elas refletem as altas e baixas transições da vida diária. Um *traço*, por outro lado, é uma característica mais estável que perdura ao longo do tempo. Esses são os estilos emocionais de pensamento que permanecem relativamente estáveis, assim como Dave permanece "como Dave" nos bons e nos maus momentos. Os bebês muito vivos e alegres tendem a se tornar crianças intrépidas e expansivas que tendem a se tornar adultos extrovertidos e sociáveis.

Estudos científicos respaldam essa ideia. Em um determinado estudo, o melhor prognosticador de felicidade e otimismo no final de um período de nove anos foi a felicidade e o otimismo no início do estudo. Apesar de importantes mudanças nas circunstâncias da vida, os otimistas se inclinaram a permanecer otimistas, e os pessimistas se inclinaram a permanecer pessimistas.

A influência que a nossa personalidade exerce nas nossas experiências ambientais é ilustrada em uma pesquisa publicada em 1989 por Bruce Headey e Alexander Wearing da Universidade de Melbourne na Austrália. Eles entrevistaram residentes do estado de Victoria em várias ocasiões para verificar como os eventos da vida e a personalidade afetavam a felicidade das pessoas. Eles queriam identificar até que ponto a personalidade de uma pessoa *versus* as coisas que aconteciam a ela afetavam o bem-estar e a felicidade. A personalidade poderia ser responsável por, digamos, 40% da felicidade, ao passo que os eventos da vida poderiam ser responsáveis por 60%. Alternativamente, talvez a personalidade se revelasse mais importante.

Os pesquisadores não levaram muito tempo para compreender que tinham cometido um erro fundamental. À medida que o estudo progredia, ficou claro que os mesmos tipos de coisas continuavam repetidamente a acontecer às mesmas pessoas. As pessoas afortunadas tinham repetidamente sorte. Do mesmo modo, as pessoas com muitas experiências desagradáveis, como o rompimento de relacionamentos e a perda do emprego, pareciam se deparar com uma coisa ruim depois da outra. A suposição dos pesquisadores de que a personalidade e os eventos da vida teriam uma influência separada na felicidade estava errada. Em vez disso, era a própria personalidade que mais influenciava o que acontecia às pessoas. As otimistas tinham mais experiências positivas, ao passo que as pessimistas tinham mais experiências negativas.

Pesquisas subsequentes confirmaram que a nossa personalidade, ou a nossa mentalidade afetiva, causa um profundo impacto nos eventos da vida que experimentamos, e isso não tende a mudar muito com o tempo. Visualize uma criança muito viva e expansiva que seja calorosa e amigável. As pessoas têm muito mais propensão de reagir a essa criança com sorrisos e atenção física do que a uma criança retraída e pouco sorridente. Se o comportamento das crianças for sistemático, o mundo social da criança feliz será inevitavelmente mais positivo do que o da criança assustada. Não há nenhuma sorte envolvida: o estilo emocional da criança está desempenhando um papel no tipo de mundo social que ela habita. A maneira como agimos no mundo modifica o tipo de ambiente que vivenciamos e, portanto, a gama de oportunidades e problemas que provavelmente virão ao nosso encontro.

O otimismo e o pessimismo, portanto, exatamente como outras características da nossa personalidade, podem ser considerados como traços ou disposições bem como estados. As pessoas que têm uma disposição otimista são frequentemente felizes e têm um alto-astral, com uma disposição radiante que pode contagiar os que estão à sua volta. A disposição otimista, contudo, não envolve apenas ser feliz e ter um alto-astral; ela diz mais respeito a ter uma esperança genuína com relação ao futuro, a convicção de que as coisas darão certo e a convicção inabalável de que seremos capazes de lidar com qualquer coisa que a vida nos reserve. Os otimistas não são ingênuos — não é que eles acreditem que nada jamais dará errado — mas eles têm uma profunda convicção de que são capazes de lidar com qualquer situação. Do mesmo modo, a disposição pessimista não envolve estar constantemente triste e ansioso, e sim ser apreensivo com relação ao futuro, consciente de possíveis perigos, mais alerta a respeito do que pode dar errado do que pode dar certo. Essas são as pessoas que pecam pelo excesso de cautela. Em vez de correr riscos, elas preferem agir com prudência, embora até mesmo as pessoas mais pessimistas tenham os seus momentos de grande alegria, felicidade e esperança com relação ao futuro.

As evidências científicas de que essas mentalidades fundamentalmente diferentes são acompanhadas de custos e benefícios são agora esmagadoras. Uma das descobertas mais importantes que emergem da literatura científica, contudo, é que os verdadeiros benefícios do otimismo só ocorrem quando a mentalidade otimista está ligada a uma dose saudável de realismo. O otimismo cego, aliado à convicção de que nada jamais dará errado, tem pouca probabilidade de proporcionar algum verdadeiro benefício.

Discuti este assunto com Michael J. Fox, o ator que foi diagnosticado com a doença de Parkinson aos 29 anos de idade e, segundo ele próprio admite, um irreprimível otimista. Os crescentes problemas de movimento causados pela doença o obrigaram a deixar para trás a sua extremamente bem-sucedida carreira no cinema e na televisão. Dezoito anos depois do diagnóstico, ele estava fazendo um documentário com o improvável título *Michael J. Fox: The Adventures of an Incurable Optimist*.* Eu estava envolvida porque Michael estava interessado na opinião científica a respeito da origem do otimismo e se ele pode ser medido de uma maneira confiável.

Quando conversamos depois que a filmagem foi concluída, pude ver que Michael preenchia as principais características de uma pessoa com uma disposição otimista. Uma doença que deixaria a maioria das pessoas deprimida tinha, ao que parecia, o deixado ainda com um alto-astral, gozando a vida. "Não pense que não tenho consciência do risco ou do que poderia dar errado", ele me disse. "Na verdade, sou muito competente em avaliar o risco, mas sei que serei capaz de lidar com qualquer coisa que aconteça. Ao longo dos anos, aprendi que consigo lidar com qualquer dificuldade. Não que eu necessariamente goste dela, mas, de um modo geral, sinto que consigo lidar com ela."

Ele explicou que uma das coisas mais difíceis para ele nos primeiros dias foi as pessoas deixarem de vê-lo como "Michael J. Fox, o ator" e passarem a vê-lo como "Michael J. Fox, o ator que tem a doença de Parkinson" e, finalmente, o verem como "Michael J. Fox, o cara que tem a doença de Parkinson". "Foi realmente difícil", disse ele, mas ele frequentemente se perguntara por que não ficara deprimido.

---

* Tradução literal: *Michael J. Fox: As Aventuras de um Otimista Incurável*. (N.Trads.)

Isso foi um verdadeiro enigma para ele, já que ele não tinha nenhuma dúvida desde os primeiros estágios de que a doença acabaria com a sua promissora carreira artística. No entanto, a não ser por alguns períodos de uma compreensível frustração, ele sempre conseguira permanecer esperançoso com relação ao futuro. É esse tipo de resiliência, um otimismo que não enfia a cabeça na areia, que a ciência demonstrou que faz uma verdadeira diferença na nossa vida.

Esse tipo de otimismo parece ocorrer naturalmente e é encontrado nos lugares mais improváveis. Quando eu era adolescente, lembro-me de ter ficado profundamente abalada pela energia do livro *If This Is a Man [É Isto um Homem?]* do autor italiano Primo Levi, no qual ele narra as suas experiências como um jovem químico de Turim em um campo de concentração alemão durante a Segunda Guerra Mundial. Em uma linguagem despojada e impassível, Levi narra a horrível história do ano que passou em Auschwitz. Os horrores daquele ano iriam se tornar um momento definidor da sua vida. No entanto, Levi nunca pareceu perder de vista a resiliência do espírito humano, apesar de todas as evidências do contrário. De muitas maneiras, o seu livro transformou um dos períodos mais sombrios da história humana em uma força para o bem no mundo.

Levi atribuiu a sua sobrevivência, em grande medida, à sua capacidade de perceber os seus companheiros reclusos, assim como ele mesmo, como pessoas e não como objetos. Agarrar-se a essa perspectiva permitiu que ele evitasse a desmoralização, ou o que ele chamou de "naufrágio espiritual", que subjugou tantos outros.

Em um livro posterior, Levi descreve a sua longa jornada para a liberdade marchando através da Europa oriental e da Rússia, onde as "pessoas vigorosas cheias de amor pela vida" reavivaram nele a alegria de viver que os campos de concentração quase haviam extinguido. O relato de Levi gradualmente se expande como uma história de esperança, ecoando as experiências de muitos que passaram por uma grande adversidade. Às vezes, esse otimismo brota da crença em um ser superior – Deus – com a expectativa de uma vida melhor em outro lugar; às vezes ele se origina de uma crença profundamente arraigada na bondade inata da humanidade.

O significado original de *otimismo* está muito mais próximo dessa noção do que das ideias de "lentes cor-de-rosa" ou do "lado ensolarado para cima" que atualmente associamos ao otimismo. O sentido original vem da palavra latina *optimum*, que quer dizer "o melhor possível", e a palavra foi cunhada pela primeira vez pelo filósofo e matemático alemão Gottfried Wilhelm Leibniz (1646-1716). Leibniz argumentou que Deus tinha criado o melhor mundo possível e que esse mundo ótimo não poderia ser melhorado. Em outras palavras, otimismo tinha pouco a ver com ideias do "lado luminoso" ou do "copo meio cheio"; em vez disso, ele dizia respeito à ideia de que o mundo já era o melhor possível e não poderia ficar melhor.

O otimismo, portanto, tem muito a ver com aceitar o mundo como ele é — tanto o que é bom quanto o que é mau têm o seu lugar — e o macete é não permitir que ideias de maldade e negatividade nos subjuguem. Primo Levi e Michael J. Fox são pessoas realistas que estão plenamente conscientes de que problemas e reveses ocorrerão, e que eles precisam ser flexíveis e criativos para encontrar soluções para os seus problemas, mas no geral, eles têm uma convicção inabalável de que as coisas darão certo no final. E é o que invariavelmente acontece, não por causa de uma sorte aleatória, mas porque os otimistas assumem o controle do seu próprio destino. Essas são as pessoas que tomam medidas para resolver os seus problemas.

O traço do pessimismo é praticamente o polo oposto. A mente da pessoa que tem uma disposição pessimista fica impregnada de negatividade, e cada revés é considerado mais uma evidência de que o mundo está contra ela. Derivada da palavra latina *pessimus*, a perspectiva filosófica do pessimismo encara este mundo como o pior de todos os mundos possíveis e parte do princípio de que tudo, em última análise, gravita em direção ao mal. Na ciência psicológica, contudo, o pessimismo, assim como o otimismo, é encarado mais como um traço de disposição ou um estilo emocional — o nosso jeito típico de lidar com o mundo. Os pessimistas estão convencidos de que os seus problemas estão além do seu controle e nunca irão embora. "As coisas ruins simplesmente acontecem, e não podemos fazer nada a respeito disso; nós simplesmente não temos nenhum controle sobre elas", foi o que me disse certo pessimista que entrevistei. Acreditar que coisas boas acontecem a outras pessoas é uma característica inconfundível dessa mentalidade. Esses sentimentos de impotência frequentemente conduzem a uma duradoura passividade e falta de motivação, que são outros componentes fundamentais do pessimismo e da sua prima mais sombria, a depressão.

Os otimistas, em contrapartida, sentem que têm um certo controle sobre o que lhes acontece, enfrentando os problemas como obstáculos temporários em vez de dificuldades permanentes. Eles têm uma tendência natural de aceitar o mundo como ele é, mas acreditam que a maneira como lidamos com as coisas determinam quem nós somos. Se Primo Levi tivesse levado a construção dos campos de concentração *para o lado pessoal*, as suas experiências o teriam esmagado. Em vez disso, ele conseguiu distanciar os seus pensamentos levando sempre em conta a condição humana e a integridade de quase todas as pessoas ao seu redor. Do mesmo modo, Michael J. Fox não descambou para o desespero quando foi diagnosticado com a doença de Parkinson. Em vez disso, ele passou a lutar e criou uma fundação que hoje arrecada milhões de dólares por ano para a pesquisa da doença.

O otimismo e o pessimismo reverberam ao longo da nossa vida, conduzindo a experiências de vida muito diferentes. Os psicólogos inventaram várias maneiras engenhosas de avaliar as características fundamentais dessas mentalidades. Uma das opções é simplesmente perguntar às pessoas: você é otimista ou pessimista? Departamentos de psicologia ao redor do mundo estão afundando sob o peso de escalas e questionários que sondam e avaliam cada atributo que possa lhe vir à cabeça. Você é esperto? Você é feliz? Você é prático e realista? Se elas diferem entre as pessoas, seguramente tem que haver um questionário que as avalie.

Existem disponíveis várias escalas já consagradas que nos dizem como somos classificados em comparação com outras pessoas. Uma das mais simples e mais confiáveis é chamada de Questionário de Orientação da Vida [*Life Orientation Task*], desenvolvida por Charles Carver da Universidade de Miami e Michael Scheier da Universidade Carnegie Mellon.

Uma versão revista do questionário chamada LOT-R é apresentada a seguir. Critérios de autorrelato como o LOT-R têm sido um sustentáculo da psicologia durante muitos anos e estão na essência de nos contar como nos sentimos com relação aos outros. Preencha o questionário para descobrir o quanto você é otimista ou pessimista. É importante completar cada pergunta com sinceridade; procure não deixar que as suas respostas a cada pergunta sejam influenciadas pelas anteriores. Não há respostas corretas ou incorretas. O importante é responder a cada pergunta de acordo com o que você realmente sente e não com o

Questionário de Orientação da Vida — Revisto

	Concordo bastante (A)	Concordo um pouco (B)	Não concordo nem discordo (C)	Discordo (D)	Discordo bastante (E)
1. Em momentos de incerteza, geralmente espero o melhor.	☐	☐	☐	☐	☐
2. Tenho facilidade em relaxar.	☐	☐	☐	☐	☐
3. Se alguma coisa pode dar errado para mim, ela dará.	☐	☐	☐	☐	☐
4. Sou sempre otimista a respeito do meu futuro.	☐	☐	☐	☐	☐
5. Aprecio muito os meus amigos.	☐	☐	☐	☐	☐
6. É importante para mim manter-me ocupado.	☐	☐	☐	☐	☐
7. Dificilmente espero que as coisas me favoreçam.	☐	☐	☐	☐	☐
8. Não me aborreço com excessiva facilidade.	☐	☐	☐	☐	☐
9. Raramente acredito que coisas boas vão acontecer comigo.	☐	☐	☐	☐	☐
10. No geral, espero que mais coisas boas aconteçam comigo do que coisas ruins.	☐	☐	☐	☐	☐

que você acha que outras pessoas poderiam dizer. Quando você tiver completado o questionário, vá até as notas no final do livro para calcular o seu resultado.

Se você é como a maioria das pessoas, o seu resultado terá ficado em torno de 15, o que equivale a moderadamente otimista. Resultados muito baixos refletem uma perspectiva pessimista, ao passo que resultados que se aproximam de 20 ou mais refletem uma perspectiva altamente positiva diante da vida. O LOT-R apresenta aos psicólogos uma indicação quantificável da perspectiva fundamental de uma pessoa com relação à vida. A nossa impressão sobre a vida muda em uma certa medida de tempos em tempos, é claro, mas bem no fundo essas características apresentam uma uniformidade ao longo do tempo. Em outras palavras, se você responder a esse questionário daqui a um ano, o seu resultado provavelmente será semelhante.

No entanto, confiar apenas no que as pessoas nos informam envolve muitas dificuldades. O problema é que muitas coisas afetam a maneira como respondemos: se você se sentir atraído(a) pela(o) atraente psicóloga(o) que vai avaliar o seu questionário, você poderá se apresentar de uma maneira mais positiva do que efetivamente se sente. Outras vezes, as pessoas podem simplesmente mentir. O mais difícil de tudo são as ocasiões em que não temos um conhecimento íntimo dos nossos processos mentais. Isso, na verdade, ocorre a maior parte do tempo. A pesquisa nos diz que somos completamente alheios às excentricidades do nosso processamento mental. Se eu lhe perguntar se você geralmente repara nas informações positivas e não nas negativas das notícias, é quase certo que você não saberá responder. Você poderá achar que é relativamente positivo, mas estudos que medem o tipo de informações em que o nosso cérebro se concentra mostram que essas tendências naturais operam bem abaixo do radar da consciência. Por conseguinte, para quantificar detalhadamente as distinções entre o otimismo e o pessimismo, é fundamental ir além de fazer perguntas às pessoas a respeito da perspectiva de vida delas.

Uma abordagem é captar os complexos padrões de como o nosso cérebro reage ao que é bom e ao que é mau, ou de como processos cognitivos enigmáticos podem chamar atenção para o lado negativo ou para o lado positivo da vida, oferecendo-nos informações vitais a respeito das origens da nossa mentalidade afetiva. Avanços espetaculares na tecnologia das imagens do cérebro possibilitam que investiguemos mais a fundo o que dizemos e avaliemos detalhadamente os circuitos do cérebro que estão na base das perspectivas otimistas e pessimistas.

Algumas das novas descobertas mais empolgantes são provenientes de pesquisas que usam as imagens por ressonância magnética funcional (fMRI). Essa máquina que escaneia o cérebro é essencialmente um grande ímã que fornece uma imagem visual do fluxo sanguíneo ao redor do cérebro. Quando as pessoas estão tendo pensamentos positivos ou olhando para imagens agradáveis, podemos ver que regiões do cérebro ficam mais ativas à medida que ficam mais abarrotadas com sangue. Quando uma parte do cérebro é necessária para uma determinada tarefa, ela adquire vida e usa uma grande quantidade de energia. A consequente depleção de energia envia um sinal para o resto do cérebro para que despache mais oxigênio o mais rápido possível. O oxigênio é então rapidamente transportado para a área necessitada através da corrente sanguínea, e é esse oxigênio adicional no sangue que é detectado pela máquina de fMRI.

O fluxo de oxigênio ao redor dos recônditos do nosso cérebro revela processos anteriormente ocultos e nos oferece uma visão secreta do cérebro em ação, e a fMRI possibilita que localizemos com precisão as regiões específicas do cérebro associadas às mentalidades otimistas e às pessimistas. Acontece que esses padrões de atividade cerebral também são relativamente duradouros. Se eu medir qual a parte do seu cérebro está ativa quando você ganhar um prêmio, o mesmo circuito do cérebro se animará novamente seis meses depois, quando outra coisa boa acontecer. Outra região poderá se animar quando você ouvir más notícias, e essa mesma região reagirá novamente ao desapontamento daqui a um ano. Assim como as respostas a questionários como o LOT-R, a maneira como o nosso cérebro reage a eventos positivos e negativos mede um aspecto duradouro da nossa mente afetiva. Isso nos proporciona uma visão singular das nossas reações típicas aos eventos emocionais.

Uma vantagem genuína das medições diretas da atividade cerebral, como a fMRI, é que é muito mais difícil falsificar as respostas ou dizer aos pesquisadores o que você acha que eles desejam ouvir. É por isso que as tecnologias de imagens do cérebro são uma parte essencial do *kit* de ferramentas científico para descobrir a origem da nossa perspectiva de vida. Para quantificar o nível de otimismo ou pessimismo de uma pessoa de uma maneira mais precisa, podemos perguntar a ela (nível subjetivo) ou podemos medir os circuitos do cérebro associados a essas diferentes mentalidades (nível neural).

Uma terceira maneira de investigar o funcionamento interno da nossa mente afetiva é examinar a nossa maneira de olhar para o mundo — os nossos vieses arraigados e peculiaridades de imaginação que residem no âmago de quem nós somos. Esses processos cognitivos residem em algum lugar entre o que as pessoas dizem e os aumentos repentinos de atividade das células individuais, ou neurônios, nas profundezas do nosso cérebro. Os nossos vieses cognitivos — mudanças de mentalidade na direção do que é bom ou do que é ruim — não podem ser medidos por meio de perguntas feitas às pessoas, porque nós simplesmente não temos consciência dessas mudanças de atitude irrefletidas. Analogamente, as técnicas de imagens do cérebro não são capazes de revelar completamente as sutilezas da memória, da imaginação e da interpretação que emergem da atividade neural.

A melhor maneira de acessar esses estados mentais — os nossos vieses cognitivos — é por meio dos métodos tradicionais da psicologia cognitiva. Imagine, por exemplo, que você está andando pela rua e avista um conhecido que você não vê há muito tempo. Enquanto você se prepara para cumprimentá-lo, ele passa direto por você sem dar o menor sinal de que o reconheceu. Você poderá partir do princípio de que ele está sendo rude, não gosta de você, não quer falar com você, e que, de fato, deliberadamente fez de conta que não o viu. Alternativamente, você pode chegar à conclusão de que o seu conhecido estava ocupado e preocupado, de modo que simplesmente não viu ou reconheceu você. Talvez ele não conseguisse se lembrar do seu nome e não quisesse ficar constrangido. Situações sociais como essa são altamente ambíguas, mostrando por que as nossas *interpretações* têm uma influência tão grande na maneira como nos sentimos. Uma interpretação mais otimista dos eventos — ele estava preocupado — mantém e alimenta uma mentalidade positiva, ao passo que uma interpretação negativa — ele não gosta de mim — pode se intensificar e gerar pensamentos negativos e uma mentalidade pessimista.

Os vieses na maneira como interpretamos as coisas estão no âmago da nossa mente afetiva. O nosso cérebro contém uma profusão desses vieses, que operam bem abaixo do nosso radar da consciência e, em última análise, nos levam a ter uma inclinação particular com relação às coisas. Essa tendência da nossa mente afetiva de se concentrar no bom ou no mau, ou de interpretar situações sociais ambíguas de maneiras agradáveis ou sombrias, é a base de como vivenciamos o mundo à nossa volta.

Como essas tendências da mente originalmente acontecem? Uma grande parte da resposta tem a ver com a maneira como selecionamos o que focalizar a partir da confusão de sons e visões que nos bombardeiam a cada instante. Em um mundo que contém um fluxo interminável de informações, o que notamos está se tornando cada vez mais importante, e essa seletividade tem implicações cruciais para a nossa estabilidade emocional. Esse aspecto da mente — o que os psicólogos cognitivos chamam de *atenção seletiva* — forma o núcleo da nossa mente afetiva.

Para ver como a atenção seletiva opera, pare de ler por um momento, e se concentre no que você consegue ouvir. Aposto como agora muitas coisas nas quais você não tinha reparado antes estão atraindo a sua atenção — o zumbido do aquecimento central, um avião a distância, pássaros cantando do lado de fora, crianças brincando na rua, um rádio tocando ao longe. Você também poderá sentir agora o peso do livro (ou leitor eletrônico) nas mãos, a pressão da cadeira nas costas. Você pode, de repente, se lembrar de alguma coisa que precisa fazer mais tarde. Todas essas sensações e pensamentos estavam presentes o tempo todo; você apenas não estava prestando atenção a eles — eles estavam em segundo plano. Esse hábito do nosso cérebro de pôr em foco o que é imediatamente relevante e filtrar o resto é vital. Sem essa capacidade, seríamos esmagados por uma sobrecarga de informações. Essa mesma seletividade, contudo, descarta o que o nosso cérebro considera irrelevante e, por conseguinte, é o ponto de partida na construção da nossa mente afetiva e o que ela aprende a realçar e a desprezar.

Por ser uma psicóloga cognitiva, sou fascinada por essa capacidade do nosso cérebro de se concentrar mais em algumas coisas do que em outras, de absorver e recordar fatos e experiências específicos, e depois organizá-los em uma narrativa coerente matizada pela nossa personalidade e pelas nossas experiências de vida. Esta certamente tem que ser uma das histórias mais fascinantes da ciência contemporânea. Nós agora sabemos que cada um tem uma mente permeada por um sem-número de vieses que matizam a maneira como vemos o mundo e como nos lembramos do nosso passado. Desde o momento em que nascemos, odores, visões, sons e texturas nos bombardeiam a partir de todas as direções. Captando a essência dessa turbulência interna, William James, o fundador da psicologia científica nos Estados Unidos, descreveu a impressão e experiência do mundo do bebê como uma "confusão exuberante e agitada". Essa "confusão" tem que ser discernida de alguma maneira, e realizar essa complexa tarefa é função do nosso cérebro. Dentre o sem-número de coisas que observamos, o nosso cérebro precisa garantir, de alguma maneira, que reparemos nas coisas importantes e não prestemos muita atenção àquelas que são menos relevantes. As coisas que poderiam nos prejudicar (perigos) ou aquelas que poderiam nos apoiar (prazeres) são compreensivelmente os chamarizes mais fortes para essa energia afetiva, ao passo que detalhes como a cor dos quadros na parede não são essenciais e podem, portanto, ser seguramente desconsiderados. É por isso que a nossa mente é impregnada por uma energia afetiva que orienta todos os nossos processos mentais.

Quando eu era criança, tínhamos um vizinho idoso chamado Sr. Graham, que eu ajudava regularmente. O Sr. Graham devia estar na casa dos 80 anos, e a sua constituição alta e atlética estava começando a ficar frágil. Ele fizera parte da equipe de *cross-country* do Trinity College na juventude, mas um ferimento grave que ele sofreu na Primeira Guerra Mundial, aliado à sua idade avançada, o havia deixado lento e fraco. A sua querida esposa tinha falecido alguns anos antes, e embora ele ainda conseguisse claudicar no seu amado jardim, agora tinha dificuldade para ir até as lojas. Eu costumava fazer algumas compras para ele e, de vez em quando, preparava o seu almoço, embora esse homem fortemente independente relutasse em aceitar muita ajuda. Morávamos em um belo local mais ou menos a vinte quilômetros da cidade de Dublin, cercados por impressionantes enseadas, praias e um cenário costeiro. Nos domingos de verão ensolarados, as multidões da área norte de Dublin desciam para as praias e passarelas de pedestres de Howth.

Infelizmente, o tempo na Irlanda raramente é ensolarado, e durante muitos meses do ano as nuvens escuras, o sombrio nevoeiro e os ventos implacáveis que vêm rodopiando do mar podem tornar os longos invernos desafiantes. Mas mesmo naqueles dias mais sombrios, a perspectiva otimista do Sr. Graham era extraordinária. Nas tristes manhãs geladas, ele me mostrava os primeiros sinais de um novo broto que estava rompendo no solo. "Não vai demorar muito para que os narcisos nasçam", dizia ele. Ele me contava histórias da guerra, e embora elas fossem salpicadas de tragédias e momentos difíceis, ele parecia energizado por lembranças felizes de camaradagem e profundas amizades.

Ele não era alheio à tragédia; ele ficava, às vezes, muito triste e claramente sentia intensamente a perda da esposa com quem fora casado por mais de cinquenta anos. Mas ele sempre olhava para o lado radiante das coisas. Ele parecia notar as coisas boas, e as más simplesmente não o deprimiam demais. Lembro-me de certa manhã bem fria em que eu estava no ponto esperando o ônibus para ir para a escola e o fiquei observando enquanto ele subia com esforço a íngreme encosta para levar o seu lixo até a estrada. Eu sabia, a partir da minha experiência, que não adiantava oferecer ajuda. Finalmente, ele arrastou a lixeira até o portão e, ofegante, contemplou o mar frio e agitado que mal estava visível através da névoa cinzenta. "Que sorte nós temos por viver em um lugar tão bonito", disse ele.

A nossa mentalidade afetiva define o rumo que a nossa vida vai tomar. Pense na ambiguidade de um meio sorriso no rosto da sua chefe quando você chega um pouco atrasado para uma reunião. Ela está feliz por vê-lo, ou aborrecida porque você está atrasado? A maneira como você interpreta esse sorriso afeta o modo como você se sentiria se recebesse um trabalho extra. A interpretação positiva – *ela está aliviada porque estou aqui* – poderá levá-lo a pensar que se trata de um trabalho importante e a sua chefe está segura de que você o fará bem. A interpretação negativa – *ela está zangada porque estou atrasado* – provavelmente fará com que o trabalho extra pareça uma incumbência difícil ou até mesmo uma punição.

A tendência de prestar mais atenção ao perigo ou aos aspectos negativos, por menor que seja, pode resultar em uma visão pessimista do mundo repleta de constantes perigos e desapontamentos. Uma parcialidade para o prazer e os aspectos positivos, como a do Sr. Graham, pode dar a impressão de um mundo transbordante de sucesso e coisas boas. Como o nosso cérebro alcança essa façanha? Como a nossa personalidade exclusiva e maneiras de contemplar a vida se traduzem em quanto nós reparamos e nos lembramos a respeito do mundo? O que é mais importante, de que maneira o modo no qual enxergamos o mundo influencia o nosso estilo emocional e a nossa perspectiva?

A Atração e a Repulsão do Prazer e do Medo

Para começar a responder a essas perguntas, precisamos podar todas as complexidades da vida e retornar aos aspectos mais primitivos do nosso comportamento. A nossa tendência comportamental fundamental é, naturalmente, avançar em direção às coisas positivas e afastar-nos das coisas desagradáveis. As coisas boas nos atraem, enquanto as coisas ruins nos repelem.

O psicólogo americano T. C. Schneirla passou a vida inteira observando animais e seres humanos, e se convenceu de que é esse simples princípio que une todas as espécies. Para qualquer criatura viva, a melhor maneira de maximizar a sobrevivência é se aproximar das coisas boas como a comida e o sexo, e evitar as coisas perigosas como os predadores e os venenos. O restante do nosso comportamento e toda a complexidade da nossa vida estão enraizados nessas duas tendências fundamentais.

Schneirla ingressou no departamento de psicologia da Universidade de Nova York em 1927, permanecendo lá e no Museu Americano de História Natural até a sua morte em 1968. Ele foi um dos mais intensos defensores da pesquisa de campo na época, e estava convencido de que os psicólogos precisavam sair e observar os animais no seu ambiente natural e selvagem. Essa ideia fazia com que ele frequentemente entrasse em conflito com os seus colegas da Universidade de Nova York, que acreditavam que o comportamento animal era mais bem compreendido nas condições mais controladas do laboratório. Até mesmo hoje em dia, essa é uma fonte de discussão entre os psicólogos. Devemos visar a vida natural do "mundo real", com todas as suas complexidades, ou o rigor do laboratório? Na época de Schneirla, a aspiração dominante era desenvolver teorias genéricas e abrangentes que pudessem explicar *tudo* a respeito do comportamento animal bem como do humano. Naqueles dias de grandiosas "teorias a respeito de tudo", somente explicações que abarcassem todas as espécies eram levadas a sério.

Um lamentável inconveniente desse ponto de vista era que os psicólogos ficavam obcecados pelas semelhanças, em vez das diferenças, entre as espécies. Você já parou para pensar em por que o rato branco de laboratório surgiu como o modelo para explicar o comportamento de *todas* as espécies? A fixação nas semelhanças é uma grande parte do motivo. O humilde rato se tornou o foco para explicar as ações, memórias, percepções e emoções de todas as criaturas, inclusive as nossas. Isso pode parecer um pouco bizarro para nós agora, mas mostra como os cientistas, assim como todas as outras pessoas, podem se empolgar com teorias grandiosas, o que não raro faz com que eles deixem escapar o óbvio. E o óbvio, como Schneirla compreendeu, era que as espécies diferem umas das outras de maneiras profundas. Embora existam semelhanças óbvias entre os ratos e os pombos — ambos são receptivos a uma recompensa, e o padrão pelo qual eles aprendem e esquecem é, com frequência, extraordinariamente semelhante — existem também diferenças profundamente arraigadas. Como o meu supervisor de doutorado deixou claro há muitos anos, apenas tente treinar um pombo a descobrir como sair de um labirinto, ou um rato a reagir somente a círculos vermelhos e não a quadrados azuis. Bicar alguma coisa que vejam é natural para os pombos, de modo que os psicólogos podem tirar proveito disso. Os ratos são muito mais motivados pelo sentido do olfato do que pelo que veem, de modo que tentar treinar um rato para reagir a quadrados em vez de círculos resulta em dois seres traumatizados: o rato e o aluno de psicologia.

Foi isso que Schneirla compreendeu na década de 1920. Embora ele certamente não negasse o valor da pesquisa no laboratório, a partir da sua primeira viagem ao Canal do Panamá para estudar formigas legionárias em 1932, ele ficou convencido de que as maravilhas e as emoções do comportamento animal só poderiam ser apreciadas e compreendidas observando-se o desenvolvimento do comportamento normal deles na natureza. Em um capricho irônico, apesar dos problemas que ele tinha com os "teóricos grandiosos" da sua época, foi que Schneirla propôs um princípio geral que é hoje amplamente aceito. A partir de todas as suas observações e experimentos, tanto no laboratório quanto na natureza, ele reconheceu que o que une todas as criaturas vivas é o impulso de encontrar comida e abrigo (aproximar-se da recompensa) e não ser comido (evitar o perigo). Quer nós sejamos um pombo, um rato, um cavalo ou um ser humano, *aproximar-nos* de uma recompensa e *evitar* uma ameaça são os grandes motivadores.

Essa seletividade no que notamos está no âmago do nosso ser desde o momento em que ingressamos no mundo, e é por isso que temos *tanto* um cérebro cinzento *quanto* um cérebro ensolarado. Parte da nossa seletividade é inata, e parte é assimilada ao longo da vida. Apesar das preocupações de muitos pais, os bebês que são capazes de engatinhar raramente caem de bordas íngremes, porque até mesmo na tenra idade de dois meses eles são capazes de distinguir a profundidade. Podemos ver isso em uma série de experimentos clássicos nos quais bebês foram colocados em um vidro sólido sobre um mecanismo com um "penhasco visual". Embaixo do vidro, metade do espaço era ocupado por um declive muito íngreme, enquanto a outra metade era bem rasa. Embora os bebês pudessem sentir a solidez do vidro debaixo deles, nada foi capaz de persuadi-los a se aventurar sobre a parte profunda, nem mesmo tendo a mãe deles como chamariz do outro lado. Aquele medo inato propicia ao bebê humano a capacidade para evitar quedas potencialmente prejudiciais. Até mesmo o atrativo de avançar na direção da proteção e carinho da mãe não é suficiente para que o bebê corra o risco de passar sobre o penhasco visual.

Observar um antílope bebericar nervosamente em um riacho ao mesmo tempo que fica de olho em um leão que está descansando nas proximidades nos transmite a sensação da inquieta expectativa que essas situações de *aproximação-evitação* inculcam. Nessas clássicas situações de atração-repulsão, ficamos divididos entre o prazer e o perigo. O perigo geralmente vence a batalha, mas existem claras diferenças entre as pessoas no que diz respeito a até onde elas irão para obter o prazer em face do perigo. Alguns bebês poderão se aventurar a percorrer parte do caminho sobre o despenhadeiro visual, ao passo que outros permanecerão bem longe da borda. A atração do prazer é mais forte para alguns de nós, enquanto o medo do perigo exerce uma repulsa mais forte para outros. Essas divergências, embora não raro bastante sutis, podem causar uma profunda influência na nossa perspectiva quando elas são representadas centenas, ou até mesmo milhares, de vezes ao longo da nossa vida.

São esses grandes motivadores que conduziram, ao longo do período evolucionário, ao desenvolvimento de circuitos e conexões embutidos profundamente no nosso cérebro que formam o nosso *cérebro do medo* e o nosso *cérebro do prazer*. O cérebro do medo está constantemente vigilante, atento ao perigo, e nos mantém seguros em um mundo imprevisível. O cérebro do prazer tem a função de garantir que procuremos as coisas que são boas para nós. Os dois lados são essenciais e impulsionam o conjunto mais amplo de processos do cérebro que eu chamo de cérebro cinzento e cérebro ensolarado.

O nosso cérebro cinzento e o nosso cérebro ensolarado estão constantemente monitorando o mundo, assegurando que nos sintonizemos com os perigos bem como com os prazeres da vida do dia a dia. A minha pesquisa ao longo de muitos anos me obrigou a concluir que a reatividade do nosso cérebro cinzento e do nosso cérebro ensolarado é a principal fonte das nossas percepções seletivas. Nas profundezas das redes neurológicas e das combinações químicas e genéticas do cérebro espreitam mudanças e movimentos de aparência vulcânica que reverberam e ecoam em todo o nosso cérebro. Esse fluxo e refluxo entre o cérebro ensolarado e o cérebro cinzento conduz, com o tempo, aos vieses e peculiaridades mentais fundamentais que formam os elementos primários da nossa mente afetiva.

Essa peculiaridade mental, ou tendência de reparar em certos tipos de coisas mais do que em outros, é o que os psicólogos chamam de *viés da atenção*. Pense na frequência com que você é atraído por matérias nas notícias a respeito do seu time favorito. A sua mente parece desconsiderar sem esforço muitos detalhes menos interessantes a fim de escolher exatamente aquilo que lhe interessa. Essas coisas que notamos — os nossos vieses — são as coisas que têm mais significado para nós.

Podemos ver como essa seletividade na atenção funciona examinando o conhecido como "Cocktail Party Effect" descoberto pelo psicólogo britânico Edward Cherry em 1953. Ele percebeu que em uma sala apinhada de gente na qual muitas conversas diferentes estão ocorrendo simultaneamente, nós reparamos quando alguém menciona o nosso nome. O nosso cérebro, de alguma maneira, filtra toda a cacofonia de sons e concentra a atenção na pessoa que está falando a nosso respeito. Para descobrir como fazemos isso, Cherry projetou fones de ouvido especiais para poder transmitir duas mensagens diferentes para cada um dos ouvidos dos seus voluntários ao mesmo tempo. O voluntário podia ouvir as duas mensagens, mas foi instruído a seguir apenas uma delas. É bastante fácil abafar o ruído de fundo e ouvir apenas uma voz. Muitos experimentos mostram que os voluntários não estão conscientes do que está acontecendo no ouvido ao qual eles não estão prestando atenção, a não ser que o nome deles seja falado; aí eles notam. Schneirla teria gostado de saber que palavras relacionadas com perigo e prazer também são notadas.

O interessante é que nós não estamos nem um pouco conscientes desses vieses. À medida que vamos levando o nosso dia normal, o nosso cérebro continua a analisar e sondar o que está à nossa volta, como um radar espiralando em círculos, para garantir que não vamos deixar escapar as coisas que mais nos interessam. Pense na chocólatra que está tentando se manter em uma dieta: tudo o que ela parece notar são *outdoors* e pôsteres com balas e chocolate. Quando você está fazendo uma dieta, o mundo parece se unir contra você, já que as pessoas estão comendo bolo em todas as cafeterias em todas as esquinas. É claro que isso não está acontecendo, e exemplifica o verdadeiro poder dos nossos vieses. As coisas apenas parecem ser dessa maneira.

Quando tendências cognitivas como essa são voltadas na direção de informações emocionais, isso tem uma poderosa influência na nossa perspectiva. O otimista se sintoniza com o aspecto radiante, enquanto o pessimista olha para o aspecto sombrio. É difícil medir essas tendências, pois elas acontecem com uma velocidade incrível, e, para piorar ainda mais as coisas, a zona do nosso cérebro se concentra nas boas ou más notícias muito abaixo do nosso radar consciente. No entanto, os psicólogos cognitivos inventaram algumas técnicas engenhosas que nos fornecem medidas precisas e sutis do que o nosso cérebro está percebendo quando estamos alheios. A tarefa auditiva dicótica de Cherry possibilitou que ele visse o quanto as pessoas podiam escolher um ouvido em detrimento do outro, e esse princípio foi agora estendido também para aquilo que vemos.

Uma técnica chamada *tarefa de sondagem da atenção* é comumente muito usada para revelar essas tendências na visão. Podemos fazer isso mostrando às pessoas pares de fotografias agradáveis, desagradáveis ou neutras na tela de um computador e depois verificando o que atrai a atenção delas. Esses pares de fotos — talvez um cachorro rosnando com a imagem de um cachorrinho brincalhão — são apresentadas rapidamente, em geral durante menos de um segundo, e é solicitado aos voluntários que apertem um botão se virem um pequeno triângulo (a sonda) na tela do computador quando as fotos desaparecem. Duas imagens aparecem por meio segundo — uma à direita e a outra à esquerda; elas desaparecem, um triângulo aparece no lado direito ou no esquerdo, e a pessoa tem que responder o mais rápido que puder. O computador registra o tempo que a pessoa leva para apertar o botão, o que nos fornece um tempo de reação. Descobrimos que as pessoas detectam o triângulo com muito mais rapidez quando ele aparece depois de uma foto de que elas gostaram ou que captou a atenção delas, o que proporciona uma maneira ardilosa de medir a tendência cognitiva delas. Imagine que a foto de uma saborosa torta de maçã seja apresentada na tela do computador ao lado da foto de um sanduíche bem menos tentador. As duas imagens desaparecem, e depois um pequeno triângulo aparece onde a foto da apetecível torta de maçã estava. Se o cérebro da pessoa já tiver focalizado esse local — o que parece provável — a pessoa apertará mais rápido o botão apropriado do que se a sonda tivesse aparecido no lugar onde estava o sanduíche menos apetitoso.

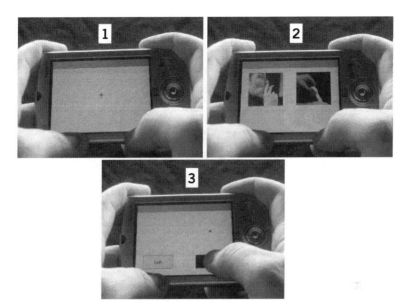

FIGURA 1.1 Diagrama de uma sequência de eventos em uma tarefa de sondagem da atenção. (1) A cruz de fixação é apresentada durante quinhentos milissegundos em um PDA. (2) As duas fotos — uma de uma pessoa fumando, a outra neutra — são exibidas. (3) A sonda à qual o participante precisa reagir é apresentada. Fonte: en.wikipedia.org/wiki/File:Visual_Probe_Task_on_a_PDA.jpg.

Esta é apenas uma das numerosas maneiras sofisticadas que possibilitam que nos aproximemos furtivamente do cérebro quando ele revela as complexidades das suas reviravoltas. Um fato fascinante descoberto há mais de vinte anos é que as pessoas ansiosas e pessimistas são atraídas por coisas negativas e evitam cenas positivas. Pense no noticiário da televisão ou no seu jornal local no qual muitas notícias, boas e más, são apresentadas diariamente. As pessoas mais ansiosas descartarão as notícias positivas — nem mesmo notarão que elas existem — e se concentrarão como um míssil de cruzeiro nas matérias negativas.

Nas minhas pesquisas, eu estava muito interessada em descobrir como e por que as informações negativas exerciam uma atração tão grande na mente das pessoas ansiosas. Uma coisa que eu notei desde cedo foi que os meus voluntários de controle, aqueles que foram escolhidos porque eram menos ansiosos e de um modo geral mais otimistas, não eram imparciais. Eu estava esperando que eles fossem mais ou menos equilibrados, prestando mais ou menos a mesma atenção aos aspectos positivos e aos negativos. Não foi o que aconteceu.

Isso foi uma surpresa na ocasião, já que a teoria predizia que as pessoas ansiosas eram ansiosas precisamente *porque* elas descartavam as notícias positivas e se sintonizavam com as más notícias, enquanto aquelas que não eram propensos à ansiedade conferiam um peso igual às boas e más notícias.

Estudo após estudo, contudo, nos disseram que aqueles que não eram ansiosos demonstravam um forte viés para *evitar* informações negativas. Quando uma imagem ou palavra desagradável era apresentada, eles desviavam a atenção quase instantaneamente. Assim como as pessoas ansiosas eram atraídas para as más notícias, as pouco ansiosas a evitavam. Todos os nossos voluntários estavam completamente alheios a esses vieses. A maioria disse que notou que muitas imagens estavam sendo apresentadas, mas que estava se concentrando tanto em reagir às sondas que não captou nenhum relacionamento entre a natureza das imagens e a localização da sonda. Eles se mostraram céticos quando lhes mostramos que a velocidade com a qual eles detectavam as sondas era influenciada de uma maneira confiável e sistemática pelo fato de as imagens precedentes serem positivas ou negativas.

Quando apliquei esse mesmo teste a Michael J. Fox, ele disse a mesma coisa: "Eu sabia que imagens estavam sendo intermitentemente apresentadas, mas eu estava me concentrando em apertar os botões e não cometer nenhum erro. Não foi nenhuma surpresa descobrir que a sua atenção era atraída pelo positivo — a sua velocidade em detectar a sonda depois das imagens positivas foi, em média, de cerca de 490 milissegundos (menos de meio segundo), ao passo que ele levou mais ou menos 560 milissegundos para reparar nas sondas depois das imagens negativas. Assim como no caso da maioria dos otimistas, a sua atenção foi subconscientemente atraída para as imagens agradáveis. Uma diferença de 70 milissegundos (menos de um centésimo de segundo) pode parecer irrelevante na vida do dia a dia, mas no tempo do cérebro é um longo tempo.

A nossa mente afetiva não apenas influencia o que notamos como também determina o que recordamos. Para testar isso, peça a um amigo normalmente alegre e feliz para lhe contar cinco coisas que tenham lhe acontecido antes dos doze anos. Pode ser qualquer coisa: uma festa à qual ele tenha ido, algo relacionado com um animal de estimação, os pais se divorciando, um evento na escola, qualquer coisa. Agora, peça a mesma coisa a um amigo mais melancólico. Não dê ideias; apenas peça que eles descrevam qualquer coisa que lhes venha à mente. Aposto como o otimista relatará principalmente lembranças felizes e animadas, e o pessimista relembrará eventos mais tristes e sombrios.

O efeito das diferentes disposições de ânimo naquilo que recordamos foi estudado pela primeira vez pelo psicólogo da Universidade de Stanford, Gordon Bower, na década de 1980. Nos seus experimentos, Bower usou hipnose para conferir às pessoas disposições de ânimo alegres ou tristes e depois pediu a elas que recordassem algum evento que tivesse ocorrido no ano anterior. As pessoas alegres relataram muitas lembranças positivas, e as pessoas tristes se mostraram mais propensas a relembrar coisas mais negativas e melancólicas.

No entanto, o estudo dessas memórias autobiográficas encerra um óbvio problema. Embora se trate de tipos de memórias extremamente interessantes, não temos nenhum conhecimento genuíno do que realmente aconteceu a alguém. Quando uma paciente deprimida diz para um psicólogo que as coisas estão sempre dando errado e que todas as vezes que ela tenta começar uma conversa as pessoas se afastam dizendo que estão ocupadas, nós não sabemos se isso é verdade ou não. A incerteza a respeito da veracidade das memórias autobiográficas torna os estudos de laboratório especialmente importantes.

Por esse motivo, Bower novamente usou a hipnose para colocar os seus voluntários em uma disposição de ânimo alegre ou triste e lhes apresentou uma lista de palavras, algumas das quais encerravam uma atmosfera positiva (por exemplo, festa, feliz, jovial), enquanto outras se relacionavam com coisas mais negativas (por exemplo, câncer, morte, fracasso). Os resultados não poderiam ter sido mais claros: o grupo com a disposição de ânimo alegre se lembrou mais das palavras positivas; as pessoas tristes se lembraram mais das palavras negativas.

Os experimentos de Bower nos dizem que em vez de nos apresentarem uma descrição sincera e precisa do passado, as nossas memórias nos oferecem uma versão altamente seletiva dos eventos que se encaixam impecavelmente na nossa perspectiva e interesses particulares. É difícil superestimar a importância desse ponto. As nossas memórias são filtradas através do nosso ponto de vista, o que garante que não podemos ter certeza de que elas nos fornecerão uma imagem precisa do passado.

A recordação seletiva nos oferece um indício importante do motivo pelo qual algumas pessoas são felizes e otimistas enquanto outras tendem a ser depressivas e tristes. As memórias negativas e sombrias estimulam a formação de uma perspectiva pessimista com relação à vida, assim como as memórias positivas e felizes geram uma perspectiva otimista. Mas é importante recordar que o vínculo entre a nossa perspectiva e a nossa memória é uma rua de mão dupla. Uma boa disposição de ânimo pode conduzir a memórias felizes, mas as memórias felizes também podem conduzir a uma boa disposição de ânimo.

Para ver isso por si mesmo, procure se lembrar de uma ocasião em que você tenha se sentido extremamente feliz — talvez quando você passou em um exame importante, se casou, conseguiu o seu primeiro emprego, saiu pela primeira vez com alguém em quem você estava interessado havia séculos. Imagine todos os detalhes o mais vividamente que puder, inclusive como você se sentiu na ocasião. Depois de alguns minutos, você notará que o seu estado de espírito está mais animado, pois você está voltando a ter os mesmos sentimentos felizes que você está recordando. Muitos experimentos de psicologia mostraram a mesma coisa; as nossas memórias afetam a nossa disposição de ânimo atual assim como a nossa disposição de ânimo influencia o que aparece na nossa mente. Assim como o proverbial "quem nasceu primeiro, o ovo ou a galinha?", esse relacionamento circular entre o que nós recordamos e a disposição de ânimo em que nos encontramos torna difícil descobrir se é a disposição de ânimo ou a memória que vem primeiro.

Existem duas razões principais pelas quais os vieses subconscientes na nossa atenção e na nossa memória são importantes. Primeiro, essas inclinações da mente repousam no âmago das diferenças na maneira como vivenciamos a vida. Segundo, o que notamos e recordamos desempenha um papel desproporcional na configuração do que acreditamos. Não é que o otimista enxergue tudo cor-de-rosa e o pessimista veja tudo sombrio. Mais exatamente, é a ênfase de um sobre o outro que, com o tempo, faz a diferença.

O que os psicólogos chamam de *viés de confirmação* é um excelente exemplo de como as tendências de nível baixo — o conteúdo da nossa mentalidade afetiva — podem moldar as nossas convicções. Se você estiver convencido de que as mulheres são piores motoristas do que os homens, você confirmará essa convicção reparando em muitos exemplos de mulheres que dirigem mal. O que você deixa de notar são os exemplos de homens que dirigem mal e de mulheres que dirigem bem. As coisas que não se encaixam na sua crença fundamental não são notadas. O nosso sistema de crenças determina o que reparamos no mundo que nos cerca, mas ao mesmo tempo as nossas convicções são determinadas, em grande medida, antes de mais nada, pelo que notamos.

Mark Snyder, psicólogo da Universidade de Minnesota, realizou muitas pesquisas que confirmam que as convicções podem se revelar profecias autorrealizáveis. Se você estiver com uma pessoa pela primeira vez e tiver sido informado de que ela é ansiosa, aspectos do comportamento dela que parecem apreensivos se tornarão proeminentes. Para demonstrar isso, Snyder formou pares de voluntários e pediu a alguns deles que descobrissem se o seu parceiro era extrovertido e a outros que descobrissem se o parceiro era introvertido.

Se a sua tarefa fosse descobrir se alguém era extrovertido, e você só pudesse fazer poucas perguntas importantes, o que você perguntaria? Se você for um pouco parecido com os voluntários de Snyder, você perguntaria coisas como: "O que você faria para animar uma festa?" ou "Você gosta de conhecer muitas pessoas novas?" Se você parar para pensar, constatará que essas perguntas não são muito informativas porque elas só podem *confirmar* a pergunta. Ao examinar as fitas de vídeo das interações entre os seus voluntários, ficou óbvio para Snyder que as pessoas sempre se inclinavam para esse tipo de pergunta. Aquelas do grupo dos "introvertidos" perguntaram coisas como "Existem ocasiões em que você gostaria de ser mais expansivo?" Como diz Snyder, "Temos a tendência de buscar apenas evidências confirmativas", quando o que realmente precisamos são de evidências "desconfirmativas".

Vieses e peculiaridades da mente desempenham um importante papel na consolidação das nossas convicções, mas dizem também que elas influenciam o quanto somos felizes e saudáveis. Uma convicção pode realmente produzir mudanças físicas no nosso corpo, a ponto de causar uma doença? A resposta, a partir de estudos em psicologia e neurociência, é um enfático sim. Há também exemplos persuasivos da prática médica que mostram que aquilo que pensamos e acreditamos pode nos fazer adoecer. O Dr. Clifton Meador se formou em medicina em 1955 e passou muitos anos exercendo a medicina no Alabama e em outros lugares. Nos primeiros anos da sua prática médica, ele aceitou sem questionar o modelo "biomédico" dominante, que afirmava que problemas físicos causavam sintomas físicos, e que tratar o problema físico básico curaria os sintomas.

No entanto, as experiências de Meador com muitos pacientes gradualmente o convenceram de que a medicina precisava adotar um ponto de vista mais amplo. Repetidas vezes, ele se deparou com casos nos quais as pessoas ficavam doentes porque *acreditavam* que estavam doentes, mesmo quando efetivamente não havia nada errado com elas. Ele relata a história de um paciente que foi diagnosticado com um câncer de fígado terminal e lhe disseram que tinha apenas poucos meses de vida. O paciente ficou fraco e morreu dentro do intervalo de tempo esperado, mas uma autópsia revelou que os médicos tinham errado: o paciente não tinha câncer. Ele morreu porque "acreditou que estava morrendo de câncer". A sua crença foi tão poderosa que induziu a morte.

Meador narra a história ainda mais dramática de Vance Vanders, que era paciente do mentor médico de Meador, o Dr. Drayton Doherty. Na primavera de 1938, Doherty internou um homem negro de 60 anos em um hospital para negros, que era na época completamente segregado, nos arredores de Selma, no Alabama. Vance Vanders estava doente havia várias semanas, não estava comendo e tinha perdido muito peso. Os médicos desconfiaram de que poderia ser câncer, mas exame após exame não revelou qual era o problema. Com o tempo, à medida que a sua saúde foi declinando e a morte parecia inevitável, a esposa de Vance contou a Doherty que várias semanas antes Vance fora chamado ao cemitério à meia-noite por um curandeiro local. O vodu e a "magia negra" eram comuns entre os membros da comunidade negra do Alabama na época. Ela não sabia por que, mas ocorrera uma discussão, e o curandeiro tinha aspergido um líquido fedorento no nariz de Vance, dizendo que tinha lançado um feitiço de vodu sobre ele e que ele iria morrer muito em breve. "Você está condenado a morrer", trovejou o curandeiro. "Nem mesmo os médicos conseguirão salvá-lo." Vance voltou cambaleando para casa em estado de choque e não tinha comido nada desde então.

Ao ouvir isso, Doherty pensou longamente a respeito do que iria fazer. Na noite seguinte, ele chamou toda a família de Vance para a sua cabeceira. Dez ou mais pessoas cercavam o homem agonizante. Doherty então anunciou em uma voz autoritária que ele podia afirmar que tinha atraído o curandeiro ao cemitério sob falsos pretextos e exigido que ele anulasse o feitiço. No início, o curandeiro tinha apenas rido dele, disse ele, mas em seguida Doherty contou como tinha "agarrado o curandeiro pela garganta" e o obrigado a lhe contar o que ele tinha feito. "Acontece", disse ele a Vance, "que o curandeiro tinha esfregado ovos de lagarto na sua pele, e alguns deles tinham conseguido rastejar até o seu estômago onde eles tinham eclodido. Todos agora estão mortos, exceto um grande lagarto que está comendo toda a sua comida e o revestimento do seu corpo."

Doherty chamou então a sua enfermeira, que abriu caminho através do grupo que estava em choque carregando um grande frasco de líquido.

"Precisamos nos livrar do lagarto", declarou Doherty dramaticamente enquanto injetava o que era na verdade um forte emético no braço de Vance. Em poucos minutos, Vance estava vomitando profusamente, e bem no momento certo — sem que ninguém no quarto percebesse — Doherty exibiu um grande lagarto verde que ele tinha escondido na sua maleta.

"Veja, Vance, olhe para o que saiu de você! Você agora está curado. A maldição vodu foi anulada!" Ao que consta, Vance revirou os olhos e saltou para a parte de trás da cama. No meio dos gemidos e lamentos dos seus parentes, ele caiu em um sono profundo. Mais de 12 horas depois, Vance acordou morrendo de fome e devorou uma grande refeição composta de pão, leite e carne. Ele viveu mais dez anos e teve uma morte natural devido à velhice.

"Está muito claro", escreve Meador, "que Vance acreditava, no nível mais profundo, que ele estava amaldiçoado e condenado a morrer". Meras palavras tiveram o poder de induzir a morte, e meras palavras foram capazes de trazê-lo de volta da morte iminente.

O bastante conhecido *efeito placebo*, do latim "vou deleitar", é a descoberta de que as pessoas podem se sentir melhor e obter benefícios de um medicamento ou tratamento médico se acreditarem que ele lhe fará bem, mesmo que esse "medicamento" seja apenas uma pílula de açúcar. O gêmeo menos conhecido, e mais sombrio, do placebo é o *nocebo*, do latim "causarei dano". Foi isso que quase matou Vance Vanders. Em poucas palavras, as pessoas pioram porque acreditam que vão piorar. Arthur Barsky, professor de psiquiatria da Escola de Medicina de Harvard, examinou a literatura médica e científica, e concluiu que os efeitos nocebos são geralmente sintomas vagos diretamente causados pela sugestão ou crença de que alguma coisa é nociva.

Uma das primeiras pesquisas de laboratório do efeito nocebo foi conduzida na Universidade da Califórnia em 1981. Os voluntários tinham vários eletrodos amarrados na cabeça e foram informados de que o estudo era a respeito dos efeitos de uma leve corrente elétrica na função cerebral. Eles foram avisados de que a corrente elétrica poderia causar fortes dores de cabeça, mas que não deveria haver outros efeitos adversos. Mais de dois terços dos 34 voluntários relataram ter sentido fortes dores de cabeça. Os pesquisadores revelaram mais tarde que nem um único volt de eletricidade havia sido produzido. A expectativa por si só tinha feito com que pessoas saudáveis ficassem doentes.

Jon-Kar Zubieta e seus colegas na Unidade de Neurociência Molecular e Comportamental da Universidade do Michigan em Ann Arbor apresentaram evidências absolutamente claras de que as nossas convicções podem, de fato, ter um efeito direto no nosso cérebro. Eles convenceram vinte voluntários saudáveis a tomar parte em dois desafios de dor de vinte minutos de duração. Em uma ocasião, as pessoas foram informadas de que tinham tomado um medicamento que tinha um forte efeito analgésico. Uma semana depois, elas foram informadas de que o medicamento era uma pílula de açúcar e não iria ajudar a minorar a dor. Em ambos os casos, nenhum medicamento foi administrado, mas os efeitos no cérebro foram impressionantes. Alguns voluntários exibiram uma forte reação placebo, já que disseram que a sua dor havia diminuído, e ocorreu um incremento de dopamina e opiáceos — substâncias químicas felizes — no cérebro deles. Em um acentuado contraste, um forte efeito nocebo, no qual as pessoas relataram um aumento da dor, foi associado a uma redução da quantidade de dopamina e opioides sendo liberados. Esta é uma espantosa evidência de que o que esperamos e acreditamos produz mudanças neuroquímicas no âmago do nosso cérebro que busca o prazer.

Uma coisa é induzir dores de cabeça apenas por meio da crença, mas as nossas crenças podem influenciar a nossa saúde física para melhor ou para pior? Pode realmente ter fundamento a ideia de que a nossa mente pode influenciar a vida e a morte? Assim como Vance Vanders, podemos realmente "morrer de medo"? Evidências do extensivo Estudo do Coração de Framingham [Framingham Heart Study] sugerem que a resposta é sim. Esse estudo começou em

1948 e acompanhou a sorte de 2.873 mulheres e 2.336 homens. Tomando o cuidado de levar em conta todos os fatores de risco conhecidos — obesidade, níveis elevados de colesterol, hipertensão, e assim por diante — um artigo de Rebecca Voelker no *Journal of the American Medical Association* em 1996 relatou que as mulheres que *acreditavam* que estavam mais sujeitas a sofrer de doenças do coração tinham uma probabilidade quatro vezes maior de morrer do que as mulheres que não acreditavam nisso.

CAPÍTULO 2

O lado ensolarado para cima

~~~

Investigando o otimismo

Ainda tenho vívidas memórias de David, um menino que conheci na escola. Em um mar de rostos irlandeses, ele se destacava com o seu cabelo muito louro. Ele também foi a primeira pessoa que conheci cujo cérebro do prazer parecia estar emperrado em marcha acelerada. Ele iluminava qualquer sala assim que entrava, exsudando um sentimento contagiante de alegria e felicidade. Todo mundo adorava David. Ele era radiante, atraente e uma daquelas pessoas que gostam de se arriscar na vida; aos 15 anos, ele tinha caído de despenhadeiros, batido com o carro do pai, experimentado drogas e sexo, e se lançado de outras maneiras nos limites extremos da emoção. O medo para David era diversão. O que ele parecia desejar acima de tudo era o ímpeto de adrenalina que o impelia a ir atrás do perigo. Ele morreu com 16 anos, quando tentou saltar do telhado de um dos prédios da cidade para outro mas errou o alvo, caindo na rua embaixo. Enquanto os nossos pais e professores se perguntavam se não teria sido suicídio, nós, adolescentes, sabíamos muito bem que a depressão estava a milhões de quilômetros da experiência de David. O que o matou foi o excesso de diversão.

A experiência de David nos oferece um vislumbre da vida do cérebro ensolarado, com todos os seus altos e baixos. A minha teoria é que a centelha na fonte do cérebro ensolarado é o centro do prazer, situado nas profundezas das antigas regiões do nosso tecido neural. Todos nós ansiamos pelo prazer, mas alguns de nós, como David, o levam às raias do vício. Pense no prazer saciado que você sente depois de fazer uma excelente refeição ou do prazer triunfante depois de uma vitória do seu time favorito. Imagine agora se sentar, depois de um longo dia, e desembrulhar aquela barra de chocolate na qual você vinha pensando. Quando você morde a superfície suave e sedosa, o sabor e o aroma invadem os seus sentidos como somente um saboroso chocolate amargo consegue fazer. Sentimentos de prazer como esses são causados pelo nosso cérebro que busca o prazer, o que nos permite reagir às coisas boas da vida. Esse cone hedônico, ou centro do prazer, é a casa de máquinas que propele o nosso cérebro ensolarado mais amplo. O cérebro ensolarado, por sua vez, impulsiona uma mentalidade otimista. Para compreender as raízes do otimismo, portanto, precisamos entender mais detalhadamente como o cérebro do prazer funciona.

A função do nosso sistema de prazer é nos instigar a fazer coisas que são biologicamente boas para nós. É por isso que a comida deliciosa, especialmente na companhia de parentes e amigos, é um dos grandes prazeres da vida. Nos tempos antigos, assim como hoje, uma rede de apoio e um suprimento disponível de comida eram vitais para o nosso bem-estar e sobrevivência. O nosso cérebro do prazer se sintoniza com todas as coisas que acentuam as nossas perspectivas de sobrevivência. Por conseguinte, a apreciação sensorial de sabores, odores, vistas, sons e toques estão na essência de nos sentirmos bem. A carícia sensual de alguém que nos ama, o aroma intenso do café, o frescor de uma brisa marinha podem levantar o nosso ânimo em uma cadeia de eventos que, com o tempo, conduz a uma concepção mais auspiciosa da vida. Até mesmo a busca de uma fogueira em um dia gelado é biologicamente significativo e chama a atenção do cérebro do prazer, desencadeando reações neurológicas que nos levam a buscá-las repetidamente. Para muitas pessoas, são os prazeres sensoriais que fazem com que valha a pena viver a vida. Se não pudermos parar para sentir o cheiro das rosas (ou do café ou do chocolate), é difícil nos sentirmos vivos, felizes e positivos.

Ironicamente, é a pesquisa científica sobre a depressão que está agora fornecendo novas evidências desse ponto de vista. Andy era um jovem que participou de um dos meus estudos sobre otimismo e pessimismo. Durante vários anos, Andy sofrera de uma grave depressão. Uma interminável variedade de medicamentos e terapia da conversa causaram pouco impacto nas suas sombrias disposições de ânimo. A principal queixa de Andy, contudo, não eram as sombrias disposições de ânimo e o pessimismo predominante; o que realmente o incomodava era a sua "incapacidade de sentir alegria". "Eu costumava apreciar a vida", dizia ele. "Os prazeres simples, do dia a dia, como uma boa xícara de café realmente me animavam." No entanto, quando a sua depressão voltava a se insinuar, a primeira coisa que ele notava era geralmente a ausência do prazer. "As coisas perdem o encanto. Perco o interesse por tudo. A vida simplesmente parece insípida."

Sucessivas namoradas tiveram dificuldade em lidar com a gradual perda de interesse de Andy por se encontrar com os amigos, por fazer sexo e até mesmo pelo simples prazer de ir ao cinema ou sair para jantar. Tecnicamente chamada de *anedonia*, essa incapacidade de sentir prazer forma uma parte crucial da depressão e é uma companheira próxima do pessimismo. Pesquisas da neurociência nos mostram que o cérebro do prazer está subativo na depressão. É difícil imaginar um otimista, profundamente envolvido com a vida, incapaz de sentir e desfrutar o prazer. Os otimistas geralmente sentem um grande entusiasmo e energia, e são ávidos para apreciar tudo o que a vida tem a oferecer. Saborear o prazer, seja ele oriundo de experiências sensoriais como a alegria de tomar uma cerveja gelada em um dia quente, ou o prazer mais abstrato de ser cativado por um quadro maravilhoso, é fundamental para o otimismo e para a sensação de bem-estar.

O centro do prazer

Os psicólogos e neurocientistas estão agora começando a aprender mais a respeito das partes do cérebro que garantem que algumas experiências ou objetos serão realçados para que pareçam mais auspiciosos ou reluzentes. Ao pintar esse "brilho do prazer", ou o que é chamado de *tom hedônico*, em algumas experiências, o cérebro garante que algumas coisas são vistas através de lentes cor-de-rosa. A natureza concebeu essa maneira astuciosa de assegurar que iremos buscar as coisas que são boas para nós. Em outras palavras, o prazer é a moeda que faz com que voltemos para buscar mais.

É importante compreender, contudo, que o prazer é algo mais do que uma experiência sensorial. Como diz o psicólogo holandês Nico Frijda, o prazer é o "brilho mais agradável" que é pintado nas nossas sensações, e é esse brilho que delicadamente nos empurra na direção de objetivos úteis como procurar comida, água e sexo. Sem essas motivações, provavelmente não sobreviveríamos por muito tempo, de modo que o prazer compõe uma das grandes forças motrizes — a busca de prazeres — ao lado do outro grande motivador que é evitar o perigo ou a dor. Epicuro, o filósofo grego da antiguidade, que viveu de 341 a 270 a.C., definiu o prazer como a "ausência de sofrimento". Jeremy Bentham, o filósofo inglês do século XVIII, também afirmou que o prazer e a dor são os dois "senhores da humanidade", acreditando que os seres humanos foram projetados pela natureza para buscar o prazer e evitar a dor. A ciência moderna continua a encarar o prazer e a dor como importantes forças motivadoras, e muitos esforços têm sido dedicados a descobrir maneiras de medir o prazer e encontrar a sua fonte no nosso cérebro.

Essas pesquisas nos informam que o núcleo do cérebro que busca o prazer é uma minúscula estrutura chamada *nucleus accumbens* (NAcc). Essa antiga estrutura está situada debaixo do córtex, bem na frente do cérebro. Assim como em muitas das descobertas fundamentais da ciência, a do "centro do prazer" do cérebro aconteceu por acaso.

Nos idos de 1950, dois jovens psicólogos canadenses chamados James Olds e Peter Milner estavam tentando descobrir como o cérebro controla o ciclo de sono-estado desperto. Depois de trabalhar nesse problema durante algum tempo, eles compreenderam que implantar eletrodos profundamente no cérebro de ratos poderia ajudá-los a encontrar a resposta. Quando ativados, os eletrodos liberam um minúsculo pulso de eletricidade diretamente em uma parte específica do cérebro. O efeito resultante no comportamento do animal podia então ser observado. O procedimento é indolor, já que o cérebro não contém nociceptores, e os eletrodos são implantados cirurgicamente com os ratos submetidos a anestesia geral. Quando o animal acorda depois da operação, ele pode se locomover livremente, alheio ao eletrodo dentro da sua cabeça.

Olds e Milner tinham uma boa ideia a respeito de que área do cérebro poderia estar envolvida na excitação, e esperavam que ao estimular essa região eles obteriam a prova final. O seu plano era colocar os eletrodos em uma parte do cérebro chamada *formação reticular do mesencéfalo*, localizada ao longo da linha do meio do cérebro. Estudos anteriores haviam indicado que era essa região que provavelmente controlava o ciclo de sono-estado desperto. No entanto, para sorte da ciência do prazer, a mira deles não era muito boa, e eles inseriram os eletrodos a uma curta distância do alvo pretendido. Desse modo, quando eles estimularam os eletrodos, o nível de excitação do rato não sofreu nenhuma alteração. O que aconteceu, contudo, foi que os ratos pareceram ser atraídos para o local onde estavam quando haviam sido estimulados. Correndo em volta da gaiola, o rato parava subitamente e voltava ao local preciso onde estava quando o eletrodo tinha sido ativado. Os ratos exibiram todos os indícios de que ansiavam por mais estimulação.

Percebendo que tinham encontrado alguma coisa, Olds e Milner realizaram o experimento, hoje famoso, no qual os ratos tiveram liberdade de ação para acionar uma alavanca que ativava o eletrodo com a frequência que quisessem. Os resultados foram assombrosos. Os ratos não se fartavam de receber o minúsculo choque elétrico e pressionavam repetidamente a alavanca, às vezes até 2 mil vezes em uma hora. Os ratos até mesmo abriram mão de oportunidades de comer, beber água ou fazer sexo para poder pressionar uma vez mais a alavanca.

Olds e Milner descobriram, com o tempo, que em vez de inserir os eletrodos na formação reticular do mesencéfalo, como pretendiam, eles tinham, de fato, os implantado no NAcc. Essa minúscula região foi logo anunciada como o "centro de recompensa" ou a "zona de prazer" do cérebro. Não demorou muito para que os eletrodos fossem implantados em seres humanos para verificar se a ativação dessa zona de prazer recém-descoberta poderia ajudar as pessoas que lutavam com a depressão ou a dor. Se pessoas como Andy eram incapazes de sentir prazer, então, talvez, a ativação repetida do seu centro de prazer pudesse acionar o sistema, levantando, com o tempo, as nuvens sombrias da depressão.

Naquele que se tornaria um dos mais polêmicos programas de pesquisa já realizados em psiquiatria, o Dr. Robert Heath da Escola de Medicina da Universidade de Tulane em New Orleans começou a implantar eletrodos profundamente no cérebro de pacientes que sofriam de vários problemas de saúde mental. Ele era de opinião que uma disfunção na reação do prazer era a causa fundamental de muitas doenças mentais, como a depressão e a esquizofrenia.

Se ao menos o centro do prazer pudesse ser ativado, pensou Heath, poderíamos ser capazes de curar vários problemas mentais.

Um dos seus pacientes, rotulado de B-19, era um exemplo típico. Torturado pela depressão durante vários anos, o rapaz de 24 anos confidenciou que era perturbado diariamente por ideias de suicídio. Inspirado no trabalho de Olds e Milner, Heath implantou alguns pequenos eletrodos profundamente no cérebro de B-19. Quando o paciente se recuperou da cirurgia, a equipe de pesquisa estimulou cada eletrodo, um por um, e ia perguntando a B-19 como ele estava se sentindo. A maioria dos eletrodos causou pouco efeito, mas quando o eletrodo do NAcc foi estimulado, B-19 relatou imediatamente uma sensação. "Foi agradável e caloroso", disse ele, e fez com que ele tivesse vontade de se masturbar e fazer sexo. Exatamente como os ratos de Olds e Milner, esse jovem estimulou esse eletrodo particular mais de 1.500 vezes em uma sessão de três horas e reclamou vigorosamente quando ele foi retirado.

As notícias a respeito das novas técnicas logo se espalharam, e pacientes em outros hospitais começaram a relatar sentimentos semelhantes. O neurocientista espanhol Jose Delgado, que estava trabalhando na Universidade Yale, descreveu vários experimentos sobre a implantação de eletrodos em várias espécies, entre elas seres humanos. Delgado, que talvez seja mais famoso por ter feito um touro parar instantaneamente no meio de uma arremetida ao estimular um eletrodo que havia sido implantado no animal, Delgado também descobriu que estimular o NAcc nos seres humanos podia eliminar a depressão, pelo menos temporariamente. Essa transitoriedade, contudo, se revelou um problema. A estimulação dos eletrodos no NAcc sem dúvida causava intensos efeitos, mas estes não duravam muito tempo, motivo pelo qual a implantação de eletrodos no NAcc nunca se tornou uma cura viável para a depressão.

A natureza efêmera do prazer faz bastante sentido. O impulso de comer, beber e se reproduzir são cruciais para a sobrevivência da nossa espécie, mas depois que comemos, matamos a sede e fazemos sexo, há pouca necessidade de que o prazer perdure. Por conseguinte, a busca da felicidade *apenas* por meio do prazer é geralmente um exercício inútil. Existem poucas dúvidas, contudo, de que a estimulação do NAcc faz as pessoas desejarem estimulá-lo mais. Antes de examinar como isso funciona, vamos ter que fazer uma pequena digressão para ver como a comunicação acontece dentro do cérebro.

Um pouco de anatomia

Existem várias maneiras de examinar o cérebro. Ele é formado por duas metades, que são imagens especulares uma da outra. Também podemos dividir o cérebro em três partes de baixo para cima. Na parte de baixo, onde o cérebro e a coluna vertebral se conectam, estão situadas uma série de estruturas que são essenciais para a vida. Essas são as partes do cérebro que garantem que continuamos a respirar, mantendo a pressão sanguínea e a temperatura do corpo bem equilibradas, e que de um modo geral sustentam a vida. Um degrau acima está a parte do mesencéfalo, que contém muitas das áreas nucleares das emoções e da memória, entre outras coisas. Estas são frequentemente chamadas de *subcorticais* (debaixo do córtex) e são muito mais antigas do ponto de vista evolucionário do que a parte superior do nosso cérebro, o córtex. Na realidade, muitas das partes do cérebro que encontramos nessa região do mesencéfalo — não raro com nomes com um som exótico como amígdala, *nucleus accumbens*, hipocampo — são semelhantes àquelas que encontramos no cérebro de outras criaturas com quem compartilhamos este planeta. O nosso córtex, contudo, é diferente. Ele cresceu tanto que foi obrigado a se dobrar repetidamente para se encaixar dentro do crânio; daí, a aparência convoluta familiar do nosso cérebro. O córtex encerra as regiões do mesencéfalo e é responsável por muitos dos atributos que consideramos exclusivamente humanos, como a linguagem, o raciocínio e a imaginação.

As várias regiões do cérebro precisam ser capazes de se comunicar umas com as outras para que as ações possam ser coordenadas. Isso é alcançado por meio de densas redes de conexões que possibilitam que todas as áreas do cérebro, de baixo até em cima, "falem" umas com as outras. Para ver como essas redes do cérebro se desenvolvem, vamos dar uma olhada em como a comunicação interna acontece. Entre os diversos tipos de células encontradas no cérebro, as mais importantes para enviar e receber mensagens são as células nervosas, também conhecidas como neurônios. Cada neurônio é composto de três partes. Os dendritos são como galhos de árvores cuja função principal é receber a entrada de outros neurônios. O soma, ou corpo celular, contém todas as coisas importantes que a célula precisa para permanecer viva, inclusive o seu DNA. A terceira parte é o axônio, que é como um cabo elétrico vivo que conduz impulsos elétricos a uma incrível velocidade em direção aos dendritos de outros neurônios. Quase todos os axônios no cérebro são extremamente curtos, enquanto outros, como os que descem pelas nossas pernas, podem chegar a ter até 1,83 m de comprimento.

Embora as estimativas variem, a maioria dos neurocientistas concorda em que existem mais de 100 bilhões de neurônios no cérebro humano, e que cada um pode entrar em contato com até 10 mil outros neurônios. Isso conduz a uma desconcertante complexidade de comunicação. Nos primeiros dias da neurociência, a crença era que os neurônios "falavam" uns com outros por meio de impulsos elétricos que disparavam de um neurônio para o outro. Essa visão mudou radicalmente quando uma experiência crucial foi realizada em 1921 por Otto Loewi (1873-1961), professor de farmacologia na Universidade de Graz na Áustria. Por volta da Páscoa naquele ano, ele escreveu no seu diário que passara várias noites sem dormir. Ele ficara ensimesmado com a ideia de que a comunicação elétrica talvez não fosse a única maneira pela qual as mensagens eram transmitidas. Talvez, pensou ele, substâncias químicas também possam estar envolvidas. Durante uma noite aflita, ele acordou frequentemente e anotou várias ideias que lhe vieram em sonho. Na manhã seguinte, ele não conseguiu se lembrar de nada do sonho e foi incapaz de ler as suas anotações rabiscadas às pressas. Descrevendo o dia seguinte como "desesperador", ele sabia que tinha sonhado com alguma coisa importante. Ao despertar do mesmo sonho na noite seguinte, ele foi diretamente para o laboratório para fazer o experimento decisivo. Esse teste provou que as substâncias químicas são, de fato, cruciais para que mensagens sejam enviadas ao redor do cérebro.

Vamos ver como ele descobriu isso. Loewi sabia que o nervo vago controla a velocidade na qual o coração bate, e que a estimulação desse nervo faz o coração bater mais devagar. Mas isso acontecia porque um impulso elétrico saltava do nervo para o coração? Ou havia uma substância química que ressumava do nervo para o coração? Em um engenhoso experimento, ele removeu o coração de duas rãs com o nervo vago ainda preso nele e, com os corações ainda batendo, colocou o primeiro coração em uma solução. Em seguida, ele estimulou o nervo vago desse coração e, como esperado, o coração bateu mais devagar. Ele rapidamente colocou o segundo coração na mesma solução e, para sua alegria, constatou que o batimento do segundo coração também começou a ficar mais lento. Nesse momento heureca, Loewi descobrira que substâncias químicas *precisam necessariamente* estar envolvidas na transmissão de informações de um neurônio para o outro. De que outra maneira o segundo coração poderia ter batido mais devagar? Hoje, chamamos a descoberta de Loewi de *neurotransmissão*, e ele compartilhou o Prêmio Nobel de 1936 com o seu amigo e colaborador de longa data, o cientista britânico *sir* Henry Dale, por esse trabalho.

Embora Loewi tivesse descoberto a base química da neutrotransmissão em 1921, mais 12 anos transcorreriam antes que a substância química precisa, a acetilcolina (Ach), fosse identificada. A partir de então, mais de cinquenta outros neurotransmissores foram descobertos. Hoje sabemos que na extremidade de cada axônio existem minúsculas bolsas chamadas *vesículas sinápticas* que contêm um neurotransmissor específico, como a dopamina. Quando um impulso elétrico chega ao axônio, isso faz com que as vesículas sinápticas se desloquem para a borda do neurônio e derramem o seu conteúdo no minúsculo espaço entre os neurônios. Essas substâncias químicas então se deslocam sobre a fenda sináptica e são detectadas pelos receptores nas paredes dos dendritos da célula seguinte.

Assim como uma fechadura e a chave, se o neurotransmissor tiver a forma adequada, ele se encaixará no receptor no neurônio seguinte. Isso fará com que o neurônio envie um impulso elétrico pelo seu próprio axônio, o qual, por sua vez, liberará o seu próprio neurotransmissor e dará seguimento ao processo. Se o neurotransmissor não tiver a forma correta, ele não estimulará o neurônio seguinte.

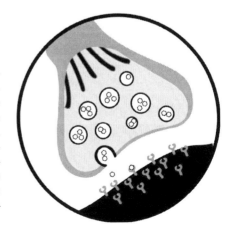

FIGURA 2.1 Diagrama de uma sinapse: uma ilustração de neurotransmissão. Um impulso elétrico estimula o neurônio que derrama pequenas quantidades de neurotransmissor no pequeno espaço entre os neurônios (fenda sináptica). Os neurotransmissores então se deslocam no fluido, e se receptores apropriados estiverem posicionados nos dendritos de outro neurônio, o neurotransmissor fará com que essa célula dispare, e assim a cadeia de mensagens continua. Fonte: www.wpclipart.com/science/experiments/chemical_synapse.png.html.

Os mensageiros químicos mais ativos no nosso cérebro ensolarado são a dopamina e os opioides — a variedade de opioides endógenos do cérebro. O NAcc está repleto de células que contêm dopamina ou opioides, e é a ação desses neurotransmissores que facilita a nossa satisfação e desejo por um vasto leque de experiências. Acredito que essas substâncias químicas, o óleo na casa de máquinas do nosso cérebro ensolarado mais amplo, sejam uma das principais fontes do otimismo.

Quando um rato é alimentado com alguma coisa saborosa, como água açucarada, o nível de dopamina no seu NAcc aumenta instantaneamente, o mesmo acontecendo quando ele faz sexo. A mesma coisa acontece com os seres humanos. Quando um eletrodo implantado no NAcc é ativado, como no caso de B-19, o NAcc é inundado por dopamina. As atividades de diversão também ativam os sistemas de dopamina.

Matthias Koepp, neurocientista do Instituto de Neurologia em Londres, conduziu um estudo intrigante usando estudantes voluntários que jogaram um *video game* tanque de guerra deitados dentro de um tomógrafo. Sempre que destruíam um tanque inimigo ou pegavam uma bandeira, os estudantes ganhavam dinheiro. Sempre que isso acontecia, um surto de dopamina podia ser observado no NAcc dos voluntários.

Foi demonstrado, contudo, que a história do prazer é muito mais complexa do que apenas a dopamina. Kent Berridge, psicólogo da Universidade de Michigan, fez a descoberta crucial de que as substâncias químicas opioides também são fundamentais para o funcionamento do cérebro do prazer. Ao estimular diferentes áreas do NAcc em um grande número de ratos, ele descobriu que quando os neurônios contendo opioides eram ativados, as coisas doces tinham um sabor ainda mais doce. Em outros estudos, foi constatado que os ratos se esforçavam muito, aprendendo alegremente a saltar através de todos os tipos de aros, apenas pela recompensa de uma injeção de pó de anjo (PCP) — outro ativador dos receptores opioides — diretamente no seu NAcc.

Berridge testou então pessoas que faziam uso recreativo de cocaína. A cocaína aumenta a quantidade de dopamina liberada no cérebro; durante um longo tempo, acreditou-se que essa fosse a razão pela qual a cocaína faz com que nos sintamos bem. No entanto, ao suprimir artificialmente o surto típico de dopamina decorrente do uso da cocaína, Berridge fez uma extraordinária descoberta:

o prazer oriundo da cocaína não diminuiu nem um pouco. O que mudou foi o *desejo* das pessoas de usar a droga; a sensação ainda era magnífica, mas o desejo de usar mais diminuiu. Essas constatações conduziram Berridge à constatação crucial de que a dopamina está envolvida quando queremos alguma coisa mas não necessariamente por gostar dela. Querer e gostar são diferentes aspectos do prazer, com diferentes sistemas neurotransmissores envolvidos. São os opioides que pintam o brilho do prazer nas nossas experiências, enquanto a dopamina nos faz voltar repetidamente para buscar mais.

Quando estimulado pelo prazer — seja por meio do sexo, do uso de drogas, da ingestão de chocolate, de jogos ou da ativação de um eletrodo implantado — o NAcc fica inundado de dopamina e opioides. Isso nos mostra que as células se comunicam umas com as outras por meio de substâncias químicas, e são dos movimentos e ondas desses neurotransmissores que os circuitos do cérebro dependem. Se os mesmos neurônios falam repetidamente uns com os outros, desenvolvem-se trajetos que formam conexões entre diferentes áreas do cérebro. Assim como um curso d'água cava um canal na areia, o fluxo de sinapses entre grupos de neurônios pode estabelecer trajetos fixos. Uma vez construídos, esses trajetos garantem uma rápida comunicação entre áreas do cérebro que podem estar muito distantes umas das outras. Desse modo, circuitos mais amplos, como o cérebro ensolarado, começam a se desenvolver. Por conseguinte, modificar a atividade dos neurotransmissores, mesmo que em um pequeno grau, pode causar efeitos profundos nas reações de todas as redes em todo o cérebro, com um impacto resultante na nossa personalidade e temperamento.

Os circuitos que compõem o cérebro ensolarado consistem de neurônios no NAcc que formam conexões com neurônios em áreas particulares do córtex pré-frontal (CPF), que é a parte do córtex situada bem na frente da nossa cabeça sobre os olhos. Toda a arquitetura dessa rede começa quando o NAcc começa a formar conexões com estruturas subcorticais próximas envolvidas na emoção e no prazer. Gradualmente, são formadas conexões com áreas mais distantes como o CPF. Entre muitas obrigações de planejar, raciocinar e resolver problemas, o CPF também desempenha o papel vital de inibir partes mais antigas do cérebro, como o NAcc. Imagine fazer uma visita à sua confeitaria local e observar o conjunto colorido de bolos expostos. O seu NAcc instantaneamente sentirá a recompensa e enviará o sinal para você comer; o CPF, contudo, pode avaliar a situação e enviar sinais de que não há necessidade de entrar em pânico, você não está faminto. Como um acelerador e um freio, o NAcc nos impele em direção ao prazer, enquanto o CPF inibe os nossos impulsos mais primitivos. Informações são enviadas de um lado para o outro ao longo desses trajetos em *loops* que se repetem, possibilitando que essas áreas do cérebro reajam como uma unidade.

A rede de conexões que sobem do NAcc para o CPF e descem do CPF para o NAcc é um circuito vital que controla a nossa reação às situações positivas e gratificantes. A dinâmica das conexões entre os centros de prazer antigos e os centros de controle mais recentes no córtex é crucial, com os primeiros nos impelindo para agir e o outro refreando os nossos impulsos. Quando corretamente equilibrados, esses circuitos do cérebro nos empurram delicadamente em direção à felicidade e ao otimismo.

O cérebro ensolarado é mais ativo nos otimistas?

A experiência de Andy nos diz que, com frequência, pode ser mais difícil lidar com a ausência do prazer do que com a tristeza que acompanha a depressão. Os neurocientistas estão começando a compreender que essa anedonia — a incapacidade de apreciar os simples prazeres da vida — é o lado esquecido da depressão. Existe, contudo, um crescente apoio científico à ideia de que o circuito

FIGURA 2.2 Ilustração esquemática do cérebro ensolarado mostrando as conexões entre o CPF e o NAcc.

do cérebro ensolarado de fato diferencia entre aqueles que são deprimidos e incapazes de sentir prazer e aqueles que são alegres e otimistas.

Richard J. Davidson, psicólogo da Universidade de Wisconsin-Madison, testou essa teoria com 27 pessoas que eram deprimidas e 19 voluntários saudáveis e felizes do grupo de controle. Para simular os altos e baixos na vida do dia a dia, era apresentada a todos os voluntários uma série de imagens que retratavam cenas positivas e negativas enquanto o cérebro deles era escaneado em uma máquina de fMRI. Cada imagem era apresentada em uma tela logo acima da cabeça da pessoa enquanto esta estava deitada na máquina durante uma sessão que durava cerca de quarenta minutos. Na primeira parte da sessão, o NAcc dos voluntários se ativava quando eles viam imagens positivas. Isso é o que seria de se esperar. O mais surpreendente foi que os dois grupos, o de pessoas deprimidas e o de pessoas felizes, foram muito semelhantes. O NAcc dos deprimidos entrou em ação tanto quanto os circuitos de prazer dos voluntários do grupo de controle.

Uma coisa muito diferente aconteceu durante a segunda metade da sessão. Agora, quando os voluntários felizes olhavam para imagens positivas, o seu NAcc permanecia ativo, mas o cérebro do prazer dos deprimidos retornava ao padrão básico. As pessoas deprimidas eram incapazes de sustentar a descarga do seu cérebro de prazer depois da sua ativação inicial. O prazer sempre dura pouco, mas ele é bem mais efêmero nos deprimidos.

Um exame mais detalhado das informações desse estudo nos mostra que não é apenas o centro do prazer mas o circuito inteiro do cérebro ensolarado que está envolvido. No início da sessão, quando o NAcc reagiu às imagens positivas, o CPF fez o mesmo. Mas durante a segunda metade da sessão, quando a atividade no NAcc declinou no grupo dos deprimidos, o mesmo aconteceu com a atividade do CPF.

Esse estudo indica que não é tanto que as pessoas deprimidas não consigam sentir prazer, mas sim que elas simplesmente não conseguem sustentá-lo. Na realidade, os pacientes deprimidos em quem a atividade no NAcc declinou mais acentuadamente também relataram as maiores dificuldades para sentir prazer e felicidade. Esta é uma forte evidência de que o funcionamento do cérebro na depressão torna difícil sustentar sentimentos positivos e que o circuito do cérebro ensolarado é vital para intensificar o prazer e a felicidade.

Existem evidências de que os circuitos do cérebro ensolarado são importantes para o otimismo? Estudos que medem a atividade do cérebro nos dizem que o sistema de circuitos do cérebro ensolarado está de fato envolvido, não apenas nos sentimentos de felicidade e prazer, mas também no desejo de *se aproximar* de recompensas. E aproximar-se de recompensas é um dos importantes componentes do otimismo. Podemos medir a atividade elétrica do cérebro prendendo um conjunto de eletrodos no couro cabeludo de uma pessoa. Os eletrodos captam a atividade gerada pelos milhões de sinapses que ocorrem em qualquer momento no cérebro. Cada vez que um neurônio dispara, ele gera um minúsculo impulso elétrico que é detectado por esses eletrodos altamente sensíveis. Por meio de técnicas como a eletroencefalografia (EEG), os pesquisadores descobriram que a mera aproximação de coisas positivas está associada a um grau de atividade mais elevado na metade esquerda do córtex nas pessoas saudáveis. Por conseguinte, se você estiver olhando para uma imagem de um pôr do sol espetacular ou de uma saborosa caixa de chocolate, os neurônios na metade esquerda do seu cérebro dispararão mais vigorosamente do que os da metade direita. Não entendemos completamente por que isso acontece, mas existe pouca dúvida de que uma assimetria que tende para a esquerda na atividade cortical está associada à aproximação de coisas prazerosas.

A atividade do cérebro quando ele está em repouso conta uma história semelhante. Quando as pessoas estão sentadas quietas, existe uma diferença no padrão básico entre os otimistas e os pessimistas. Os pessimistas exibem uma atividade substancialmente menor na metade esquerda do cérebro, ao passo que os otimistas exibem muito mais atividade na metade esquerda em comparação com a metade direita do seu cérebro. Essa redução na assimetria normal para a esquerda é um marcador neural da ausência de prazer que percebemos na depressão.

As mesmas assimetrias cerebrais são notadas nos macacos, com os macacos felizes e saudáveis exibindo muito mais atividade no córtex esquerdo em comparação com os macacos assustados e apreensivos, que exibem uma atividade relativamente maior no lado direito do cérebro. Ainda não sabemos com certeza se essas assimetrias têm origem nas áreas subcorticais ou corticais, mas está claro que essas assimetrias estão associadas à propensão das pessoas de se aproximar ou evitar as recompensas, e aquelas com uma assimetria acentuada para a esquerda são mais felizes e otimistas do que aquelas com uma assimetria mais para a direita.

Diferenças fundamentais no cérebro como essa nos mostram que as origens do otimismo podem ser associadas ao funcionamento dos circuitos do cérebro que formam o nosso cérebro ensolarado. As ligações e conexões anatômicas entre o NAcc e o córtex também nos dizem que uma maior felicidade e uma mentalidade otimista estão associadas a circuitos de prazer antigos no cérebro. Não foi nenhuma surpresa o fato de Ruut Veenhoven, sociólogo da Universidade de Erasmus em Roterdã, ter descoberto em uma extensa inspeção da literatura que aqueles que aproveitavam a vida e vivenciavam regularmente simples prazeres cotidianos eram sistematicamente mais felizes do que aqueles que adotavam uma postura mais ascética diante da vida.

Para verificar se os otimistas estão realmente mais interessados em buscar o prazer, configurei uma pesquisa na Universidade de Essex. A ideia era medir tanto o otimismo quanto um traço conhecido como *busca de sensações*, que é o grau no qual uma pessoa busca o prazer sensorial e as emoções. Aqueles que buscam sensações muito fortes anseiam por experiências vigorosas e intensas. Eles correrão riscos apenas pela intensidade do momento. Os que buscam sensações fracas preferem experiências mais tranquilas, mais lentas e inerentemente menos arriscadas, talvez um jantar para poucas pessoas com uma excelente conversa, em vez de uma festa turbulenta com música alta.

Assim como outros traços de personalidade, a busca de sensações situa-se em um espectro, com a maioria das pessoas concentrada em algum lugar no meio. Cerca de 10% das pessoas estão na extremidade mais elevada da escala, e 20% caem na parte das que buscam sensações fracas. Os homens obtêm uma pontuação um pouco mais elevada do que as mulheres, e os que têm menos de 20 anos têm uma pontuação mais alta do que os que têm mais de 30.

Para descobrir onde você se encontra nesse espectro da busca de sensações, você pode responder ao questionário que se segue e depois consultar as notas no fim do livro para calcular o seu resultado. Marque o quadradinho que o descreve com mais precisão em cada uma das perguntas do questionário.

Pedi a duzentos alunos que preenchessem a Breve Escala de Busca de Sensações na próxima página, bem como o LOT-R que vimos no Capítulo 1. Não fiquei surpresa ao constatar que aqueles que relataram uma perspectiva mais

A Breve Escala de Busca de Sensações

	Discordo muito	Discordo	Não discordo nem concordo	Concordo	Concordo muito
1. Eu gostaria de explorar lugares desconhecidos.	☐	☐	☐	☐	☐
2. Fico inquieto quando passo tempo demais em casa.	☐	☐	☐	☐	☐
3. Gosto de fazer coisas assustadoras.	☐	☐	☐	☐	☐
4. Gosto de festas turbulentas.	☐	☐	☐	☐	☐
5. Eu gostaria de fazer uma viagem sem itinerários planejados com antecedência ou horários programados.	☐	☐	☐	☐	☐
6. Prefiro amigos que sejam estimulantemente imprevisíveis.	☐	☐	☐	☐	☐
7. Eu gostaria de experimentar o *bungee jumping*.	☐	☐	☐	☐	☐
8. Eu adoraria ter novas e estimulantes experiências, mesmo que fossem ilegais.	☐	☐	☐	☐	☐

otimista também se mostraram mais inclinados a buscar e vivenciar o prazer. Eu estava mais curiosa para ver se os padrões de atividade cerebral estariam relacionados com esses autorrelatos de otimismo e busca de sensações.

Selecionei dois grupos de pessoas que apresentaram resultados muito elevados ou muito baixos em otimismo/busca de sensações. Quando examinei os padrões de atividade cerebral desses dois grupos por meio do EEG, o cérebro dos otimistas/pessoas que buscam sensações muito fortes exibiram a reveladora assimetria para a esquerda. A atividade cortical nos pessimistas estava principalmente na metade direita do cérebro.

Outras pesquisas demonstram que o cérebro das pessoas que buscam sensações muito fortes contém níveis elevados de dopamina circulante em comparação com o das pessoas que buscam sensações fracas. Em outras palavras, as pessoas que buscam sensações muito fortes, que estão mais propensas a ser otimistas, têm um cérebro do prazer fortemente ativo. Em um estudo, membros de uma equipe de psicólogos da Universidade do Kentucky, chefiados por Jane Joseph, mostraram a pessoas que buscavam sensações muito fortes e fracas uma série de fotografias enquanto o cérebro delas era escaneado. Quando fotos altamente estimulantes eram exibidas, o cérebro do prazer das pessoas que buscavam sensações muito fortes ficava fortemente excitado com quase nenhuma atividade no CPF. No caso das pessoas que buscavam sensações fracas, a parte mais ativa do cérebro era o CPF, a área que inibe e controla as emoções. Esse padrão de atividade neural significa que as pessoas que buscam sensações muito fortes não apenas extraem mais prazer da excitação como também são menos capazes de regular essa excitação.

A tendência para ser altamente sensível a recompensas encerra muitos benefícios, mas também tem alguns inconvenientes. Como a experiência do prazer é efêmera, a busca do prazer também pode, com excessiva facilidade, fugir ao controle, às vezes inclinando-se para riscos perigosos e para o vício. No entanto, se mantida sob controle, a experiência do prazer é a centelha que fortalece os circuitos e as redes que formam o cérebro ensolarado. E um dos grandes benefícios do cérebro ensolarado é a mentalidade otimista que ele promove, que não diz respeito apenas a sentir alegria e felicidade, ou mesmo a somente se sentir bem ou pensar de uma maneira positiva a respeito do futuro, mas que também envolve perseverar em tarefas que são significativas e benéficas. Os circuitos do nosso cérebro ensolarado nos ajudam a permanecer concentrados em coisas que nos trazem recompensas, e isso nos mantém ocupados com tarefas importantes.

Esta é uma constatação fundamental, respaldada por evidências anatômicas, de como o nosso cérebro ensolarado funciona. O otimismo consiste em mais coisas do que se sentir bem; ele diz respeito a estar envolvido com uma vida significativa, desenvolver a resiliência e se sentir no controle. Isso se concatena bem com as pesquisas psicológicas que mostram que os benefícios do otimismo são provenientes da capacidade de aceitar o que é bom junto com o que é mau, e de estar preparado para trabalhar criativa e persistentemente para conseguir o que você quer na vida. Os realistas otimistas, que eu considero como sendo os verdadeiros otimistas, não acreditam que coisas boas lhes acontecerão se eles simplesmente tiverem pensamentos felizes. Em vez disso, eles acreditam, em um nível muito profundo, que eles têm algum controle sobre o seu destino.

Como diz a psicóloga da Universidade do Kentucky, Suzanne Segerstrom: "O otimismo conduz a um maior bem-estar porque ele aumenta o envolvimento com as metas da vida, e não por causa de um fluido milagroso da felicidade que os otimistas têm e os pessimistas não têm". Essa mentalidade e propensão para agir profundamente entranhadas desencadeiam uma cadeia de eventos que conduz a todos os benefícios que podem acontecer com uma forma genuína de otimismo realista. Em face de dificuldades, os otimistas não desistem. Em vez disso, eles redobram os seus esforços e tentam descobrir uma maneira de lidar com os seus problemas.

Esse tipo de otimismo é diferente da abordagem do tipo "pensamentos felizes resolverão todos os nossos problemas" que permeia tantos livros de autoajuda. Pensar de uma maneira positiva ou negativa é importante, mas o otimismo associado à disposição encerra muito mais coisas além do pensamento fantasioso. A jornalista Barbara Ehrenreich no seu livro *Smile or Die* apresenta uma apreciação crítica devastadora do que ela vê como o culto do pensamento positivo que permeia a sociedade contemporânea. Ela percebeu o quanto esse culto tinha se tornado descuidado quando foi diagnosticada com câncer de mama e se viu imediatamente imersa em mensagens positivas a respeito de como isso "a definiria", possibilitaria que ela "encontrasse significado na vida", até mesmo a ajudaria a "encontrar o divino". Vendo-se diante de uma doença devastadora, ela ficou horrorizada com a sugestão de que deveria se sentir agradecida e que tudo o que precisava fazer para ficar melhor era ter pensamentos felizes. Com uma visão perspicaz, Ehrenreich deita por terra a ideia de que o poder do pensamento positivo é a solução para todos os nossos problemas. Ela está absolutamente certa. As pesquisas científicas nos dizem que o otimismo frequentemente tem mais a ver com o que as pessoas *fazem* e como o cérebro delas reage, do que com o que as pessoas *pensam* em um nível superficial.

O que talvez seja mais surpreendente é o quanto nós somos otimistas. Até mesmo nos momentos mais sombrios, somos capazes de encontrar esperança e ter pensamentos positivos a respeito do futuro. Quando dois aviões de passageiros se chocaram contra o World Trade Center no dia 11 de Setembro de 2001, eu estava trabalhando na Universidade de Essex em Colchester, na Inglaterra.

As pessoas se reuniram em volta de um aparelho de televisão que fora instalado no corredor para assistir ao desenrolar dos acontecimentos surreais. Ninguém estava falando muito. Enquanto assistíamos às torres desmoronando no chão, uma depois da outra, tínhamos a sensação de que o mundo, como o conhecíamos, estava acabando para sempre. "Estados Unidos Sob Ataque" gritavam as manchetes. Pensei em uma das minhas melhores amigas de infância, que trabalhava perto do local do acidente na parte baixa de Manhattan. Muitos dos nossos alunos e funcionários eram americanos e não estavam conseguindo entrar em contato com a família e os amigos nos Estados Unidos. Enquanto olhávamos fixamente para a tela da televisão, as linhas telefônicas entre a Inglaterra e os Estados Unidos foram silenciadas. Os eventos eram ao mesmo tempo pessoais e também distantes e surreais.

O que emergiu nas semanas seguintes foi extraordinário. O estereótipo "egocêntrico", "rude" e "impaciente" do nova-iorquino calejado pareceu se desagregar, enquanto surgia um nova-iorquino mais delicado e com um maior espírito comunitário. Uma pesquisa de opinião realizada com 1.008 pessoas um ano depois dos atentados, realizada pela CBS News/*New York Times*, descobriu que 82% das pessoas achavam que a cidade tinha mudado profundamente para melhor. Embora ainda houvesse medo e intranquilidade, muitos entrevistados disseram que os nova-iorquinos estavam menos arrogantes e mais agradáveis, com um sentimento mais forte de comunidade e união. Muitos tinham feito mudanças genuínas em sua vida, passando mais tempo com a família e os amigos, por exemplo. Vários compararam isso ao espírito da Blitz de Londres durante a Segunda Guerra Mundial.

Gary Tuchman, um repórter da CNN, considerou os atentados de 11 de Setembro um ponto de virada no caráter de Nova York. Existe hoje uma atmosfera "mais humanitária" e "cortês" na cidade, afirmou ele.

Quando falei com a minha amiga de infância Anne que, ao que se revelou, estava apenas a alguns quarteirões de distância dos prédios na hora do atentado, ela disse que isso era completamente verdadeiro. "As pessoas estão falando umas com as outras nas esquinas agora", me disse ela. "Pela primeira vez, desde que vim morar em Nova York, estou regularmente batendo papo com completos desconhecidos."

Estudos após estudos confirmam que, até mesmo nos momentos mais sombrios, as pessoas geralmente se mostram positivas com relação ao futuro.

Tomemos as seguintes constatações de uma pesquisa de opinião realizada pela National Lottery do Reino Unido em 2009. No todo, 75% dos britânicos entrevistados se descreveram como otimistas, enquanto 58% disseram que estar ao lado de pessoas otimistas era contagiante e fazia com que eles se sentissem felizes. Os Estados Unidos não são diferentes. Depois da eleição de Barack Obama como o primeiro presidente americano negro em 2008, uma onda de otimismo varreu a nação, de acordo com as notícias dos jornais. Embora o país estivesse em uma das mais profundas crises econômicas que já vivenciara, as pesquisas de opinião nacionais relataram que 71% dos americanos acreditavam que a economia logo começaria a melhorar. Do ponto de vista da sua situação financeira pessoal, 68% dos americanos achavam que estavam prestes a melhorar, e um percentual impressionante de 80% afirmaram que estavam fortemente otimistas a respeito dos quatro anos seguintes.

Não foi somente nos Estados Unidos que o otimismo estava aumentando intensamente depois da eleição de Barack Obama. Um levantamento realizado com 17.356 pessoas em 17 diferentes países constatou que os cidadãos em 15 desses 17 países estavam convencidos de que o mundo se tornaria um lugar melhor. Em média, 67% das pessoas acreditavam que a presidência de Obama resultaria em melhores relações entre os Estados Unidos e o resto do mundo.

Qual é a razão desse otimismo irreprimível, especialmente em face de tantos problemas mundiais? A resposta é ao mesmo tempo complexa e fascinante. Uma parte do quebra-cabeça é que o nosso cérebro está condicionado para que permaneçamos esperançosos para o futuro. Como vimos, o nosso cérebro ensolarado também desempenha um importante papel ao nos manter envolvidos com supremas recompensas. O otimismo é um mecanismo crucial de sobrevivência, aperfeiçoado pela natureza, para que continuemos a seguir em frente mesmo quando tudo parece estar dando errado. Os psicólogos chamam isso de *viés do otimismo*, e quase todos nós já fomos vítimas da sua atração em algum momento.

Viés do otimismo

O viés do otimismo, ou o que é frequentemente chamado de *ilusão de positividade*, é a constatação de que as pessoas superestimam sistematicamente a probabilidade de boas coisas lhes acontecerem. Responda ao seguinte: na sua opinião, quais são as suas chances de ganhar um salário mais elevado do que a média? Seja sincero — o que você realmente acha? Ao longo da sua vida, você acha que vai ganhar mais do que o padrão, mais ou menos a média, ou um pouco menos? É bastante provável que você vá dizer "mais". Mas pense a respeito por um momento. É impossível que todo mundo ganhe mais do que a média, mas quase todas as pessoas acreditam que elas são a exceção. Viver mais do que a média ou ter um excelente casamento e filhos maravilhosos também não é diferente. No livro *Irrationality*, o psicólogo britânico Stuart Sutherland relatou que 95% dos motoristas entrevistados afirmaram que dirigiam melhor do que a norma. Todos esperamos dirigir melhor e viver uma vida mais longa, mais saudável e mais abundante do que a média.

A mesma coisa acontece quando fazemos perguntas a respeito de eventos ruins. Qual você acha que é a sua probabilidade de contrair uma doença grave? A maioria das pessoas sistematicamente subestima as suas chances.

Por que o nosso cérebro tem esse viés tão otimista? Uma das razões é que isso é simplesmente o que nos faz levantar de manhã. Trata-se essencialmente de um truque cognitivo que nos ajuda a parar de nos preocupar a respeito de todas as coisas que poderiam dar errado e ser esmagados por possíveis problemas e perigos imprevistos. No entanto, os possíveis inconvenientes são autênticos, já que um ponto de vista excessivamente cor-de-rosa pode nos levar a desconsiderar possíveis perigos. Uma mulher que deixar de dar atenção a um caroço no seio por acreditar que nunca terá câncer estará correndo um verdadeiro risco.

Como o viés do otimismo é tão comum, ele deve ter sido altamente adaptativo, e, pelo menos a partir de uma perspectiva evolucionária, essa mentalidade deve encerrar algum benefício para a sobrevivência.

A ciência nos oferece várias dicas a respeito de como o viés do otimismo poderia ser benéfico. Tomemos a tendência dos homens de superestimar o quanto eles são atraentes para as mulheres para ver como essa adaptação funciona. Frank Saal, psicólogo da Universidade Estadual do Kansas, reuniu 49 homens e 49 mulheres que não se conheciam e levou-os para conversar individualmente uns com os outros durante alguns minutos. Depois dessa interação, outros grupos de homens e mulheres observaram as conversas em videoteipe. As mulheres, quase sempre, disseram que a mulher na maioria dessas interações exibiu um ar de cordialidade genérica, mas os homens, de um modo geral, acharam que a mulher estava demonstrando um interesse sexual. Em dois estudos subsequentes, nos quais gerentes do sexo masculino interagiram com funcionárias, ou professores interagiram com alunas, os homens sistematicamente (interpretaram) erroneamente a cordialidade feminina como um sinal de interesse sexual.

Martie Haselton, psicólogo da Universidade da Califórnia, Los Angeles, afirma que esses efeitos são previsíveis. Ele e David Buss desenvolveram a teoria de administração do erro, na qual eles argumentam que como os homens têm uma limitação no número de pessoas com quem eles podem se acasalar a partir de uma perspectiva evolucionária, a perda de uma oportunidade encerra um elevado custo, ao passo que a dor da rejeição é de curta duração e não tem muito valor. Por conseguinte, é compensador para os homens superestimarem o quanto eles são atraentes para as mulheres, e assim são semeadas as sementes do otimismo — seja ele realista ou não.

Um viés otimista estrutural também tem autênticos benefícios na nossa vida diária. Por um lado, a nossa crença de que as coisas serão boas no futuro nos faz sentir mais felizes e satisfeitos com a vida no momento presente. Um sem-número de estudos, como aqueles conduzidos pelo psicólogo Ed Diener da Universidade de Illinois, mostraram que as pessoas dizem que estão felizes e satisfeitas com a vida na maior parte do tempo. Diener e seus colegas desenvolveram a simples Escala de Satisfação com a Vida (SWLS, Satisfaction with Life Scale) nos idos de 1985, que ainda é usada para verificar o quanto estamos satisfeitos com a nossa vida. Coloque as suas respostas nos espaços adequados do questionário que se segue para ver como você se compara com outras pessoas, e depois consulte as notas no final do livro para obter informações sobre a pontuação da SWLS.

Se você for como a maioria das pessoas, você terá tido um resultado relativamente elevado nessa simples escala. Em harmonia com pesquisas internacionais sobre otimismo, Diener constata que quase todos nós afirmamos estar relativamente satisfeitos e felizes com a maioria das áreas da nossa vida.

O otimismo, independentemente de como o avaliemos, é muito comum, e os estados cerebrais que estão na base dessa mentalidade otimista estão radicados no centro do prazer do cérebro, com o NAcc no seu núcleo. Um exame atento desse núcleo hedônico revela que o cérebro do prazer encerra duas partes fundamentais: se sentir bem e o desejo. O querer é a parte não celebrada do prazer, coordenado por uma complexa rede de dopamina contendo neurônios que garantem que permaneçamos envolvidos e concentrados em coisas que são do nosso máximo benefício.

A Escala de Satisfação com a Vida

Abaixo há cinco declarações com as quais você poderá concordar ou discordar. Usando a escala de 1 a 7 abaixo, indique a sua concordância com cada item colocando o número apropriado na linha que precede o item. Você precisa ser aberto e sincero na sua resposta. Os pontos na escala são os seguintes: 1 = discordo intensamente, 2 = discordo, 3 = discordo ligeiramente, 4 = não concordo nem discordo, 5 = concordo ligeiramente, 6 = concordo, 7 = concordo intensamente.

_____ 1. De quase todas as maneiras, a minha vida se aproxima do meu ideal.
_____ 2. As condições da minha vida são excelentes.
_____ 3. Estou satisfeito com a minha vida.
_____ 4. Até agora consegui as coisas importantes que eu quero na vida.
_____ 5. Se eu pudesse viver a minha vida novamente, eu praticamente não mudaria nada.

A distinção entre "querer" e "gostar" é crucial para o entendimento do cérebro ensolarado. Os livros de autoajuda geralmente se concentram nos bons sentimentos que surgem quando gostamos de alguma coisa, junto com a ideia de que pensamentos positivos ocasionarão vários benefícios. Foi essa "máfia do pensamento positivo" que gerou o ceticismo de Barbara Ehrenreich. A história, contudo, se revela muito mais complexa do que "pensamentos felizes resolverão tudo". Querer e gostar são componentes separados e igualmente importantes do prazer, e é o primeiro, no meu ponto de vista, que produz muitos dos benefícios do otimismo.

Podemos observar esse efeito em uma das características mais óbvias dos otimistas, que é a capacidade de permanecer fiel a uma tarefa apesar dos obstáculos. Quando conversamos com otimistas como Michael J. Fox, uma das coisas que nos impressionam é a recusa deles de ceder às dificuldades. O otimismo não é uma mentalidade passiva; ele diz respeito a estar ativamente envolvido com a vida.

Munidos de um melhor conhecimento do que é o otimismo e dos circuitos do cérebro associados a ele, podemos agora examinar se o otimismo encerra benefícios importantes. Afirmações surpreendentes têm sido feitas a favor do otimismo, ou, pelo menos, do poder do pensamento positivo. Tudo o que é necessário, de acordo com a crença, é pensar de uma maneira positiva, e boas coisas começarão a acontecer. Você ficará curado do câncer. Você conseguirá aquele emprego que sempre desejou. O parceiro perfeito aparecerá, de repente, na sua vida. Como Ehrenreich nos faz lembrar, grande parte disso cai no pensamento mágico, completamente divorciado da realidade.

Embora apenas pensar não seja tão eficaz quanto alguns gurus gostariam de nos fazer acreditar, existem sólidas evidências de que o otimismo está associado a ações que efetivamente trazem vantagens. Uma pessoa que sobreviveu a um acidente e ficou paralítica da cintura para baixo, que acredita que ainda poderá ter uma elevada qualidade de vida, está propensa a ir à academia exercitar a musculatura da parte superior do corpo, e passar a desfrutar uma ativa vida social. Já a pessoa que acredita que a sua vida acabou provavelmente não fará nada disso. A diferença na qualidade de vida tem menos a ver com o poder do pensamento positivo e mais a ver com o poder das ações positivas. As duas coisas não estão desvinculadas, mas é a ação que colhe as recompensas do otimismo.

Com isto em mente, um exame cuidadoso das evidências científicas mostra que existe um argumento a favor de pelo menos três importantes benefícios de uma mentalidade otimista: mais saúde e bem-estar, a capacidade de recuperar-nos depois de uma crise e mais sucesso na vida.

Os benefícios do otimismo

Embora tenha havido muito alarde infundado, muitos estudos científicos indicam que uma mentalidade positiva, como o otimismo, está associada a uma saúde melhor e mais bem-estar. É quase certo que isso se deve ao vínculo entre a mentalidade otimista e as *ações* benéficas do que a qualquer poder mágico dos pensamentos. A afirmação mais impressionante de todas é que o otimismo pode nos fazer viver mais.

Em um estudo hoje famoso, Deborah Danner e seus colegas da Universidade do Kentucky examinaram os diários escritos à mão de 180 freiras católicas em todos os Estados Unidos, descrevendo a sua vida desde o momento em que elas ingressaram nos seus conventos em 1930. A idade média das noviças era de 22 anos quando o estudo começou, e a equipe de Danner conseguiu localizar todas essas freiras quase sessenta anos depois, quando a idade delas variava de 75 a 90 anos. Os diários foram cuidadosamente examinados em busca de indícios a respeito de como as freiras tinham reagido aos eventos da vida, e foram codificados em função de quais freiras exibiram uma mentalidade otimista e quais exibiram uma concepção de vida mais pessimista. Esta não é uma maneira ideal de medir o otimismo e o pessimismo, mas foi o melhor que os pesquisadores conseguiram fazer com as informações disponíveis. Apesar da medição um tanto rudimentar, este foi um excelente estudo porque todas as freiras viviam em condições relativamente semelhantes e protegidas durante a maior parte da vida, e a sua alimentação e atividades cotidianas também eram semelhantes.

Quando as freiras foram contatadas na década de 1990, 76 das 180 já tinham falecido. Mais de 50% das freiras tinham excedido a sua expectativa de vida, o que não era particularmente surpreendente tendo em vista o seu estilo de vida abstinente e saudável. A constatação digna de nota foi que as freiras otimistas viviam mais tempo. Aquelas que tinham escrito diários alto-astrais na juventude sobreviveram às suas irmãs mais negativas por uma média de dez anos. Se levarmos em conta que se calcula que parar de fumar adicione talvez de três a quatro anos à nossa vida, dez anos adicionais para uma perspectiva cor-de-rosa é extraordinário.

Então como isso funciona? Se o otimismo realmente nos ajuda a viver mais tempo, qual poderia ser o mecanismo? Seria porque o otimismo nos faz viver de uma maneira diferente, ou porque os pensamentos felizes por si só fazem uma diferença?

O fato de que as pessoas que são alegremente otimistas também tendem a ser resilientes em face da adversidade fornece uma pista com relação a como o otimismo está associado à longevidade. Barbara Fredrickson, psicóloga da Universidade da Carolina do Norte, descobriu que as pessoas resilientes usam os pensamentos otimistas e as emoções positivas como uma maneira de lidar com situações difíceis. Ela explica por que isso é eficaz por meio da sua teoria de "ampliar e construir". O conceito fundamental é que as emoções positivas *ampliam* o âmbito de ideias que podemos ter para lidar com situações adversas.

Em uma experiência típica, as pessoas receberam um impulso temporário de "positividade": elas receberam um pacote de balas bem coloridas ou assistiram a videoclipes engraçados. Quando lhes foi pedido que escrevessem o tipo de coisas que gostariam de fazer se tivessem meia hora livre, as pessoas que se encontravam em uma disposição de ânimo positiva tiveram bem mais ideias do que aquelas que tinham assistido a um filme assustador. Isso faz sentido, já que uma das funções das emoções negativas como o medo é limitar a nossa atenção apenas a uma possível ameaça. Em contrapartida, as emoções positivas tendem a expandir e ampliar a nossa atenção, e elas geralmente conduzem a uma maior criatividade. A mensagem aqui é que se você desejar uma sessão de *brainstorming* bem-sucedida, você deve inculcar primeiro nas pessoas uma disposição de ânimo alegre e relaxada, e as ideias fluirão com muito mais facilidade.

Encontro respaldo para esse efeito de ampliação das emoções positivas em um simples experimento que realizamos em aulas no laboratório. Melhoramos ou pioramos a disposição de ânimo dos nossos alunos exibindo para eles pequenos videoclipes de uma comédia ou de um filme triste. Depois do clipe, todo mundo recebe vários quebra-cabeças e problemas para resolver. Aqueles que estão em uma disposição de ânimo positiva geralmente resolvem melhor os quebra-cabeças do que os que estão em um estado de espírito mais sombrio. Em poucas palavras, quando estamos sentindo emoções positivas, como alegria e felicidade, os nossos pensamentos ficam mais expansivos, o que possibilita que nos tornemos mais criativos e pensemos de uma maneira anticonvencional.

Esse efeito expansivo das emoções positivas pode ser muito útil para nos ajudar a lidar com as dificuldades de uma maneira mais criativa. Isso pode ser visto no florescimento da compaixão e do sentimento de união que ocorreu no período que se seguiu aos atentados de 11 de Setembro em Nova York. Fredrickson entrevistou várias pessoas logo depois dos atentados e descobriu que, embora o pesar e a tristeza estivessem presentes, elas também sentiam uma profunda gratidão por estar vivas. Na realidade, ela reparou que as pessoas que foram capazes de expressar pelo menos algumas emoções positivas eram mais resilientes e muito menos propensas a escorregar para o desespero do que aquelas que eram dominadas pela negatividade.

Ao lado dos benefícios imediatos, segundo Fredrickson, esse aspecto da disposição de ânimo positiva também possibilita que *desenvolvamos* um leque de recursos pessoais que nos ajudam a lidar com a adversidade a longo prazo — bons amigos, *hobbies*, um ambiente físico agradável, e assim por diante — todos os quais são cruciais quando os maus tempos despontam. É por esse motivo que as pessoas otimistas se saíram melhor depois dos atentados terroristas de 2001 e é quase certo que também foi por isso que as freiras otimistas de Danner viveram, em média, mais dez anos do que as suas irmãs mais melancólicas.

Estudos prospectivos que acompanham pessoas durante vários anos também constatam que o otimismo está associado a uma saúde melhor e a uma resiliência mais forte durante uma crise. Um estudo realizado por Mika Kivimaki e colegas na Universidade de Helsinki na Finlândia avaliou níveis de otimismo e pessimismo em 5 mil pessoas e depois as acompanhou durante mais ou menos três anos. Algumas pessoas passaram por um grande trauma como a morte ou doença grave de um membro da família. Os níveis de otimismo que as pessoas relataram *antes* do evento que teve consequências para toda a vida delas se revelaram um dos melhores indicadores da saúde e do bem-estar *subsequentes*. Por conseguinte, quanto mais otimistas nós somos, mais saudáveis nós somos.

As evidências não científicas respaldam esse ponto de vista. Tomemos o exemplo de Thomas Edison, que recebeu um telefonema de manhã cedo lhe informando que a sua fábrica estava em chamas e que equipamentos no valor de 120 milhões de dólares já tinham sido destruídos. O que era ainda pior, a sua seguradora logo ressaltou que só iria cobrir uma pequena parte da perda. Longe de se deixar perturbar, Edison convidou os seus amigos e parentes para se juntarem a ele e observar a sua amada fábrica e laboratórios em Nova Jersey se incendiarem. Os amigos não conseguiam acreditar que ele estivesse calmo em face do desastre que rapidamente estava se desenrolando. Tão logo ele determinou que ninguém havia sido ferido e que nenhuma vida corria perigo, ele pareceu até mesmo estar apreciando o espetáculo. Edison encarou o incêndio como uma fantástica oportunidade para começar a projetar um local novo e melhor.

Depois do desastre, Edison rapidamente reuniu uma equipe para fazer um novo projeto da fábrica e um outro conjunto de laboratórios de pesquisa. A reconstrução começou apenas poucas semanas após o incêndio, e um ano depois a nova fábrica estava funcionando e dando lucro. Comprovando a máxima de Churchill, ele viu a oportunidade em vez do desastre. A resiliência e a capacidade de prosseguir em face do desastre é uma das características do otimismo que procedem do estilo do cérebro ensolarado.

Essa mentalidade afetiva também é útil quando lidamos com os problemas normais da vida do dia a dia. Nos tempos financeiros difíceis, como durante as recessões econômicas, as pessoas frequentemente têm dificuldade em tomar decisões básicas. Devemos vender a nossa casa agora ou esperar que as coisas melhorem? Devo fazer alguns cursos extras e esperar que o mercado de trabalho melhore? Se nos deixarmos esmagar pela insegurança e pelo pessimismo, teremos a tendência de ficar imobilizados, incapazes de fazer qualquer coisa. Os otimistas encaram problemas desse tipo com tranquilidade e olham para o futuro com esperança e confiança.

Estão aumentando os indícios de que isso não acontece apenas por causa do pensamento positivo, mas também porque o otimismo nos leva a nos envolver em atividades que nos colocam no caminho da oportunidade, o que, por sua vez, nos confere a resiliência para não aceitar a derrota.

Madam C. J. Walker é um exemplo. Nascida em 1867 em uma fazenda na Louisiana, essa filha de ex-escravos ficou órfã aos 7 anos de idade, se casou aos 14 anos e aos 20 anos já estava divorciada. Contra todas as chances, ela se tornou a primeira milionária americana que venceu pelos seus próprios esforços e foi uma ativista social inspiradora que se dedicou a melhorar a sorte tanto das mulheres quanto dos negros nos Estados Unidos. Ela fundou uma empresa de sucesso que fabricava produtos para os cabelos, e foi, de muitas maneiras, uma pioneira da moderna indústria dos cosméticos. Como é belamente narrada pela sua tataraneta, a história da pobreza para a riqueza de Madam Walker foi alimentada principalmente pela sua irreprimível atitude confiante. Os obstáculos eram enfrentados decisivamente com uma incansável energia. Amigos e colegas diziam que ela punha de lado o racismo e o sexismo com que se deparou a vida inteira. Ela trilhou um caminho com uma crença arraigada e inabalável na bondade das pessoas e com esperança para o futuro. A sua história nos faz lembrar que o otimismo não diz respeito tanto a nos sentirmos felizes, e tampouco envolve necessariamente a convicção de que tudo vai ficar bem; mais exatamente, ele diz respeito à maneira como reagimos quando os tempos estão difíceis. Os otimistas tendem a continuar a avançar, mesmo quando parece que o mundo inteiro está contra eles.

É difícil medir esse tipo de persistência no laboratório, mas Suzanne Segerstrom, psicóloga da Universidade do Kentucky, descobriu uma maneira engenhosa de fazer isso junto com a sua aluna de pós-graduação Lise Solberg. Usando o LOT-R, elas mediram a disposição otimista em 54 alunos e depois lhes apresentaram 11 anagramas para resolver em um período de vinte minutos. O truque era que o primeiro anagrama (GGAWIL) era impossível de resolver, e depois ele era seguido por dez anagramas cuja dificuldade era variada, indo de moderada a muito difícil. Isso maximizava a percepção inicial de dificuldade. Essas são exatamente as condições nas quais esperaríamos que o otimismo tenha os efeitos mais fortes sobre a persistência. Os resultados foram dignos de nota: os pessimistas perseveraram no primeiro anagrama durante mais ou menos um minuto antes de desistir, mas os otimistas insistiram durante o dobro desse tempo, tentando resolver o anagrama impossível por mais de dois minutos antes de desistir e avançar para o seguinte.

Curiosamente, a equipe também descobriu que essa maior persistência na tarefa também estava relacionada com um surto de hormônios do estresse e aumentos na excitação fisiológica. Esses custos complicam as coisas com relação aos vínculos entre o otimismo e uma saúde melhor. Como o maior estresse fisiológico pode se conciliar com a ideia de que o otimismo encerra benefícios para a nossa saúde?

A resposta vem de outro estudo realizado por Segerstrom. Ao testar grandes números de estudantes de Direito no primeiro ano da faculdade, ela descobriu que os otimistas tinham um maior estresse fisiológico e o seu sistema imunológico tinha um desempenho mais sofrível. Isso acabou se revelando como sendo causado pelo fato de os estudantes otimistas serem mais propensos a se envolver em metas conflitantes. A escola de Direito exige muita perícia e esforço, e socializar-se e fazer novos amigos frequentemente entra em conflito com passar longas horas estudando na biblioteca. Os otimistas tinham uma propensão muito maior de fazer as duas coisas e, portanto, de se esgotar emocionalmente, com as inevitáveis consequências adversas para a sua saúde.

A intrigante descoberta, contudo, foi que esses custos a curto prazo desapareciam no segundo ano de faculdade, quando o funcionamento do sistema imunológico dos alunos voltava ao normal. Em decorrência do seu maior envolvimento no ano anterior, aqueles que tinham trabalhado mais agora alcançavam mais, não apenas nos exames mas também na formação de uma rede de apoio de amigos e colegas. Os custos a curto prazo seguidos por ganhos a um prazo mais longo ajuda a conciliar o padrão aparentemente complexo de resultados no otimismo e na saúde física. Isso é respaldado pelos resultados de uma meta-análise — um estudo de estudos — que foi concluída em 2008 e encontrou fortes indícios de que o otimismo está associado a uma melhor saúde física a longo prazo.

Tendo em vista a maior persistência dos otimistas, não é de causar surpresa a descoberta de que o otimismo também esteja associado ao sucesso. No mundo dos negócios, o otimismo é vantajoso, já que a capacidade de lidar com o fracasso é frequentemente necessária. Embora possa parecer estranho associar o otimismo ao fracasso, sem otimismo é praticamente impossível para os empresários iniciantes colocar os seus planos em ação. Estabelecer um negócio diz respeito a manter a convicção de que as coisas vão dar certo, embora seja provável que haverá muitos empecilhos e obstáculos a superar. O ex-primeiro-ministro britânico Winston Churchill, que não era estranho à adversidade, disse o seguinte: "O sucesso é ir de fracasso em fracasso sem perder o entusiasmo". Era por esse motivo que Thomas Edison, cujo otimismo era magnético para aqueles que estavam à sua volta, constantemente encorajava os seus funcionários a nunca desistir. Certa ocasião, depois de constatar que tinha experimentado mais de 10 mil diferentes maneiras de desenvolver uma lâmpada elétrica, ele notoriamente declarou: "Eu não fracassei. Apenas descobri 10 mil maneiras que não poderiam dar certo".

Todos esses traços podem ser vistos em abundância na história do fundador da Amazon.com, Jeff Bezos. Nos idos de 1994, ele teve um momento heureca quando topou com um website que dizia que o uso da web estava crescendo mais de 2.000% ao ano. *Deve haver uma maneira de ganhar dinheiro com um crescimento tão grande*, raciocinou ele. Depois de examinar muitas opções, ficou claro para Bezos que uma livraria *on-line* seria o negócio perfeito. Enquanto há um limite físico para o número de livros que pode ser armazenado em uma livraria ou depósito, uma loja *on-line* tem a vantagem de não ter limites — milhões de livros poderiam se tornar instantaneamente disponíveis com fotos e excertos. E assim nasceu a Amazon.com.

Os custos iniciais foram elevados, e os opositores começaram a se reunir. Embora a livraria *on-line* decolasse rapidamente, a Amazon demorou vários anos para começar a ter lucro. Analistas advertiram Bezos de que a empresa iria falir. Quando a Barnes & Noble entrou no mesmo mercado alguns anos depois, quase todo mundo achou que a Amazon estava acabada. Um proeminente analista de investimentos até mesmo declarou a empresa "Amazon.toast".* Bezos não se deixou desanimar.

Empenhado em tornar a Amazon um website fácil de usar e completamente voltado para o consumidor, a empresa foi se saindo cada vez melhor. De acordo com o próprio Bezos, um dos maiores trunfos, e o segredo do seu sucesso, é o sentimento de otimismo. "O otimismo é um ingrediente essencial para que possamos fazer qualquer coisa difícil", diz ele. É por isso que os otimistas, que lidam melhor com o fracasso, com frequência são os mais bem-sucedidos.

A mentalidade otimista causa mais do que benefícios individuais; ela também pode ser altamente contagiante e é frequentemente a instigadora de mudanças sociais. Em vez de vagar humildemente ao longo do trajeto que os seus antecedentes e a sua família especificaram, a mentalidade otimista com frequência impele as pessoas a romper limites. Nelson Mandela, que passou 27 anos em uma prisão sul-africana nunca perdeu a esperança. Embora ninguém pudesse acusá-lo de ser irrealista, ele também tinha um profundo sentimento de otimismo. Ele simplesmente sabia, bem lá no fundo do seu ser, que o *apartheid* desmoronaria. Em uma situação na qual a maioria de nós teria perdido o ânimo e desistido, ele nunca perdeu a fé de que a justiça um dia seria feita. Com o tempo, foi o que aconteceu, e as pessoas no mundo inteiro se reuniram para ver os sul-africanos negros votarem pela primeira vez e darem a Mandela uma vitória esmagadora nas eleições presidenciais.

Outro improvável líder mundial, também alimentado pelo otimismo, discursou para a Convenção Nacional Democrática dos Estados Unidos em 2004 e desafiou os deputados a concentrar os seus esforços em uma política de esperança em vez de em uma política de ceticismo. Ele ressaltou que ele próprio era o mais improvável dos senadores. O seu pai tinha sido um pastor de bodes no

---

* Tradução literal: Amazon ferrada, em apuros. (N. dos trads.)

Quênia que, com o tempo, emigrou para os Estados Unidos, onde se casou com a filha de um trabalhador da indústria do petróleo. Ele não estava falando a respeito do "otimismo cego", disse ele, ou "da quase deliberada ignorância que acha que o desemprego desaparecerá se simplesmente não falarmos a respeito dele". Ele estava pintando um quadro maior ao pensar sobre a "esperança de escravos sentados em volta de uma fogueira cantando canções de liberdade; a esperança de imigrantes partindo para costas distantes; a esperança de um tenente da marinha que patrulha corajosamente o Delta Mekong; a esperança do filho de um operário de fábrica que ousa desafiar as adversidades; a esperança de um garoto magro com um nome engraçado que acredita que os Estados Unidos também têm um lugar para ele. A audácia da esperança!"

O garoto magro com um nome engraçado agora chegou à Casa Branca, e junto com as inúmeras habilidades de Barack Obama, existem poucas dúvidas de que a sua esperança e otimismo constantes desempenharam um papel na sua caminhada até onde ele está hoje. Um amigo meu estava presente no discurso de aceitação em Chicago em novembro de 2008, e ele descreveu a energia que parecia permear a multidão. "A empolgação e o sentimento de esperança eram palpáveis", me disse ele. "Todo mundo foi arrastado em uma onda de união e de um verdadeiro otimismo de que as coisas finalmente estavam, de fato, ficando melhores." Pesquisas de opinião internacionais realizadas na época mostraram que essa onda de otimismo não apenas tomou conta dos Estados Unidos como também abarcou o mundo inteiro.

O otimismo é contagiante porque a esperança contra todos os prognósticos é uma das mais inspiradoras características do espírito humano. Shirin Ebadi é um bom exemplo. Ela cresceu em Teerã, capital do Irã, na década de 1950 e passou a infância em uma família que ela descreve como "repleta de bondade e afeto". Ela estudou direito na Universidade de Teerã e foi a primeira mulher no Irã a ser nomeada juíza. Depois da Revolução Islâmica em 1979, ela foi demitida junto com todas as outras advogadas do país, sendo designada para a função de secretária, já que, de acordo com o Conselho Revolucionário, aquele tipo de trabalho "não era adequado" para as mulheres. Embora tenha ficado desempregada durante muitos anos, Ebadi nunca desistiu. Ela finalmente recuperou a sua licença para exercer a advocacia em 1992. Ela pegou muitos casos polêmicos e continua a buscar incansavelmente a justiça social para as mulheres e crianças do Irã. Ela recebeu o Prêmio Nobel da Paz em 2003 e é hoje uma das principais ativistas dos direitos humanos no mundo, embora o seu governo continue a não lhe dar valor.

O tipo de mentalidade otimista, e a capacidade de agir, que une pessoas tão acentuadamente diferentes quanto Shirin Ebadi, Nelson Mandela, Jeff Bezos, Thomas Edison e Michael J. Fox é o que impele a raça humana para a frente. É esse sentimento de esperança e resiliência que provavelmente nos ajudou a deixar a África e espalhar-nos pelo mundo milhões de anos atrás, a única espécie a vicejar praticamente em qualquer clima. Sem a capacidade de persistir, é difícil imaginar como as sociedades humanas poderiam se recuperar dos desastres. Pense na devastação que se seguiu ao tsunami no Japão, ou às inundações em Nova Orleans, ou às cidades bombardeadas que ficaram em ruínas em toda a Europa depois da Segunda Guerra Mundial. Os esforços de reconstrução que tiveram lugar depois desses eventos catastróficos se ampararam em pessoas trabalhando juntas em um espírito de esperança e otimismo que possibilita que as sociedades humanas floresçam.

CAPÍTULO 3

O cérebro cinzento

~~~~~

Por que o otimismo é
mais esquivo do que o pessimismo

Experimentei pela primeira vez os efeitos do medo angustiante quando eu era criança em Dublin, na década de 1970, durante um período em que a nossa escola recebia regularmente meninas da Irlanda do Norte. Essa época era o auge do que chamávamos de The Troubles [Os Problemas], e era considerado uma boa ideia afastar essas meninas das explosões de bombas e tiroteios de Belfast, a cerca de duas horas de carro da fronteira, e trazê-las para os subúrbios tranquilos de Dublin. Certa ocasião, duas de nós estávamos indo a pé para casa para almoçar com uma amiga de Belfast chamada Sandra, que já estava havia umas duas semanas na nossa escola. Nós estávamos andando e batendo papo, e de repente nos demos conta de que Sandra não estava mais do nosso lado. Olhamos em volta e a vimos mais ou menos dez metros atrás de nós, deitada na calçada. Acontece que o cano de descarga de um carro tinha disparado e — sem que nós notássemos — ela tinha se jogado no chão para se proteger. Em algum lugar nas profundezas do seu cérebro de emergência, um sinal de alarme fora enviado. Na Belfast daqueles dias, sons como o disparo de canos de descarga dos carros indicavam problemas. O medo e o trauma que ela vivenciara em casa tinham sido reavivados por um simples som. A reação instantânea de Sandra exemplifica o cérebro de emergência em ação.

O cérebro de emergência opera com uma rapidez incrível e grava eventos perigosos indelevelmente na nossa memória. Estou certa de que um tiroteio estava longe da mente de Sandra enquanto caminhávamos da escola para casa naquele dia ensolarado, mas tão logo o cano de descarga do carro disparou, o seu cérebro de emergência entrou em ação, assumindo o controle. Quando a ameaça está presente ou é iminente, esse sistema, profundamente incrustado nas regiões antigas do cérebro, libera adrenalina na nossa corrente sanguínea, intensificando a nossa respiração e aumentando os batimentos cardíacos, além de nos fazer suar. Esses sintomas físicos possibilitam que reajamos quando estamos em perigo, preparando-nos para fugir para salvar a vida ou permanecer onde estamos e lutar — a clássica reação de "lutar ou fugir".

Milhões de anos de evolução nos proporcionaram esse poderoso sistema. Esse é o botão do pânico do cérebro, que alerta outras partes do cérebro para um perigo iminente, trazendo a possível ameaça para a nossa consciência para que ela possa ser avaliada mais detalhadamente. Ao mesmo tempo, o cérebro de emergência refreia todos os outros processos, garantindo assim que a nossa atenção se concentre na origem do perigo sem ser distraída por detalhes menos relevantes. Quando se vê diante de uma ameaça imediata, o nosso cérebro do medo toma medidas para que reparemos nela, dando-nos todas as chances de nos colocarmos fora de perigo o mais rápido possível.

Uma vez ativado, o sistema do medo domina tudo o mais. Há vários anos, tomei parte em uma demonstração do quanto esses medos primordiais podem estar profundamente incrustados em nós. Em um momento de loucura, concordei em que uma grande jiboia fosse enrolada no meu pescoço para observar de primeira mão os efeitos desse medo antigo. Sofisticados sensores foram colocados nas minhas mãos e no meu peito para medir a reação do meu corpo quando a cobra fosse colocada em volta do meu pescoço. Eu sabia que a cobra era do zoológico local, que não tinha veneno e que estava muito acostumada a essas façanhas; na realidade, o zelador me disse que a cobra geralmente ficava entediada e pegava no sono durante essas demonstrações. Nada disso significou alguma coisa para o meu cérebro de emergência. Tão logo eu avistei a cobra, a minha pulsação começou a aumentar, e a minha respiração se acelerou um pouco. Quando a cobra deslizou pelos meus ombros, pude sentir o meu coração batendo e as minhas mãos ficarem suadas. Quando ela se mexeu um pouco, eu tive um momento de quase pânico, e os sensores mostraram que o meu batimento cardíaco aumentou acentuadamente. Até mesmo quando a cobra foi retirada, levei algum tempo para me acalmar. Embora o meu cérebro consciente, ou racional, soubesse que eu estava em perfeita segurança, o meu cérebro do medo entrara em um estado de intensa atividade.

Tendo em vista que a maioria de nós, hoje em dia, vive em ambientes seguros, o fato de o medo continuar a ser uma força impulsora na nossa vida permanece uma questão interessante. Nas sociedades desenvolvidas, a probabilidade de sermos atacados por um animal ou ser humano é remota. Não obstante, nós nos preocupamos a respeito de uma gama de desastres e desapontamentos pessoais. Não é apenas o medo primordial dos perigos naturais que nos assediam, mas também a ansiedade e a preocupação mais duradoura do que os outros vão pensar de nós. Nós somos populares? Teremos sucesso na vida? Todos esses receios são perfeitamente compreensíveis, mas por que ainda temos medo de coisas que raramente representam uma ameaça para nós hoje em dia?

A resposta bastante conhecida para essa pergunta é que as partes antigas do nosso cérebro, que compartilhamos com quase todas as outras espécies, evoluíram durante um período no qual os nossos antepassados eram ameaçados por uma variedade de perigos naturais, como tempestades violentas e predadores. Essa estrutura antiga – a amígdala – ainda é fortemente excitada quando nos vemos diante desses perigos. Existem abundantes evidências de que os perigos que ameaçavam os nossos antigos ancestrais ainda ativam as partes antigas do nosso cérebro de emergência, que por sua vez controlam muitas outras regiões do cérebro – fazendo com que interrompamos subitamente o que estivermos fazendo para poder lidar com o perigo. Por conseguinte, embora raramente encontremos cobras, elas, e outras ameaças para os nossos antepassados milhões de anos atrás, ainda causam expressivas reações de medo. Dessa maneira, o nosso cérebro do medo dita grande parte do que nos inspira medo. É por isso que o medo de lugares escuros, espaços abertos, aranhas e cobras ainda estão entre as fobias mais intensas que aparecem nas clínicas dos psicólogos. Os antigos perigos continuam, claramente, a exercer um poderoso controle sobre o nosso cérebro do medo.

Arne Öhman, professor de psicologia do Instituto Karolinska na Suécia, conduziu fascinantes experimentos sobre este assunto. Ele descobriu que o nosso cérebro está especialmente sintonizado com perigos do nosso passado evolucionário. Em um dos estudos, conjuntos de fotografias foram exibidos em uma grande tela durante uma fração de segundo, e os voluntários tinham que apertar um botão à esquerda se todos os itens exibidos fossem "do mesmo tipo" ou um botão à direita se um dos itens exibidos fosse "diferente". A ideia era que as pessoas tinham que responder o mais rápido possível ao mesmo tempo que tentavam não cometer muitos erros. Desse modo, se uma tela exibisse nove imagens de cogumelos, ou nove imagens de cobras, os voluntários tinham que pressionar o botão esquerdo o mais rápido que pudessem. Os casos mais interessantes ocorreram quando um dos itens era diferente dos outros, como uma cobra entre oito flores. Neste caso, o botão à direita teria que ser pressionado.

Quando Öhman e a sua equipe examinaram o tempo-padrão de reação em centenas de testes, um padrão claro emergiu. Quando o item *diferente* exibido era uma cobra ou uma aranha, em vez de uma flor ou um cogumelo, as pessoas respondiam muito mais rápido. Por exemplo, as pessoas reagiam com muito mais rapidez quando eram exibidos nove cogumelos e uma cobra do que quando eram exibidos nove cogumelos e uma flor. O item ameaçador era percebido muito mais rápido do que a imagem menos ameaçadora. Essa diferença sutil no tempo de resposta nos fornece um vislumbre do nosso passado evolucionário e nos mostra que, até mesmo hoje, o nosso cérebro ainda presta mais atenção aos perigos que se apresentavam aos nossos ancestrais. Isso nos leva à conclusão de que aqueles entre os nossos antepassados que eram competentes em notar e evitar cobras e aranhas permaneceram vivos por um tempo suficiente para produzir uma prole com sistemas de detecção de ameaças mais eficientes. Nosso cérebro ainda retém essas memórias antigas. Enquanto aqueles estudantes suecos do século XXI estavam sentados no laboratório de Öhman em Estocolmo apertando botões em resposta a imagens, a sabedoria dos seus ancestrais que viveram milhares de anos antes impelia as suas reações.

Para entender como esse sistema de medo opera e o papel que ele desempenha no cérebro cinzento mais amplo, precisamos examinar mais detalhadamente o centro físico do medo no cérebro.

A anatomia do medo

Assim como no caso do cérebro do prazer, o cérebro de emergência é formado por uma série de estruturas separadas, porém fortemente inter-relacionadas. A maioria delas está profundamente enterrada em partes subcorticais do cérebro que têm amplas conexões umas com as outras bem como com diferentes partes do córtex. Embora todas sejam importantes para moldar a nossa reação de medo, existem poucas dúvidas de que a minúscula estrutura em forma de amêndoa chamada *amígdala* ocupa uma posição central nesse processo. Do tamanho da unha do polegar, a amígdala é formada por, pelo menos, 13 seções separadas, cada uma das quais pode cumprir uma função diferente. Essa é uma espantosa façanha de engenharia biológica. A pura elegância e complexidade desse maravilhoso nódulo foi revelada por centenas de experiências inventivas e meticulosas que conduziram a uma explosão de conhecimento a respeito da ciência do medo. Hoje, sabemos mais a respeito do medo do que de qualquer outra emoção, e o conhecimento a respeito da amígdala e do medo, bem como da influência que eles têm na nossa vida, está fluindo de laboratórios do mundo inteiro quase que diariamente.

Joseph LeDoux, psicólogo da Universidade de Nova York, tem estado na vanguarda da ciência do medo. O seu trabalho, que é realizado basicamente com ratos, mostra que a amígdala está situada no âmago do sistema do medo. Em uma descoberta revolucionária, ele constatou que existem *dois* trajetos dos sentidos para a amígdala, um rápido e um mais lento. Ele chamou o trajeto mais rápido de "caminho baixo", ou trajeto "rápido e sujo", e o outro de "caminho elevado", uma trilha mais vagarosa na rodovia do medo. Para compreender como isso funciona, pense no que acontece no nosso cérebro quando estamos na presença do perigo. Tudo começa em um dos cinco sentidos. Podemos ver uma coisa alarmante como uma cobra, ouvir algo como um alarme de incêndio ou sentir um leve cheiro de fumaça no meio da noite. Essas informações, sejam elas alguma coisa que vemos, ouvimos, percebemos com o olfato, sentimos ou provamos, são lançadas em uma área do cérebro chamada *tálamo*, situada mais ou menos no meio da cabeça, logo acima do tronco cerebral. O tálamo é como uma estação retransmissora, que recolhe informações a respeito do mundo exterior e depois desvia essas informações sensoriais para a parte mais relevante do cérebro para uma análise adicional.

Como todas essas informações sensoriais afluem por meio do tálamo, a função da amígdala é examiná-las para procurar detectar até mesmo o mais leve indício de perigo. Se qualquer ameaça é percebida, a amígdala entra em ação em uma velocidade vertiginosa. Quando o perigo assoma, não há tempo para demoras, de modo que o trajeto rápido e sujo desvia informações sensoriais assustadoras diretamente do tálamo para a amígdala, literalmente disparando antes que tenhamos tempo para pensar. Quando nos vemos diante de uma possível cobra no caminho, até mesmo um pensamento que dure um segundo pode ser fatal.

O trajeto chamado de mais lento ainda é rápido, mas as informações são enviadas para o tálamo e o córtex para uma análise mais detalhada antes de ser redirecionadas para a amígdala. Esse trajeto possibilita uma avaliação mais detalhada das informações por parte das áreas superiores, mais racionais, do cérebro. O córtex visual, por exemplo, pode analisar com mais profundidade o possível perigo para descobrir se se trata de uma cobra ou de um inofensivo pedaço de madeira caído na grama.

A amígdala age rápido e também precisa operar fora da nossa percepção consciente. Enquanto estamos ocupados fazendo outras coisas, essa antiga região do cérebro está constantemente examinando o nosso ambiente à procura de um possível perigo. Uma vez que o perigo é detectado — independentemente do trajeto que ele esteja seguindo — a amígdala sinaliza para o resto do cérebro que ele deve parar o que quer que esteja fazendo e se concentrar no perigo. Um amigo meu que trabalhava em um banco foi mantido sob mira de um revólver há muitos anos e ainda se lembra de como ficou paralisado quando viu a arma apontada para a sua cabeça; toda a sua atenção foi consumida pelo revólver. Posteriormente, quando a polícia pediu a ele que descrevesse os assaltantes, ele não conseguiu nem mesmo se lembrar se eles estavam usando máscaras ou não. A principal ameaça, a arma, tinha captado completamente a sua atenção.

O trabalho de Ray Dolan, neurocientista na vanguarda da pesquisa sobre como o cérebro humano reage ao medo, apresenta evidências convincentes de que a amígdala é a principal protagonista no medo humano. Ele dirige um proeminente laboratório de neuroimagem no Colégio Universitário no centro de Londres. Ele se deu conta de que embora as pesquisas com animais mostrassem que a amígdala era fundamental para o medo, nós não sabíamos muito a respeito da biologia do medo humano. A sua técnica foi examinar o cérebro das pessoas quando elas se encontravam em situações assustadoras para ver se a amígdala também é crucial para o medo humano. Como não podemos eticamente aterrorizar pessoas no laboratório, a técnica típica é apresentar aos voluntários uma série de fotografias assustadoras. No estudo de Dolan, foi pedido às pessoas que se deitassem no tomógrafo enquanto vários rostos diferentes com várias expressões emocionais eram exibidos em uma tela acima delas. Alguns dos rostos eram amistosos e estavam sorrindo, alguns estavam zangados, alguns estavam tristes e alguns pareciam estar com medo. Quando Dolan e a sua equipe examinaram a enorme quantidade de informações que emergiram do tomógrafo, ficou claro que a amígdala se tornava mais ativa quando uma expressão amedrontada era exibida e ficava mais quieta quando as pessoas estavam olhando para uma expressão alegre. É importante ressaltar que as pessoas que participaram desse experimento não *sentiram* medo, mas a sua amígdala mesmo assim se mostrou sintonizada com qualquer indicação de perigo.

Nós, humanos, somos criaturas sociais, com uma capacidade excepcional de captar rapidamente as emoções em outras pessoas. O fato de vermos alguém que parece estar com medo é uma dica bastante segura de que possivelmente há perigo por perto. Vários estudos agora já confirmaram que é a reação da amígdala, profundamente encerrada no nosso cérebro de emergência, que nos permite perceber esses sinais de perigo potencial.

Dolan, junto com o seu colega John Morris, também do UCL, e Arne Öhman do Instituto Karolinska na Suécia, quiseram saber se a amígdala reagiria a ameaças *inconscientes*, sinais de perigo dos quais nem mesmo temos consciência. No seu laboratório em Estocolmo, Öhman já havia descoberto que lampejar imagens subliminares de aranhas e cobras podia produzir uma reação de estresse. Ele colocou sensores em pessoas para detectar o suor nas palmas das suas mãos e lampejou várias imagens de cobras, cogumelos, flores e aranhas com tanta rapidez que as pessoas não eram capazes de dizer que tipo de imagens elas eram. Tecnicamente conhecida como *masking*, essa técnica envolve apresentar imagens com muita rapidez e em seguida — apenas alguns milissegundos depois — substituir a imagem por uma representação aleatória de rabiscos e linhas. A imagem de uma cobra poderia ser apresentada durante apenas 14 milissegundos, e depois a máscara (os rabiscos) eram apresentados durante cerca de meio segundo.

Tudo o que vemos nesse tipo de experiência é um breve lampejo e, em seguida, a imagem dos rabiscos. É impossível distinguir as imagens atrás da máscara. A revelação involuntária foi a sudorese nas palmas das mãos dos voluntários. Embora eles não pudessem ver o animal, quando a imagem de uma cobra ou de uma aranha era lampejada, as palmas dos voluntários ficavam suadas; quando imagens de flores ou cogumelos eram mostradas, elas permaneciam secas. Essa reação fisiológica momentânea nos diz que o perigo fora percebido embora os voluntários nada pudessem ver.

Os três cientistas compreenderam que o fMRI lhes oferecia a oportunidade única de eles verem o que estava acontecendo dentro do cérebro nesses experimentos. Depois do estudo original de Dolan, uma série de rostos com diferentes expressões emocionais foram projetadas na tela. Cada rosto foi mascarado, exatamente como nos estudos de Öhman. Sem o conhecimento dos participantes, os rabiscos eram às vezes precedidos por um rosto amedrontado e às vezes por um rosto neutro. Embora eles não pudessem ver os rostos, a amígdala estava alerta ao sinal de perigo. Uma vez mais, quando uma expressão amedrontada era apresentada, a amígdala se iluminava nas tomografias do cérebro, um sinal revelador de que o cérebro de emergência estava abrindo os olhos, mesmo diante dessa indicação extremamente sutil de perigo.

Essa capacidade do nosso cérebro de emergência de detectar uma ameaça aparentemente pode ajudar até mesmo as pessoas cegas a "enxergar" o perigo e outros sinais emocionais. Tomei consciência pela primeira vez, há vários anos, da espantosa capacidade de as pessoas com um grave dano cerebral captarem sinais emocionais, quando realizei uma série de testes em um delicado senhor idoso chamado JB. JB estava em meados da casa dos 70 anos quando o conheci, e ele tinha sofrido um grave derrame cerebral alguns anos antes, o que o deixara com algumas leves dificuldades de movimento. O problema mais incomum que ainda persistia era proveniente do fato de que ele sofrera um derrame no lobo parietal no lado direito do cérebro, o que fez com que ele passasse a ter o que os neurologistas chamam de *negligência espacial*, o que simplesmente significa que JB não tinha consciência de nada no lado esquerdo do espaço. Isso é relativamente comum depois de uma lesão no lado direito dessa área do cérebro. Quando está jantando, a vítima só comerá a comida que estiver no lado direito do prato, desconsiderando completamente a que estiver na esquerda. Ou quando lhes for pedido que marque letras em uma página, a pessoa só reparará nas letras que estiverem à direita. Este é um problema de atenção, não de visão, já que, se você der pancadinhas na parte esquerda do prato, a pessoa se conscientizará dos alimentos que deixou de comer.

Como JB tinha uma forma grave dessa negligência espacial, percebi que essa era uma excelente oportunidade de eu testar a hipótese de que os sinais de perigo, como uma expressão facial amedrontada, poderiam ser detectados na ausência da percepção consciente. Apresentei vários pares de itens para JB ao mesmo tempo, um à direita e o outro à esquerda, e pedi a ele que me dissesse o que estava vendo. Eu poderia segurar uma maçã à direita e uma laranja à esquerda, e JB dizia, "maçã". Mesmo quando eu lhe perguntava se havia mais alguma coisa, ele olhava cuidadosamente mas voltava a dizer que só havia uma coisa, a maçã.

Os resultados realmente interessantes ocorreram quando eu segurei imagens de rostos com diferentes expressões emocionais. Uma vez mais, JB, de um modo geral, não percebia os itens à esquerda, mas nem sempre. Às vezes, ele reparava tanto no rosto à esquerda quanto no da direita. Ao que se constatou, havia um padrão. Quando o rosto à esquerda era *emocional*, com uma expressão alegre ou amedrontada, ele se mostrava muito mais propenso a reparar nele. Quando o rosto tinha uma expressão neutra, ele quase sempre passava despercebido. Isso me disse que o cérebro de JB estava sintonizado com sinais emocionais. A surpresa foi que não consegui encontrar nenhum indício de que o cérebro dele estivesse mais sintonizado com as expressões amedrontadas em comparação com os rostos sorridentes, como eu havia esperado.

Compreendendo que a linguagem corporal apreensiva sinaliza claramente um perigo iminente, Marco Tamietto e Beatrice de Gelder do Laboratório de Neurociência Cognitiva e Afetiva na Universidade de Tilburg na Holanda realizaram um experimento semelhante com três pacientes que sofriam de negligência espacial como JB. Eles mostraram aos pacientes imagens de linguagens corporais em vez de expressões faciais. Posturas agachadas de medo foram exibidas ao lado de imagens positivas de pessoas dançando e se divertindo. A linguagem corporal amedrontada foi detectada com muito mais frequência no campo de visão negligenciado do que as posturas positivas.

A equipe estudou então um distúrbio ainda mais surpreendente conhecido como visão cega (*blindsight*). A área na parte de trás do cérebro — o córtex visual primário — é responsável pela visão consciente. Quando essa área é danificada, as pessoas são incapazes de enxergar. Embora os seus olhos estejam em perfeitas condições, o dano cerebral as torna efetivamente cegas. Pesquisas feitas em pessoas com esse tipo de dano cerebral descobriram extraordinárias habilidades de "enxergar" inconscientemente. De Gelder estudou um paciente conhecido como TN, que sofrera um extenso dano no córtex visual primário e que estava efetivamente cego.

"Ficamos impressionados", afirmou de Gelder, quando "TN conseguiu andar em um corredor atravancado de coisas sem ir de encontro a nenhuma delas".

Quando a equipe questionou TN, ele disse que não tinha a menor ideia de como tinha conseguido caminhar sem esbarrar em tantos objetos que ele não conseguia ver.

Em 2009, de Gelder e a sua equipe conduziram estudos adicionais com dois outros pacientes com visão cega, DB e GY, e encontram evidências adicionais de que os sinais emocionais podiam ser processados muito bem. Eles tiraram proveito de um fenômeno que os psicólogos conhecem como "contágio emocional", que é a descoberta de que nós instintivamente sincronizamos as nossas expressões faciais com as das outras pessoas. Em outras palavras, se alguém sorri ou franze a testa, temos a tendência de seguir o exemplo. Este é um efeito muito sutil e só pode ser detectado se colocarmos pequenos eletrodos em volta do rosto que captam a mais leve indicação dos movimentos musculares que acompanham o sorriso ou a cara fechada. O que de Gelder e a sua equipe descobriram foi que, *embora eles não pudessem ver* as fotografias, tanto GY quanto DB demonstraram o contágio emocional quando lhes foram apresentadas imagens de rostos emocionais. Um rosto sorridente provocou um sorriso incipiente, embora o paciente não fosse capaz de enxergar. A mesma coisa aconteceu com as expressões corporais: uma postura agachada amedrontada induziu o início de uma cara fechada. Uma vez mais, imagens de medo não vistas produziram efeitos mais fortes do que expressões positivas, mostrando a prioridade do medo sobre o prazer. Isso nos diz que o antigo cérebro de emergência passa por cima da visão cortical, ajudando-nos a notar o perigo em menos tempo do que um piscar de olhos.

Não são apenas aqueles com dano cerebral que são mais capazes de "enxergar" emoções de medo. Foi constatado que, no caso de pessoas com a visão normal, o medo pode melhorar a nossa capacidade de enxergar. As narinas dilatadas, os olhos arregalados e a boca aberta de um rosto amedrontado são instantaneamente reconhecíveis. Até mesmo na época de Charles Darwin, os cientistas partiam do princípio de que essa expressão inconfundível tinha a ver com a comunicação social. Tão logo avistamos um rosto amedrontado, sabemos que alguma coisa errada está acontecendo, e tomamos precauções. Adam Anderson, psicólogo da Universidade de Toronto, nos ofereceu uma interpretação bastante diferente do significado evolucionário de uma expressão facial de medo. Ele descobriu, junto com o seu colega Joshua Susskind, que as contorções típicas do rosto amedrontado permitem que um fluxo maior de ar passe através das narinas e também aumentam o alcance da visão. A visão periférica dos voluntários melhorou quando eles assumiram uma expressão amedrontada, mas piorou quando eles assumiram uma expressão desgostosa. Parece que o medo pode nos ajudar a enxergar a aproximação do perigo.

Liz Phelps, psicóloga da Universidade de Nova York, também descobriu que o simples fato de vermos alguém com o rosto amedrontado pode melhorar a nossa visão. A sua equipe apresentou aos voluntários a difícil tarefa de definir se uma série de linhas cinza-claro eram inclinadas ou verticais. O contraste entre as linhas era muito pequeno, o que tornava essa tarefa complicada. No entanto, se uma expressão amedrontada era exibida na tela cinquenta milissegundos antes, os voluntários se saíam melhor na tarefa visual do que depois de ver um rosto neutro. É quase certo que isso se deve ao fato de o rosto amedrontado ter ativado a amígdala, que por sua vez ativa o córtex visual. Ver o medo em outras pessoas deixa a parte visual do córtex superexcitada, o que nos permite enxergar com mais clareza. O medo, portanto, não apenas nos prepara para a ação como também melhora a nossa visão, tornando-nos mais aguçados e alertas ao nosso ambiente.

Cérebro
Cinzento

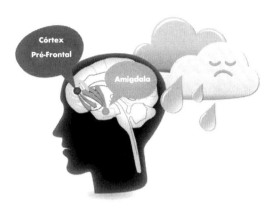

FIGURA 3.1 Imagem de um cérebro cinzento.

A amígdala é fundamental para a nossa reação de medo e está no âmago do cérebro de emergência, mas há também uma rede de outras regiões do cérebro que compõem o nosso cérebro cinzento. Uma descoberta muito importante na ciência do medo é que a amígdala tem muito mais conexões que se estendem para várias partes do córtex do que o córtex tem de volta para a amígdala. Pense nisso da seguinte maneira. Imagine uma luta com pistola de água entre uma equipe de dez (amígdala) e uma equipe de quatro (córtex). Por razões óbvias, a equipe menor sempre vai ficar encharcada: uma realidade anatômica que explica por que podemos ser tão facilmente dominados por sentimentos de medo mesmo quando sabemos que não existe nenhum medo genuíno. Por conseguinte, uma pessoa com medo de espaços abertos pode ficar paralisada de terror no supermercado, embora ela esteja perfeitamente consciente de que não existe nenhum perigo real.

A capacidade do medo de se apoderar do sistema é habilmente ilustrada pela experiência de Colin Stafford Johnson, um cinegrafista que estava trabalhando em um documentário na Índia para a Unidade de História Natural da BBC. Certo dia quente, Colin estava caminhando sozinho pelo leito seco de um rio indiano. Ao virar uma curva, ele se deparou com um grupo de filhotes de tigre que estavam brincando com a mãe. Ao avistá-lo, esta última imediatamente avançou para ele, parando bruscamente a cerca de 5 metros de distância dele e emitindo um rugido ensurdecedor. Racionalmente, ele sabia que a tigresa não ia matá-lo porque ele já havia presenciado muitas vezes tigres fazerem ameaças desse tipo a outros tigres. Ele sabia que essa era a maneira de a tigresa gritar "vá embora – senão..." Não obstante, relata ele, "fui dominado por aquele terror primordial. Fiquei literalmente enraizado no lugar. O meu corpo levou cerca de duas horas para se recuperar".

Dentro da cabeça de Colin, a sua amígdala emitiu um sinal de alarme dizendo ao resto do cérebro que havia um perigo imediato e que todos os outros processos deveriam parar. Embora as áreas corticais mais elevadas do seu cérebro estivessem enviando outra mensagem – *está tudo bem; a tigresa não vai atacar* – a reação do seu medo primordial não pôde ser interrompida.

A partir dos exemplos apresentados até aqui, podemos ver que o papel da amígdala é basicamente nos ajudar a detectar um possível perigo e reagir a ele. Seja nos levando a lutar, ficar paralisados ou fugir, o medo nos coloca a salvo o mais rápido possível. Esses episódios de medo extremo não apenas nos preparam para a ação como também elaboram memórias duradouras que têm efeitos contínuos nos nossos pensamentos, avaliações, comportamentos e sentimentos. Eles desempenham um importante papel em nos tornar quem nós somos.

Quando dou palestras sobre o medo, as pessoas geralmente fazem perguntas a respeito do papel dos sentimentos em tudo isso. De acordo com Joseph LeDoux, os sentimentos são uma espécie de pista falsa na ciência do medo. Ele chama atenção para o fato de que o sistema do medo diz respeito à sobrevivência e que os sentimentos não são mais importantes do que quaisquer outros resultados da reação do medo, como mãos suadas, o aumento da adrenalina, o coração acelerado, e assim por diante. O sentimento só tem lugar quando o sistema do medo já adotou a melhor linha de ação. A evolução, de acordo com LeDoux, projetou um cérebro de emergência que nos ajuda a sobreviver a ameaças diretas, e nessas situações é a ação, e não o pensamento ou o sentimento, que conta.

Claramente, nós sentimos medo. Todos conhecemos os sentimentos desagradáveis que temos quando um cachorro feroz avança para nós pronto para atacar ou a terrível apreensão que sentimos quando estamos esperando pelo resultado de um teste importante. Nos idos do século XIX, William James, o fundador da psicologia científica nos Estados Unidos, sugeriu que as emoções como o medo só são experimentadas *em decorrência* das nossas sensações corporais. De onde provém a sua famosa máxima: "Temos medo porque corremos," e não ao contrário. Essa conjectura nos conduz a um interessante prognóstico.

Se os nossos sentimentos realmente são oriundos das nossas sensações corporais, então quanto mais forte a reação do nosso corpo — e quanto mais conscientes estivermos dessas sensações — mais forte deverá ser a nossa experiência do medo.

Em um engenhoso experimento para testar essa hipótese, Ray Dolan e a sua equipe apresentaram às pessoas o que é conhecido como *tarefa de detecção da pulsação*. Enquanto estavam deitados em uma máquina de fMRI, os voluntários podiam ouvir uma sequência de sons desencadeados pela sua própria pulsação. Às vezes os sons eram apresentados imediatamente, enquanto em outras vezes havia uma breve demora antes que a sequência fosse apresentada. O truque era avaliar o ritmo da sua própria pulsação com relação aos sons. Eu tentei isso pessoalmente, e não é fácil.

Dolan e a sua equipe descobriram que algumas pessoas realmente se destacam nessa tarefa e algumas são realmente incompetentes. O interessante resultado foi que aqueles que eram competentes em avaliar a sua própria pulsação também revelaram sentimentos muito mais fortes de ansiedade e medo. Respaldando a teoria original de James, aqueles que tinham uma consciência mais intensa das suas reações corporais também experimentavam sentimentos emocionais mais fortes. Curiosamente, a região do cérebro que se mostrou mais ativa quando as pessoas estavam fazendo esse teste foi outra parte antiga do cérebro chamada *ínsula*. Isso indica que, enquanto a amígdala pode ser crucial para coordenar os aspectos defensivos e protetores da reação de medo, é a ínsula que desempenha um papel na conversão dessas reações de medo primordial no que muitos chamam de medo: os sentimentos conscientes de estar com medo.

Além das áreas subcorticais do cérebro, como a amígdala e a ínsula, hoje sabemos que partes mais modernas do cérebro, especialmente o córtex, desempenham um considerável papel nas nossas reações de medo. A ativação de partes específicas do córtex pré-frontal, em particular, pode moderar a reação da amígdala em uma interação entre a amígdala e o córtex, recordatória do conflito épico de Freud entre o "id primordial" e o "superego".

Exatamente como no caso do cérebro do prazer, existe tanto um freio quanto um acelerador. No entanto, o córtex não pode desligar inteiramente o sinal de advertência do cérebro de emergência, e a anatomia nos diz por quê. O vasto número de conexões amígdala-corticais — que excedem em número as que seguem na direção oposta — possibilita que o cérebro de emergência influencie indevidamente as áreas corticais mais avançadas. É por esse motivo que Colin ficou fixo no lugar embora soubesse que a tigresa não iria atacar. Também é por isso que emoções primordiais como o medo desempenham um papel essencial no que notamos e recordamos.

O nosso cérebro de emergência não é democrático e prioriza naturalmente as informações relevantes para o perigo. Esse sistema de proteção automático é crucial, maximizando constantemente as nossas chances de sobrevivência. Esse sistema poderoso e difícil de controlar também vem acompanhado de um inconveniente. A frequente ativação dos centros de alarme no âmago do nosso cérebro de emergência pode sensibilizar e desequilibrar o restante do cérebro cinzento, com as suas numerosas conexões que ocorrem entre as regiões subcorticais e corticais. À medida que o cérebro de emergência se torna mais forte e os centros inibitórios enfraquecem, somos pouco a pouco delicadamente empurrados em direção a uma mentalidade mais pessimista, sempre atentos ao pior. É essa emergência gradual do modo de pensar negativo, com a crescente tendência de realçar o que é mau em vez do que é bom, que pode, em última análise, conduzir ao desenvolvimento de pensamentos sombrios e até mesmo se agravar, conduzindo a distúrbios de ansiedade mais duradouros.

Esse é o lado sombrio do nosso sistema defensivo. A neurobiologia do medo explica como o nosso cérebro de emergência pode assumir o controle da nossa mente e por que isso torna o pessimismo uma perspectiva de vida comum — e potencialmente perigosa. As partes antigas do nosso cérebro de emergência garantem que sejamos inexoravelmente atraídos para o perigo potencial. É compreensível, portanto, que as más notícias vendam bem: a atração do perigo é duradoura e não é facilmente superada. Os jornais, a televisão e o rádio nos bombardeiam com matérias negativas — desastres financeiros, recessão, aquecimento global, gripe suína, terrorismo, guerras. A lista é interminável, e ao lado da tendência natural do nosso cérebro de se concentrar nas más notícias, esse pessimismo pode ser esmagador. Um exame superficial de qualquer fonte de notícias nos diz que a mídia está impregnada de uma atração generalizada para o pessimismo.

Hoje podemos perceber por quê. O nosso cérebro de emergência destaca as informações carregadas de perigo, relegando a segundo plano as que são potencialmente prazerosas. Até mesmo o mais leve indício de ameaça é instantaneamente captado, interrompendo todos os outros processos a fim de se concentrar no perigo. Essa nossa inclinação de reparar nos aspectos negativos em vez de nos positivos torna mais difícil sermos otimistas. Como os políticos e padres nos mostraram ao longo das eras, é bem mais fácil amedrontar as pessoas do que acalmá-las. Uma vez que o cérebro do medo é ativado, a lógica tende a parar de funcionar durante algum tempo, e em muitas situações modernas isso pode ser um verdadeiro problema. Não apenas os efeitos do medo tornam mais difícil vivenciar o prazer e desenvolver uma perspectiva otimista, como eles também podem conduzir a ansiedades e preocupações mais generalizadas que podem eliminar o brilho da vida.

Drew Westen, psicólogo e comentarista político da Universidade Emory ilustrou como os efeitos de alertar o sistema do medo podem perdurar com o notório "comercial da margarida" [*daisy ad*] exibido pela campanha presidencial de Lyndon Johnson em 1964. O comercial mudou drasticamente a situação contra o candidato conservador Barry Goldwater, embora em nenhum momento tenha mencionado o nome dele ou discutido a sua política. Na época, a Guerra Fria estava no auge, e o medo de uma catástrofe nuclear era generalizado. Goldwater apoiava as armas nucleares, e Johnson queria transmitir a mensagem que não era possível confiar em Goldwater com uma arma de destruição em massa nas mãos. O comercial começa com uma bonita menina arrancando pétalas de uma margarida, de uma em uma, graciosamente contando e confundindo os números enquanto pássaros cantam em segundo plano. De repente, somos surpreendidos por uma voz masculina mais alta que dá início a uma contagem regressiva, "DEZ, NOVE, OITO..." A menina levanta os olhos para o céu, com o rosto tomado pela apreensão, enquanto a câmera dá um close na pupila de um dos seus olhos, que gradualmente é substituída pela vívida imagem de uma bomba atômica detonando e um cogumelo atômico se espalhando pela tela.

"Esses são os riscos", declara a voz firme de Johnson. "Criar um mundo no qual todos os filhos de Deus possam viver, ou mergulhar nas trevas." O comercial termina com "Vote em Johnson para presidente no dia 3 de novembro" escrito na tela em letras brancas contra um fundo preto.

As pessoas votaram, e, segundo a opinião geral, o comercial da margarida foi um fator crucial para inclinar a eleição a favor de Johnson. O segredo do anúncio é que como o nosso sistema do medo é extremamente fácil de ser ativado, ele instantaneamente concentrou a mente das pessoas na ameaça da aniquilação nuclear com a exclusão de todas as outras coisas. Além disso, uma vez impulsionadas, as ansiedades resultantes foram difíceis de ser desativadas, e esses receios estavam agora associados ao rival de Johnson. Ao manipular os circuitos antigos do cérebro projetados para detectar o perigo, o comercial persuadiu as pessoas inconscientemente a evitar um candidato político em particular.

Esse é um desfecho típico da ativação do nosso cérebro de emergência: o medo desatrelado pode conduzir instantaneamente a ansiedades persistentes. Além disso, é difícil nos livrarmos das memórias que formamos quando estamos assustados, e uma mente negativamente impregnada pode, aos poucos, nos empurrar em direção a uma perspectiva pessimista. O lembrete constante de perigos e coisas ruins que aconteceram torna difícil enxergar o mundo como um lugar cor-de-rosa. Este é o preço que pagamos pelo nosso cérebro de emergência. Nós não sobreviveríamos durante muito tempo sem esse poderoso sistema de medo, mas esse sistema também faz com que seja difícil nós nos tornarmos mais otimistas. Seja o medo de sair da nossa zona de conforto, a preocupação a respeito de correr um risco ou a apreensão de que talvez não sejamos competentes o bastante, são os nossos medos e ansiedades que frequentemente nos refreiam, voltando-nos para o lado mais sombrio e negativo da vida. Em outras palavras, o supremo obstáculo para uma vida otimista é o medo propriamente dito, o nosso cérebro de emergência.

E se pudéssemos desligar o nosso cérebro de emergência e eliminar o medo da nossa vida? Isso conduziria a uma vida mais feliz e gratificante?

Para encontrar uma resposta para essa pergunta, podemos estudar pessoas que sofreram uma lesão permanente na amígdala, o que as deixa sem medo. Apesar disso, as pessoas com a amígdala danificada geralmente levam uma vida extraordinariamente normal. Linda sofria de uma grave epilepsia desde uma tenra idade; em um determinado momento, ela estava tendo violentas convulsões até oito ou nove vezes por dia, e ela se tornara nervosa e ficara com vergonha de sair de casa. A epilepsia se caracteriza por um surto de atividade elétrica que se espalha pelo cérebro, geralmente começando em um local específico. Esse local é diferente para cada pessoa, mas no caso de Linda os surtos elétricos começavam sempre na sua amígdala esquerda ou ao redor dela, bem no âmago do seu cérebro de emergência.

Aos 30 anos, Linda concordou em se submeter a uma cirurgia para remover a amígdala junto com uma parte do hipocampo esquerdo — uma área importante para a memória — para controlar as convulsões. A cirurgia foi bem-sucedida. Quando conheci Linda, ela estava com quarenta e poucos anos e praticamente não tinha tido convulsões nos dez anos que se seguiram à cirurgia. As preocupações do cirurgião de que a operação poderia induzir a amnésia se revelaram infundadas, provavelmente porque o hipocampo direito não fora tocado. No entanto, a remoção da amígdala esquerda deixara Linda sem uma parte fundamental do seu cérebro do medo.

Se você conhecesse Linda, não saberia se havia alguma coisa errada com ela a não ser por uma falta de jeito ocasional e um padrão levemente esquisito de contato visual. Ela tem um casamento feliz e leva uma vida de resto normal. Mas havia um problema. Assim como outras pessoas com a amígdala danificada, Linda não tem nenhuma dificuldade em reconhecer um rosto sorridente como "amigável" e uma face carrancuda como "ameaçadora", e expressões faciais como a repugnância ou a surpresa tampouco representam um problema. Mas se mostrarmos a ela um rosto amedrontado, a sua reação é inexpressiva. "Nenhuma emoção", diz ela, "para mim é neutro". Mostrei a ela uma foto atrás da outra de expressões faciais amedrontadas, e ela sempre tinha dificuldade para identificar a emoção que estava sendo exibida. Acontece que esta é uma constatação clássica: as pessoas com uma lesão na amígdala parecem perder a capacidade de reconhecer o medo nos outros.

Conversei a respeito de Linda com Andy Calder, psicólogo estabelecido na Unidade de Ciências do Cérebro [Brain Sciences Unit — CBU] no Medical Research Council em Cambridge. Andy estudou várias pessoas com lesões na amígdala. Quando mencionei a dificuldade de Linda com as expressões amedrontadas, ele confirmou que esse problema específico é típico. "Quando mostramos fotos de emoções primárias em rostos alegres, surpresos ou desgostosos", disse ele, "a maioria das pessoas, entre elas aquelas com a amígdala danificada, não têm nenhum problema em identificar as emoções". As imagens de medo e de raiva são uma história diferente. "As pessoas simplesmente não conseguem reconhecer expressões de medo e, com frequência, não conseguem distinguir entre rostos amedrontados e zangados."

Identificação das Emoções

Tipo de Emoção	Desempenho do Grupo de Controle (número correto de cada 20)	Desempenho de DR (número correto de cada 20)
Felicidade	16,33	15
Tristeza	16,00	15
Raiva	14,33	5
Medo	16,33	6
Repugnância	18,25	20
Surpresa	17,58	18

Desempenho de voluntários do grupo de controle (com idades entre 54 e 60 anos) e DR (com 52 anos) no reconhecimento de sons relacionados com diferentes emoções. Fonte: Sophie Scott et al., "Impaired Auditory Recognition of Fear and Anger Following Bilateral Amygdala Lesions", *Nature* 385 (1997): 254–57.

Andy e a sua equipe também descobriram que a incapacidade de reconhecer o medo não está restrita às expressões faciais. Eles prepararam fragmentos de sons que refletiam diferentes emoções, como o riso para alegria, ânsia de vômito para repugnância, gritos para medo, e assim por diante. Na tabela de Identificação de Emoções, você pode ver como DR, uma mulher que não tem a amígdala, se sai em comparação com voluntários normais na identificação de sinais emocionais.

Confirmei essas descobertas em outras conversas que tive com Linda, que não reconhece um vasto leque de sinais comuns de perigo. Ela tentará alegremente dar tapinhas em um cachorro que está rosnando, caminhar na frente de carros em movimento ou pegar carvão incandescente com as mãos nuas. O seu marido relatou que ela se machucava com frequência nos dois primeiros anos depois da cirurgia. Com o tempo, ela reaprendeu a se conscientizar dos diversos perigos, mas como a própria Linda disse, ela não sente nenhum medo ou apreensão.

O marido de Linda me contou o seguinte: "Linda é agora excessivamente confiante. Ela não consegue imaginar que alguém possa enganá-la ou roubar alguma coisa dela". Ele disse: "Ela forneceria a sua senha no banco para um completo desconhecido sem pensar no risco".

Avaliação da confiabilidade do rosto

Cientistas realizam um experimento mostrando alguns rostos gerados por computador para diferentes voluntários pedindo a eles que digam se os consideram confiáveis.

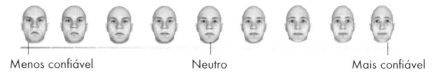

Menos confiável   Neutro   Mais confiável

Os resultados mostram que certas características faciais estão relacionadas com uma confiança ou desconfiança imediata.

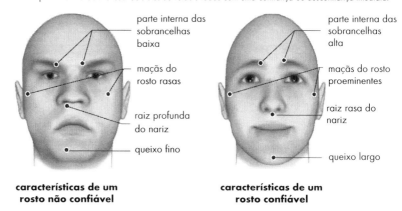

características de um rosto não confiável   **características de um rosto confiável**

FIGURA 3.2 Rostos prototípicos classificados como "não confiáveis" e "confiáveis". Desenvolvido por Nicolaas Oosterhof e Alexander Todorov na Universidade Princeton. Fonte: Javier Zarracina para o *Boston Globe*, www.gettyimages.co.uk/detail/news-photo/evaluating-face-trustworthiness-news-photo/134260600.

Ralph Adolphs, Professor de Psicologia e Neurociência da Cátedra Bren no California Institute of Technology (Caltech), descobriu que a lesão na amígdala causa problemas genuínos na avaliação das outras pessoas, especialmente quando se trata da confiabilidade. Nós lemos muita coisa nos rostos, e avaliamos o quanto uma pessoa pareça ser confiável — não raro com nenhuma outra evidência além da aparência dela. Alexander Todorov e seus colegas na Universidade Princeton elaboraram as características que nos levam a fazer essas avaliações instantâneas. Uma boca voltada para cima, olhos bem abertos e maçãs do rosto definidas tendem a ser classificados como confiáveis, ao passo que uma boca e sobrancelhas voltadas para baixo, e maçãs do rosto superficiais ou até mesmo côncavas são consideradas não confiáveis (ver Figura 3.2).

Ray Dolan e seus colegas no Colégio Universitário de Londres descobriram que a amígdala, entre outras áreas do cérebro, reage fortemente a esses rostos não confiáveis, ativando o nosso sistema de alarme e fazendo com que nos sintamos ameaçados. Essa cautela natural desaparece quando a nossa amígdala sofre uma lesão.

Adolphs estudou uma paciente chamada SM; ao contrário de muitos pacientes com lesões na amígdala que têm uma das amígdalas funcionando, SM não tem nenhuma. Nem a sua amígdala esquerda nem a direita está intacta. SM não tem nenhuma dificuldade em identificar pessoas familiares bem como muitas expressões emocionais, mas é completamente incapaz de reconhecer o medo e a confiabilidade no rosto dos outros. Ela também é excessivamente amigável e aborda as pessoas, inclusive completos desconhecidos, de uma maneira que transgride levemente as normas sociais, fazendo com que as pessoas se sintam constrangidas. A cautela natural que regula as nossas interações sociais habituais parece estar ausente no caso dela.

Adolphs e seus colegas realizaram um engenhoso experimento envolvendo o jogo para ver se a amígdala poderia desempenhar um papel na hora de avaliarmos o risco. A maioria de nós se mostra pouco propensa a correr um risco quando a diferença entre ganhar e perder é muito pequena ou, alternativamente, quando uma possível perda é muito grande. Imagine que você está participando do programa de televisão *Who Wants to Be a Millionaire?* [*Quem Quer Ser um Milionário?*], e você respondeu corretamente à pergunta de 500 mil dólares. Você está agora diante de uma dura escolha. Como você não tem mais nenhuma outra escolha, você pode tentar responder à última pergunta. Se você acertar, você ganha 1 milhão de dólares; se errar, vai embora com apenas 32 mil dólares. Quase todos nós embolsaríamos os 500 mil dólares e não correríamos o risco.

A equipe de Adolphs também testou SM e outro paciente com lesão na amígdala em uma escolha igualmente arriscada. Eles deram a todos os seus voluntários — os 12 do grupo de controle e os dois pacientes — 50 dólares no início do experimento e depois pediram a eles que apostassem no resultado quando uma moeda era jogada para o alto. Embora a chance de dar cara ou coroa era sempre de 50%, os pesquisadores variaram a quantidade de dinheiro que poderia ser ganho ou perdido em cada jogada. Em algumas ocasiões, o jogo poderia gerar um ganho de 50 dólares ou uma perda de 10 dólares, enquanto em outras o ganho potencial era de 20 dólares, mas a perda seria de 15 dólares. Como ocorre com a maioria de nós, os voluntários do grupo de controle se mostraram menos dispostos a apostar nesta última modalidade de jogo, um fenômeno chamado de *aversão à perda*. Mas os dois pacientes com a amígdala danificada não demonstraram nenhum sinal de aversão à perda. Em vez disso, eles não foram de modo nenhum influenciados pela disparidade entre os ganhos potenciais e as perdas potenciais. Embora SM e AP compreendessem perfeitamente os ganhos e os riscos potenciais, mesmo assim eles se arriscaram, inclusive quando a perda potencial era maior do que o ganho potencial. Ao que parece, a amígdala é importante para inibir o comportamento de risco, especialmente quando o resultado tem a probabilidade de nos prejudicar.

Como descobri no caso de Linda, as pessoas com a amígdala danificada não são imprudentes; elas simplesmente não percebem os riscos e os perigos típicos da vida do dia a dia. Ao notar que SM era excessivamente amigável e tinha a tendência de se aproximar um pouco demais, Adolphs forneceu maiores evidências de que a amígdala é importante na articulação das interações sociais. Ele usou o que é chamado de *técnica de parar a uma certa distância*, na qual é pedido ao voluntário que se coloque a uma distância determinada do pesquisador e depois caminhe na direção deste último, parando em um ponto no qual se sintam à vontade. A maioria das pessoas, inclusive os voluntários do grupo de controle, param a cerca de 64 centímetros de distância. SM parou a apenas 34 centímetros. Na realidade, em nenhum momento ela se sentiu pouco à vontade, nem mesmo quando ficou com o rosto quase tocando o de um desconhecido. A lesão na amígdala elimina a percepção do espaço pessoal.

Em um cérebro de emergência, ficamos desprotegidos não apenas diante dos perigos físicos, mas também dos riscos sociais. Na ausência do freio admonitório imposto pela amígdala, ficamos vulneráveis a todos os golpes e malandros que andam por aí. Embora o cérebro de emergência nos incline em direção a uma mentalidade pessimista, parece que a sua utilidade sobrepuja as suas possíveis desvantagens.

Variação na reatividade do cérebro cinzento

Diferenças na reatividade do nosso cérebro do medo determinam como reagimos a todos os tipos de situações e estão na essência de quem nós somos. Essas diferenças fundamentais começam cedo. Alguns bebês são fortemente reativos, e dão risadinhas e gargalhadas quando fazemos cócegas neles. Quando ficam um pouco mais velhas, essas crianças se aproximam com facilidade das pessoas e ficam felizes em brincar. Outras são tímidas e nervosas, e precisam ser persuadidas. As pessoas com um cérebro ensolarado muito reativo reagem fortemente à estimulação positiva. As que têm um cérebro cinzento altamente sensível evitarão as situações que parecem arriscadas, tendendo a se concentrar no lado adverso das situações. Certo amigo meu sempre relutava em convidar as moças para sair com medo de ser rejeitado ou ficar envergonhado. Do mesmo modo, muitas pessoas hesitam em aceitar desafios difíceis com medo de fracassar ou se magoar.

Os psicólogos tipicamente se referem a esse tipo de personalidade de cérebro cinzento como *neuroticismo* ou *ansiedade traço*. A ideia é que aspectos da nossa personalidade determinam como reagimos a uma variedade de situações. Se eu vou ao dentista, eu posso ficar ansiosa, como muitas pessoas ficam. Algumas pessoas também ficam nervosas quando vão ao cinema, dirigem na estrada ou até mesmo quando vão a uma loja. Episódios frequentes de ansiedade situacional, ou de estado, como esses, são um indicador de níveis elevados de uma forma mais duradoura de ansiedade que os psicólogos chamam de *ansiedade traço*. É normal se sentir ansioso em uma situação nova ou ameaçadora, como ao entrar em uma sala de exame para fazer um teste importante. No caso daqueles com níveis elevados de ansiedade traço, a sua ansiedade de estado se torna elevada em todos os tipos de situações, muitas delas relativamente inócuas.

Richard Davidson, psicólogo da Universidade de Wisconsin, captou a essência neural desse estilo de personalidade usando a eletroencefalografia (EEG). Ele descobriu que os bebês que choram muito e são ansiosos têm mais atividade no lado direito do córtex frontal em comparação com o lado esquerdo. Essa assimetria no lado direito também é observada em adultos. Testei várias pessoas que revelam diferentes níveis de ansiedade traço, e vejo repetidamente a reveladora assimetria no lado direito. Até mesmo os macacos mostram acentuadas diferenças na assimetria cerebral, e aqueles com uma extrema assimetria no lado direito – substancialmente mais atividade à direita do que à esquerda – também revelam níveis muito mais elevados de cortisol circulante na corrente sanguínea em comparação com os macacos com uma extrema assimetria no lado esquerdo. O cortisol é uma revelação hormonal, que indica estresse e medo.

Medir a atividade cerebral das pessoas é relativamente difícil e requer um equipamento especializado. A maioria dos psicólogos, portanto, mede o neuroticismo e a ansiedade traço por meio de simples questionários. Vários questionários para medir a ansiedade têm sido produzidos, mas o mais comum é o Inventário de Ansiedade Traço-Estado (State-Trait Anxiety Inventory — STAI) desenvolvido pelo psicólogo da Universidade do Estado da Flórida, Charles Spielberger, na década de 1960. Esse instrumento tem sido usado no mundo inteiro e consiste de vinte perguntas que medem como as pessoas estão se sentindo *naquele momento* — a sua ansiedade de estado — além de outras vinte perguntas para obter uma ideia da ansiedade traço da pessoa — como ela *geralmente* se sente.

Um dos itens na escala ansiedade traço é "careço de autoconfiança". As pessoas têm que responder:

Quase nunca
Às vezes
Com frequência
Quase sempre

Uso o STAI rotineiramente nas minhas pesquisas para categorizar pessoas em grupos "elevados" e "baixos" de ansiedade traço. No meu grupo de laboratório, também aplicamos um breve questionário aos alunos imediatamente antes de uma palestra para ter uma rápida ideia daqueles que estão propensos a ter uma pontuação elevada ou baixa no STAI. Tente responder às perguntas que se seguem para ter uma ideia do quanto você é neurótico ou o quanto a sua ansiedade traço é elevada.

As pessoas que têm uma pontuação elevada em escalas como essa geralmente têm um cérebro cinzento que reage mais intensamente às situações negativas em comparação com aquelas com uma pontuação baixa. Se você obteve um resultado maior do que 35 nas perguntas que se seguem, é bem provável que a sua atividade cortical mostraria uma forte assimetria no lado direito, e é quase certo que você revelaria uma clara tendência para imagens ou palavras negativas na tarefa de sondagem da atenção. Palavras como *câncer*, *ataque* e *estupro* captariam prontamente a sua atenção.

Escala de Neuroticismo de Essex

Leia cuidadosamente cada um dos itens seguintes e depois faça um círculo em volta de um número para cada item na tabela para mostrar a sua resposta. Responda a todos os itens e examine as notas no fim do livro para verificar como calcular a pontuação do questionário.

Itens	Discordo intensamente	Discordo	Não concordo nem discordo	Concordo	Concordo intensamente
1. Sinto frequentemente um nó no estômago.	1	2	3	4	5
2. Frequentemente fico agitado.	1	2	3	4	5
3. Frequentemente fico desanimado e desisto facilmente.	1	2	3	4	5
4. Eu me preocupo muito.	1	2	3	4	5
5. Sou uma pessoa muito calma.	1	2	3	4	5
6. Às vezes eu me sinto muito triste.	1	2	3	4	5
7. Geralmente não fico preocupado com o futuro.	1	2	3	4	5
8. Frequentemente fico muito nervoso.	1	2	3	4	5
9. A maioria das pessoas diria que sou muito confiável.	1	2	3	4	5
10. Raramente tenho dificuldade para dormir.	1	2	3	4	5

O cérebro do medo garante que todos nós sejamos atraídos para situações genuinamente ameaçadoras para que uma ação rápida possa ser tomada. Não é uma boa ideia desprezar um predador ou um carro que esteja derrapando na sua direção. O que marca uma pessoa com uma elevada ansiedade traço, contudo, é a tendência de ela ser hipervigilante em situações que representam uma ameaça relativamente branda. Karin Mogg e Brendan Bradley, dois psicólogos estabelecidos na Universidade de Southampton, puseram essa ideia à prova em uma tarefa de sondagem da atenção que variava a intensidade da ameaça representada em várias fotografias. Algumas eram altamente negativas e ameaçadoras, como corpos mutilados e vítimas de assassinatos, enquanto outras eram levemente ameaçadoras, como um soldado segurando uma arma. Eles pediram a pessoas que classificassem centenas de fotografias para que eles tivessem o conjunto perfeito de fotos muito assustadoras, levemente assustadoras e neutras.

Eles descobriram que todo mundo se mostrou voltado para as cenas muito intensas, mas no caso da ameaça mais branda, somente as pessoas com ansiedade traço elevada exibiram um viés. Isso nos diz que é o *limiar* que é importante; todo mundo reage a uma grave ameaça, mas as pessoas com ansiedade traço elevada têm um limiar mais baixo do que a maioria para passar para um modo vigilante. Um cérebro cinzento sensível e reativo desse tipo pode facilmente conduzir a uma impressão crescente de um mundo perigoso tornando as pessoas mais conscientes do perigo.

Em um estudo recordativo dos estudos de visão cega descritos anteriormente, usei uma tarefa chamada *attentional blink test* [teste da piscadela da atenção] para verificar se a variação normal na ansiedade traço — não estamos falando a respeito do medo extremo aqui — pode fazer diferença no quanto as pessoas notam o perigo oculto. Trouxemos pessoas para o laboratório e lhes apresentamos uma tarefa superficialmente fácil. Foi informado aos voluntários que tudo o que eles tinham que fazer era olhar para uma série de rostos apresentados um após o outro em uma tela de computador e dizer se um rosto emocional estava presente ou não. A maioria dos rostos tinha uma expressão neutra, mas ocasionalmente havia uma expressão emocional isolada (alegre ou amedrontada) inserida no grupo. Uma vez que as pessoas se acostumavam à velocidade com que as mais ou menos 15 fotos eram mostradas, elas achavam a tarefa relativamente fácil. No entanto, em alguns grupos as coisas ficaram difíceis — as pessoas tinham que se dedicar a duas tarefas. Primeiro, se um item que não era um rosto — uma flor ou um cogumelo — aparecesse no fluxo de rostos, os nossos voluntários tinham que dizer o que ele era e também tentar detectar um rosto emocional. Quando o rosto emocional aparecia menos de meio segundo depois

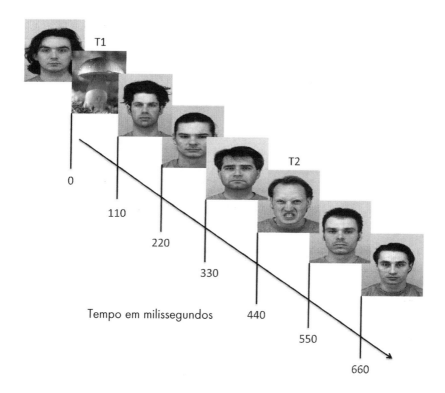

FIGURA 3.3 Um exemplo de um teste isolado na tarefa de *attentional blink*. Todos os rostos foram apresentados um após o outro durante apenas 110 milissegundos cada um. T1 se refere ao primeiro alvo a ser detectado (um cogumelo ou uma flor) e T2 se refere ao segundo alvo a ser detectado (Um rosto emocional estava presente? — sim ou não). O rosto emocional poderia aparecer em qualquer posição temporal depois da imagem da flor ou do cogumelo (ou seja, em qualquer ponto até 770 milissegundos depois). Fonte: E. Fox, R. Russo e G. Georgiou, "Anxiety Modulates the Degree of Attentive Resources Required to Process Emotional Faces," *Cognitive, Affective, & Behavioral Neuroscience* 5 (2005): 396–404.

da flor ou do cogumelo, a maioria das pessoas simplesmente não o percebia. Na realidade, tudo nessa janela de tempo crítica de meio segundo não é percebido. A nossa atenção de fato "pisca", deixando-nos momentaneamente cegos.

A Figura 3.3 dá uma ideia de como é um fluxo unitário nessa tarefa. Tenha em mente que cada imagem é exibida durante apenas 110 milissegundos, de modo que todos os itens passam em menos de um segundo, todos em uma mesma posição em uma tela de computador.

Cada um dos nossos voluntários foi submetido a centenas desses testes; às vezes nenhum rosto emocional estava presente, mas outras vezes havia um rosto emocional que era ou amedrontado ou alegre. Quando um rosto alegre ou amedrontado aparecia pelo menos 550 milissegundos depois da imagem do cogumelo ou da flor (T1), todo mundo o percebia. Se ele aparecesse no intervalo de meio segundo (500 milissegundos) depois da flor/cogumelo, quase todo mundo o deixava passar – um clássico do efeito do *attentional blink*.

No entanto, quando separamos depois as pessoas em grupos de ansiedade traço elevada e baixa – baseados no resultado delas no STAI – um quadro fascinante emergiu. As pessoas ansiosas se mostraram mais propensas a reparar em um rosto amedrontado. Ainda assim, elas deixaram passar muitos, mas, assim como os pacientes de visão cega, elas captaram um número bem maior de expressões amedrontadas, um padrão que não foi observado no grupo de baixa ansiedade. Não houve nenhuma diferença no caso dos rostos alegres; estes deixaram de ser percebidos quase todas as vezes. Quanto maior o nível de ansiedade, mais o rosto amedrontado conseguia, de alguma maneira, se esgueirar através do *attentional blink* – um sinal seguro de um cérebro de emergência mais vigilante.

Uma evidência direta desse fenômeno provém de um estudo que conduzi com Andy Calder e Mike Ewbank na unidade CBU em Cambridge. Pedimos a pessoas que se deitassem no tomógrafo e mostramos a elas imagens de rostos com expressões zangadas, amedrontadas ou neutras. Assim como Ray Dolan e outros descobriram, vimos a amígdala se iluminar quando as expressões amedrontadas ou zangadas eram mostradas. A diferença no nosso estudo foi que medimos o nível de ansiedade traço e de estado das pessoas no STAI tendo rostos que olhavam diretamente para elas ou rostos que estavam olhando em outra direção. Tendo em vista o que tínhamos aprendido com o trabalho de Karin Mogg e Brendan Bradley, compreendemos que essa seria uma maneira de variar o valor de ameaça dos rostos. Um rosto zangado olhando diretamente para você é o mais ameaçador, enquanto um rosto amedrontado olhando para o outro lado ou na sua direção, mas não diretamente, é um tanto ou quanto ambíguo. Em contrapartida, um rosto zangado olhando para o outro lado deixa as pessoas mais à vontade, mas quando um rosto zangado olha diretamente para você, existe claramente uma ameaça. A ansiedade de estado fez uma autêntica diferença na intensidade com que a amígdala – o cérebro de emergência – se excitou, especialmente em reação às imagens mais ameaçadoras. Quando a

RAIVA DIRETA > RAIVA DESVIADA

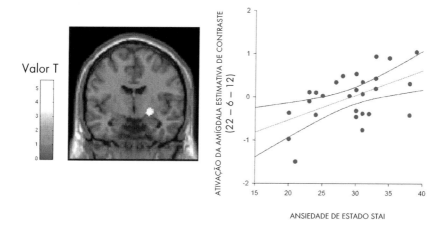

FIGURA 3.4 Diagrama mostrando que a amígdala reage mais intensamente a uma expressão zangada quando uma pessoa está olhando diretamente para você em comparação com quando ela está olhando para outro lado. O nível de ansiedade do observador também faz diferença na intensidade com que a amígdala reage. *Fonte*: M. P. Ewbank, E. Fox e A. J. Calder, "The Interaction Between Gaze and Facial Expression in the Amygdala and Extended Amygdala Is Modulated by Anxiety", *Frontiers in Human Neuroscience* 4 (julho de 2010): Artigo 56.

pessoa zangada olhava diretamente para o voluntário, a amígdala e áreas associadas — o cérebro de emergência — entravam imediatamente em ação, e essa reação era diretamente proporcional ao nível de ansiedade de estado revelado pelo voluntário (ver Figura 3.4). Como havíamos suspeitado, a variação normal na ansiedade autodeclarada refletia verdadeiras diferenças na reatividade do cérebro de emergência.

Sonia Bishop e seus colegas no CBU também constataram que a ansiedade afeta a capacidade das pessoas para inibir essa ativação. Usando a fMRI, eles descobriram que as pessoas que relatavam uma ansiedade traço elevada não podiam ativar as áreas inibidoras do seu córtex pré-frontal com a mesma rapidez ou eficácia que aquelas com níveis de ansiedade mais baixos. Isso significa que, no caso das pessoas ansiosas, não apenas o cérebro de emergência (a amígdala) se excita com mais rapidez e intensidade, como também os centros inibidores (as áreas do córtex pré-frontal) encarregados de amortecer essa reação também reagem mais lentamente. Nos dois aspectos, o cérebro cinzento da pessoa altamente ansiosa é mais reativo ao perigo potencial.

O cérebro de emergência está estruturado para nos ajudar a lidar com o perigo. A sua reatividade difere acentuadamente entre as pessoas; algumas reagem instantaneamente e por períodos prolongados, ao passo que outras têm um temperamento mais calmo e despreocupado, com um sistema de medo que só reage a um alerta vermelho. Essas diferenças são atribuíveis às vicissitudes da vida e à nossa constituição genética, as duas coisas empurrando uma à outra de maneiras sutis que, com o tempo, determinam quem nós somos. O sistema do medo é poderoso e pode interromper instantaneamente todos os outros processos cerebrais tão logo um perigo é detectado. É por esse motivo que é tão fácil ativar o medo e a preocupação, como o ilustra o comercial da margarida; e é por isso que o cérebro cinzento pode ser um poderoso obstáculo ao desenvolvimento de uma disposição mais alegre e otimista.

CAPÍTULO 4

Genes do otimismo e do pessimismo

~~~~~~~~

Existem genes para a maneira como nós somos?

"Sem dúvida tudo está nos nossos genes." Assim começou uma entrevista que eu estava dando no rádio a respeito de um artigo que eu acabara de publicar, que foi amplamente divulgado na mídia como anunciando a descoberta do "gene do otimismo". O entrevistador estava dando destaque a um ponto que muitos acreditam: há um gene para tudo; é apenas uma questão de encontrá-lo. Até mesmo a nossa mentalidade afetiva, quer sejamos otimistas ou pessimistas, poderia ser atribuível a um único gene. Na realidade foi essa ideia — de que oculto em cada uma das nossas células poderia espreitar um gene do otimismo ou um gene do pessimismo — que motivou os meus estudos iniciais para verificar se a diferença em genes específicos conduziria a diferentes perspectivas com relação à vida.

É uma ideia altamente sedutora. Como descobri em entrevista após entrevista, a noção de que a nossa disposição genética nos torna quem nós somos é uma história que muitas pessoas consideram cativante. Parece que temos uma grande necessidade de acreditar que tudo está nos nossos genes e que, portanto, não podemos fazer muita coisa a respeito. As técnicas da moderna genética molecular também permitem que nos aprofundemos na biologia da nossa mente afetiva com grande precisão. Nós sabemos que variações comuns em certos genes influenciam o funcionamento de circuitos do cérebro, o que torna acessível a possibilidade de descobrirmos a genética de quem nós somos. É uma área estimulante que liga as ciências da genética, da neurociência e da psicologia. Essa abordagem possibilita que entremos embaixo dos circuitos do cérebro para examinar os impulsos e ondas dos neurotransmissores — os mensageiros químicos do cérebro — dos quais eles dependem.

Novos fatos emergem dessa ciência em rápido crescimento quase todos os dias. Mas acontece que perguntar se a nossa personalidade vem da natureza ou do aprendizado não faz realmente muito sentido. É uma pergunta um tanto antiquada e muito limitada. Por mais desagradável que isso possa ser, as pesquisas hoje nos dizem que não existe um gene único para o otimismo ou para o pessimismo. Em vez disso, as diferenças individuais na nossa perspectiva emergem de um oceano de complexas e múltiplas interações nas quais o nosso ambiente desencadeia ou bloqueia genes e nas quais os próprios genes podem afetar o tipo de ambiente que vivenciamos. Esses processos são complexos e ainda não são plenamente compreendidos, mas temos feito avanços surpreendentes no nosso conhecimento a respeito de como surgem as disposições otimistas e as pessimistas. Os genes têm importância, sem dúvida, mas está claro que eles não atuam isolados. Isso significa que os nossos genes não detêm sozinhos o segredo das pedras angulares da nossa personalidade.

Uma série de diferentes técnicas tem sido usada para descobrir como os nossos genes e ambientes atuam juntos no desenvolvimento da nossa perspectiva com relação à vida. Os estudos de gêmeos têm sido o feijão com arroz das tradicionais pesquisas genéticas. Se compararmos grandes números de gêmeos idênticos (que compartilham 100% dos seus genes) com gêmeos não idênticos (que compartilham 50% dos seus genes) a partir do ponto de vista de quanto eles se sentem pessimistas ou otimistas, podemos calcular que proporção da perspectiva deles é genética. Se gêmeos idênticos forem mais semelhantes do ponto de vista do quanto eles dizem que são pessimistas do que gêmeos não idênticos, então saberemos que, considerando-se um ambiente familiar e uma criação semelhantes, essa diferença precisa ser proveniente dos seus genes.

Em uma das maiores pesquisas do seu tipo, quase 46 mil gêmeos e seus parentes foram interrogados a respeito do seu nível de "neuroticismo", um marcador fundamental do circuito do cérebro cinzento. A contribuição genética — tecnicamente conhecida como herdabilidade — desse traço de personalidade foi de 41% para as mulheres e 35% para os homens. Isso significa que mais de um terço das diferenças entre as pessoas no que dizia respeito a quanto elas se sentiam neuróticas ou ansiosas era atribuível aos seus genes.

Tive a oportunidade de testar a herdabilidade do otimismo em colaboração com a Unidade de Pesquisa de Gêmeos [Twin Research Unit] do Kings College em Londres. Tim Spector tinha enviado um registro de mais de 8 mil pares de gêmeos que moravam em todo o Reino Unido. Em novembro de 2009, enviamos os questionários LOT-R para quase todos esses gêmeos. Mais ou menos sete meses depois, os resultados mostraram que os gêmeos idênticos relataram níveis de otimismo mais semelhantes do que os gêmeos não idênticos. Assim como os resultados no caso do neuroticismo, constatou-se que a herdabilidade do otimismo era de 40%.

Uma profunda dificuldade nos estudos de gêmeos, contudo, é que eles não nos dizem nada a respeito dos genes específicos que poderiam ser importantes para diferentes perspectivas mentais. Eles só nos dizem que os genes, de um modo geral, desempenham um papel importante.

A fim de determinar quais os genes exatos envolvidos, um ponto de partida lógico é identificar os genes que afetam sistemas neurotransmissores particulares, como a dopamina e a serotonina, que nós já sabemos que estão intimamente envolvidos com as redes do cérebro cinzento e do cérebro ensolarado. Esta é uma das grandes questões contemporâneas na neurociência e na psicologia, e ela recebeu um grande impulso com a revelação do genoma humano completo em 2005. Esse avanço gerou um grande entusiasmo e esperança de que finalmente poderíamos isolar os genes específicos que nos tornam o que nós somos. No entanto, para surpresa de muitos cientistas, não foi descoberta uma grande quantidade de genes específicos para coisas específicas. Em vez disso, uma história muito mais complexa e fascinante emergiu.

Para que possamos entender o que está acontecendo nessa área, precisamos primeiro compreender o que é efetivamente um gene. Originalmente, ele era visto como uma unidade de material hereditário, mas depois que Francis Crick e James Watson descobriram o DNA em 1953, os geneticistas modernos agora consideram um gene como sendo uma sequência específica de DNA. As informações no DNA estão armazenadas como um código formado por quatro bases químicas chamadas nucleotídeos: adenina (A), guanina (G), citosina (C) e timina (T), que são os elementos fundamentais da vida. Quando eles se unem uns com os outros (por exemplo, A com T e C com G), esses nucleotídeos formam pares de bases que são a estrutura central do DNA. O que nós chamamos de gene é uma sequência particular desses pares precedida do que é conhecido como a região *promotora* do DNA, como é mostrado na Figura 4.1. O DNA é passado adiante de geração para geração; com raras mutações aleatórias, as sequências permanecem constantes.

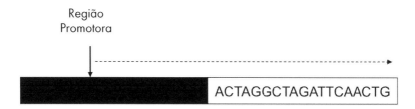

FIGURA 4.1 Como mostrado, os genes consistem de uma sequência de DNA que consiste de bases C, T, A e G precedidas por uma região promotora de DNA (a barra preta).

Desde a criação da genética molecular na década de 1980, os geneticistas vêm descobrindo cada vez mais informações sobre o que são os genes, como eles funcionam e de que maneira eles influenciam um vasto leque de traços e características humanos. Isso é ciência em uma grande escala, e o desvendamento da sequência completa do genoma humano em 2005 foi um momento memorável na história humana. Para que possamos viajar até a base da nossa personalidade, precisamos de um mapa do percurso. Até a sequenciação do genoma humano, isso parecia uma façanha intransponível.

Muitos genes têm variações normais que produzem efeitos diferentes no corpo e no cérebro. Chamadas de *polimorfismos de nucleotídeos únicos*, ou SNPs — *Single Nucleotide Polymorphisms* (pronuncia-se "snips"), essas variações podem fornecer pistas vitais da probabilidade de alguém desenvolver uma doença particular ou até mesmo um traço de personalidade. Os SNPs (ver Figura 4.2) nos genes que influenciam a produção de sistemas neurotransmissores certamente influenciarão a nossa probabilidade de nos tornarmos otimistas ou pessimistas.

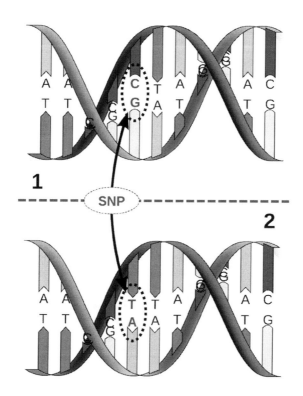

FIGURA 4.2 Um diagrama mostrando o SNP. *Fonte:* Wikipedia.

Constatou-se que vários genes têm SNPs que afetam neurotransmissores específicos, como a serotonina e a dopamina, que estão envolvidos no funcionamento da mente afetiva. O mais conhecido é o *gene transportador de serotonina*, que modula o nível da serotonina no cérebro e está associado a quanto nós somos resilientes nas ocasiões de estresse. O *gene receptor da dopamina D4* é outro gene que afeta os níveis de dopamina no cérebro; um SNP particular nesse gene está associado à ânsia de fazer coisas prazerosas, como beber álcool ou comer chocolate.

Quanto mais eu aprendi a respeito dos avanços na genética molecular, mais compreendi que combinar o tipo de experimentos de psicologia e neurociência que eu conduzia no meu laboratório com esses avanços na genética era um passo seguinte óbvio no desvendamento do mistério de por que algumas pessoas são incuravelmente pessimistas e outras são incuravelmente otimistas. Logo descobri, contudo, que eu tinha tropeçado na linha de fogo entre facções beligerantes de geneticistas moleculares, com pontos de vista muito diferentes a respeito do melhor caminho a seguir para a ciência genética.

Com personagens arrebatados e poderosos em ambos os lados, os dois campos da ciência genética sustentam pontos de vista profundamente arraigados que eles relutam em abandonar. Em poucas palavras, um dos campos argumenta que devemos ser guiados pela neurobiologia e estudar genes específicos que nós sabemos que afetam sistemas neurotransmissores particulares. Isso é conhecido como *abordagem do gene candidato*. O outro campo argumenta que não sabemos o suficiente a respeito das complexidades da biologia para identificar os genes corretos a serem estudados e que, portanto, devemos medir cada gene em um grande número de pessoas para tentar identificar os genes específicos que predispõem as pessoas às indisposições e às doenças. Esse é o campo do *estudo de associação genômica ampla*.

A busca da "vulnerabilidade" ou "susceptibilidade" nos genes toma muito tempo, é dispendiosa e difícil. A ideia por trás do gene da vulnerabilidade é que as pessoas que carregam um SNP particular de um gene apresentam um risco maior de desenvolver uma doença. Um gene de vulnerabilidade de câncer no pulmão, por exemplo, colocaria as pessoas em um risco maior de desenvolver câncer no pulmão, especialmente se elas forem expostas à fumaça do cigarro. Do mesmo modo, um gene de vulnerabilidade para a ansiedade tornaria as pessoas mais propensas a desenvolver graves problemas relacionados com a ansiedade se elas passarem por um grande trauma.

No primeiro grande progresso da abordagem do gene candidato, Danny Weinberger, psiquiatra experimental do Instituto Nacional de Saúde Mental (National Institute for Mental Health, NIMH) em Bethesda, Maryland, estudou um gene chamado c.-O-metiltransferase, ou simplesmente, COMT (catechol.O--methyltransferase), que influencia a produção de dopamina no cérebro. Assim como todos os neurotransmissores, a dopamina não faz apenas uma única coisa, estando, ao contrário, envolvida em muitas funções do cérebro. Um dos seus principais papéis é manter ativo o sistema do prazer; por conseguinte, ela é importante para o cérebro ensolarado. No entanto, também sabemos que muito pouca dopamina pode causar problemas de movimento, como a doença de Parkinson, enquanto o seu excesso é comum nas pessoas que sofrem de esquizofrenia.

Weinberger e a sua equipe tiraram proveito do fato de que a esquizofrenia está associada a níveis elevados de dopamina no cérebro para estudar um gene que varia naturalmente nas pessoas saudáveis. Eles sabiam que o COMT decompõe a quantidade de dopamina no cérebro para garantir um equilíbrio saudável, mas algumas pessoas têm uma versão particular do gene COMT que é ineficaz. No caso das pessoas com essa variante, o seu gene COMT funciona, mas não é tão eficaz quando poderia ser na decomposição da dopamina, deixando-as com níveis relativamente mais elevados de dopamina no cérebro, não tanto quanto encontraríamos na esquizofrenia, porém mais do que a média.

A equipe de Weinberger combinou esse conhecimento dos efeitos biológicos do gene COMT com o conhecimento de que a memória, bem como a quantidade de atividade que ocorre no *córtex pré-frontal* (CPF) do cérebro, com frequência funciona de um modo falho na esquizofrenia. Eles raciocinaram que as pessoas com a versão ineficaz do gene COMT devem, portanto, ter menos atividade do CPF em comparação com aquelas com a versão eficiente; elas também devem ter uma memória mais fraca, como as pessoas que sofrem de esquizofrenia. Por meio de tomografias do cérebro e de testes cognitivos, eles confirmaram essa hipótese. Ali estava um grupo de pessoas perfeitamente saudáveis com uma versão de um gene comum que resultava em níveis levemente mais elevados de dopamina no cérebro exibindo um padrão de atividade cerebral semelhante à esquizofrenia. Os resultados do estudo levantaram a possibilidade de que essa variação particular do COMT poderia ser um proveitoso sinal inicial de advertência — um marcador biológico — da esquizofrenia. A descoberta revolucionária de Weinberger conferiu um verdadeiro ímpeto à abordagem do gene candidato e conduziu ao início de uma busca para encontrar genes específicos que se relacionem com várias doenças mentais.

De acordo com a abordagem do gene candidato, se quisermos entender como um gene está afetando a nossa mente, é melhor medir um processo cognitivo preciso da atividade de um circuito particular do cérebro do que apoiar-nos em um diagnóstico clínico. Isso acontece porque distúrbios como a esquizofrenia ou a depressão se expressam de muitas maneiras diferentes, e é extremamente improvável que essa variedade seja determinada por um único gene. Tomemos a depressão, com os seus efeitos nos sentimentos, na motivação, nos desejos sexuais e na fisiologia; é certo que muitos genes e fatores ambientais desempenham um papel.

A abordagem do gene candidato diz que precisamos examinar o que os cientistas chamam de *fenótipos intermediários*, que são características e mecanismos que estão mais próximos do funcionamento de um gene. Como declarou um recente livro de genética, *How Genes Influence Behavior*, é um pouco como tentar encontrar a nascente de um rio quando estamos a uma grande distância rio abaixo. De longe, é impossível ver todo o caminho de volta até onde o rio começa. Quanto mais perto chegamos dos contrafortes das montanhas, mais provável é que consigamos vislumbrar a nascente. Um diagnóstico clínico é como estar a quilômetros de distância, vendo ao longe os montes distantes, onde os genes exercem a sua função. Os fenótipos intermediários são como pontos de parada ao longo do rio que nos levam cada vez mais para perto do gene original.

A ideia central aqui é que existe uma cadeia de eventos que começam com um gene que produz uma proteína, que depois forma uma célula, que ajuda a construir um circuito no cérebro, que, em última análise, nos ajuda a ver, ouvir, sentir e recordar. Tudo isso, com o tempo, resulta no desenvolvimento de um temperamento ou personalidade particular e, se as coisas derem errado, talvez até mesmo um diagnóstico clínico. Por conseguinte, o argumento prossegue dizendo que saber como o circuito do cérebro cinzento de uma pessoa reage à ameaça nos leva um pouquinho mais para perto do funcionamento de um gene do que saber se alguém tem um diagnóstico de depressão.

Helle Larsen, psicóloga do Instituto de Ciência Comportamental da Universidade Radboud em Nijmegen na Holanda, usou a abordagem do gene candidato com grande impacto em um engenhoso experimento para examinar o papel de um gene particular no desenvolvimento do alcoolismo. Ela compreendeu que comportamentos efetivos, como fumar ou beber álcool, estão mais perto do funcionamento dos genes do que um diagnóstico como o de alcoolismo. Quase todos nós provavelmente já notamos que temos a tendência de beber mais álcool quando estamos cercados por pessoas que estão bebendo muito. Algumas pessoas que têm mais de sete repetições no gene do receptor D4 de dopamina (DRD4) são particularmente influenciadas pelos hábitos de bebida do grupo. Larsen testou cem estudantes, alguns com a versão longa (ou seja as sete repetições) do gene e outros sem ela. Ela levou todos para um bar, onde

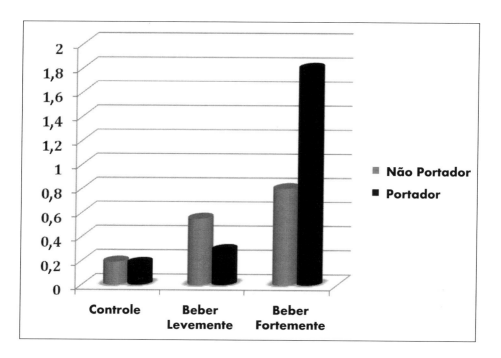

FIGURA 4.3 Resultados de Helle Larsen et al., "A Variable-Number-of-Tandem-Repeats Polymorphism in the Dopamine D4 Receptor Gene Affects Social Adaptation of Alcohol Use: Investigation of a Gene by Environment Interaction," *Psychological Science* 21 (2010): 1064-1068.

os alunos estavam acompanhados por cúmplices do experimento — um velho truque social psicológico. Os cúmplices bebiam refrigerantes (condição de controle), uma mistura (bebiam levemente) ou bebiam apenas bebidas alcoólicas (bebiam fortemente) enquanto estavam supostamente esperando que a parte seguinte do estudo começasse.

Os resultados não poderiam ter sido mais claros. Como você pode ver na Figura 4.3, as pessoas com o SNP crítico de fato consumiram uma quantidade bem maior de álcool, mas *somente* quando estavam com pessoas que estavam bebendo muito. Em uma requintada demonstração de como os genes interagem com os ambientes, essa variação do gene DRD4 programa as pessoas para adaptar a sua bebida ao ritmo dos seus colegas, o que torna especialmente difícil para elas parar de beber em contextos altamente sociáveis.

Apesar do sucesso de muitos estudos do gene candidato, o outro campo de geneticistas não está convencido dessa abordagem. Um dos que se expressam mais abertamente é Jonathan Flint, que dirige uma unidade de genética psiquiátrica no Wellcome Trust Center for Human Genetics na Universidade de Oxford. O principal problema, como ele o vê, é que nos estudos em grande escala que interrogam milhares de pessoas, os genes únicos têm apenas um minúsculo impacto nos traços de personalidade. Nos estudos de neuroticismo, cerca de 2% das diferenças entre as pessoas podem ser atribuídos a um gene específico. Tomemos o gene COMT, aquele que Danny Weinberger afirma que pode ser um fator de risco para a esquizofrenia. Em 1996, um geneticista chamado Michael J. Owen e seus colegas no Departamento de Medicina Psicológica na Universidade de Wales, em Cardiff, mediram o gene COMT em pessoas que sofriam de esquizofrenia. Eles testaram 78 pacientes que sofriam de esquizofrenia e 78 pessoas saudáveis na mesma faixa etária. Ao que se revelou, 51% dos pacientes esquizofrênicos tinham a versão ineficaz do gene COMT, o suposto gene de risco, mas 53% dos membros do grupo de controle também tinham essa versão do gene. Como Flint ressalta: "A forma ineficaz do gene não foi nem um pouco mais comum naqueles que sofriam de esquizofrenia".

Flint e outros simplesmente não acreditam que saibamos o suficiente a respeito da biologia subjacente para que sejamos capazes de selecionar os genes candidatos corretos. Steven Hyman, geneticista da Universidade Harvard, diz o seguinte: "Os genes candidatos são como preparar a sua própria lancheira e depois olhar dentro dela para ver o que há lá dentro". O problema é que se você escolher os genes errados, muito tempo e dinheiro são desperdiçados. O caminho à frente, de acordo com cientistas como Flin e Hyman, são as pesquisas em grande escala de estudos de associação genômica ampla (Genome-Wide Association Studies, GWAS], que testam cada gene individual e cada SNP em uma grande quantidade de pessoas. Essas são pesquisas em grande escala, consomem muito tempo e custam milhões de dólares para serem realizadas, mas têm muitas vantagens.

Como os GWAS são conduzidos em tamanhos de amostra muito grandes — geralmente milhares de pessoas — podemos ter mais confiança nos resultados. Este é um simples fato das estatísticas; quanto mais pessoas nós testamos, melhor. Digamos que você quisesse saber se comer laranjas reduziria as suas chances de pegar uma gripe, e eu lhe dissesse que acompanhei dois grupos de pessoas durante mais de um ano. Vamos imaginar que os dois grupos seguissem a mesma dieta e fizessem a mesma quantidade de exercícios; a única diferença era que um dos grupos comia uma laranja todos os dias, e o outro grupo não comia. Agora, um ano depois, descobri que 30% das pessoas do grupo que comeu laranjas ficaram gripadas, enquanto 50% das pessoas do grupo que não comeu laranjas tiveram gripe no ano anterior. Você poderia chegar à conclusão de que você deve comer muitas laranjas no ano que vem. No entanto, se eu lhe dissesse que cada grupo continha apenas dez pessoas, de modo que três e cinco pessoas em cada grupo ficaram gripadas, você talvez ficasse menos impressionado. Se houvesse mil pessoas em cada grupo, é quase certo que você ficaria mais convencido. Se houvesse 10 mil em cada grupo, você estaria saindo agora para comprar laranjas. As estatísticas envolvem estimar o que é verdadeiro para toda a população, e como geralmente não podemos testar todo mundo, quanto maior o tamanho da amostra, mais confiável a nossa estimativa está propensa a ser. É aqui que os GWAS em grande escala ganham facilmente.

Jonathan Flint fazia parte de uma equipe científica fundada pelo Wellcome Trust, que realizou um dos primeiros e maiores estudos de GWAS sobre a genética e a doença humana. Eles escolheram sete doenças comuns e as examinaram detalhadamente. Para cada doença, eles escolherem 2 mil pessoas que tinham a doença, formando um total de 14 mil pessoas. Eles analisaram todo o conjunto de variações de genes para cada pessoa. Eles selecionaram então outros 3 mil participantes para o grupo de controle que foram cuidadosamente correlacionados da melhor maneira possível com os pacientes em um leque de fatores importantes como idade, gênero, estilo de vida, e assim por diante. Esta foi uma metatarefa que mediu os genes de 17 mil pessoas.

Quando todos os dados foram analisados, constatou-se que parecia haver alguns marcadores genéticos fundamentais, pelo menos para algumas das doenças. No caso da doença arterial coronariana, um único gene de fato diferiu entre os pacientes e os membros do grupo de controle, enquanto oito genes diferiram no caso da doença de Crohn. No entanto, esses genes críticos não determinavam a doença; se você tivesse essa variante particular, não era inevitável que você tivesse a doença. Em vez disso, o fato de você ter a variante crítica aumentava estatisticamente as suas chances de contrair a doença. Mas eis a dificuldade: o grau de associação era muito baixo. Cada gene crítico aumentava a chance de a pessoa ter a doença em cerca de 2 a 5%. Como diz Jonathan Flint, a maioria das doenças parece ser influenciada por muitos genes, mas cada gene, por si só, contribui apenas em uma pequena medida. Você pode perceber por que ele não está convencido de que estudar um único gene tenha a probabilidade de nos dizer muita coisa.

Os GWAS também têm inconvenientes. Muitos cientistas ressaltam que esses estudos adotam uma abordagem dispersa, jogando a rede o mais longe possível e vendo o que aparece. Não há nada particularmente errado com essa técnica, especialmente quando não sabemos realmente o que estamos procurando, mas significa que não temos uma hipótese clara a respeito do que estamos procurando, e ter uma hipótese clara é um dos princípios importantes da ciência. Um problema maior é que por causa da mera escala das pesquisas, geralmente é impossível ter medidas detalhadas de circuitos cerebrais ou de vieses cognitivos. Em vez disso, o método típico é realizar entrevistas por telefone com as pessoas e pedir a elas que respondam a alguns questionários de personalidade. Isso significa que as medidas resultantes frequentemente não são tão sensíveis quanto aquelas usadas nos estudos do gene candidato.

Embora nem sempre saibamos o suficiente para selecionar os genes corretos, um tremendo progresso tem sido realizado na descoberta dos aspectos neurobiológicos subjacentes às diferentes mentalidades afetivas. Quanto mais coisas descobrimos a respeito dos neurotransmissores que estão por trás da saúde mental, mais convidativa se torna a abordagem do gene candidato. Se soubermos que a dopamina está envolvida na esquizofrenia, ou no consumo de álcool, então a variação normal (SNPs) dos genes que afetam a dopamina quase que certamente influenciará os traços que sabemos que estão associados à esquizofrenia ou à bebida. Esta foi a abordagem de Weinberger e Larsen: fazemos uma predição, e depois nos pomos em campo para descobrir se existe algum apoio para ela. Desse modo, Larsen e a sua equipe predisseram que as pessoas com sete repetições do gene DRD4 beberiam mais bebidas alcoólicas quando outras estivessem bebendo intensamente. E eles estavam certos.

Em última análise, as abordagens do gene candidato e dos GWAS se complementam. Os GWAS podem muito bem obter genes candidatos potenciais que podem então ser investigados bem mais detalhadamente por meio de experimentos com um número menor de pessoas.

O meu trabalho se concentrou na abordagem do gene candidato, porque ela é especialmente proveitosa na procura de genes que estão por trás da resiliência e da vulnerabilidade emocional. Eu me concentrei em um gene chamado *gene transportador de serotonina* por duas razões. Em primeiro lugar, hoje conhecemos razoavelmente bastante coisas a respeito dos efeitos neurobiológicos desse gene, e segundo, uma variante particular desse gene foi identificada em uma série de estudos como um provável gene de vulnerabilidade para a ansiedade e a depressão. Foi o meu trabalho sobre esse gene que foi anunciado — incorretamente, ao que se revelou — como a descoberta do gene do otimismo.

O gene transportador de serotonina é um dos genes mais intensamente estudados na neurociência e na psiquiatria. Assim como todos os neurotransmissores, a serotonina causa muitos efeitos no cérebro, mas uma das suas funções fundamentais é regular as nossas disposições de ânimo. Ela é frequentemente chamada de "substância da felicidade" do cérebro. Quando esse neurotransmissor funciona de maneira incorreta, a ansiedade e a depressão podem se manifestar.

O gene transportador de serotonina modera os níveis de serotonina no cérebro, de modo que ele está, portanto, intimamente envolvido com a regulação emocional — controlando os nossos altos e baixos. Nós o temos escondido no nosso DNA, mas cada um de nós tem uma versão diferente. Como nós herdamos uma versão *longa* ou *curta* do gene de cada um dos nossos pais, existem três genótipos possíveis. Podemos ter dois curtos (CC), dois longos (LL) ou um de cada (CL). Biologicamente, a função desse gene é remover o excesso de serotonina do entorno das células cerebrais. A versão curta não é muito eficiente e leva muito mais tempo para remover a serotonina depois de uma sinapse. Por conseguinte, as pessoas que têm duas versões curtas (CC) têm uma forma de *baixa expressão* do gene e níveis muito mais elevados de serotonina passeando pelo cérebro. Aquelas com duas versões longas (LL) têm um genótipo altamente eficiente, ou de *alta expressão*, e a serotonina indesejada é reciclada de uma maneira rápida e eficiente. As pessoas que têm uma de cada (CL) têm uma forma de *expressão intermediária* do gene.

O gene transportador de serotonina esteve na berlinda no primeiro estudo sobre como os genes e os ambientes podem trabalhar juntos para determinar o quanto as pessoas são resilientes ou vulneráveis à adversidade. Uma equipe dirigida por Terrie Moffitt no Instituto de Psiquiatria [Institute of Psychiatry] em Londres, junto com o seu parceiro, Avshalom Caspi, realizaram um estudo, hoje clássico, para verificar se esse gene particular desempenhava um papel no fato de as pessoas ficarem deprimidas em reação ao estresse da vida. Eles acompanharam um grupo de 847 pessoas que estavam participando do estudo Multidisciplinar de Saúde e Desenvolvimento de Dunedin estabelecido na Ilha do Sul na Nova Zelândia durante um período de 23 anos. Todas as pessoas que participaram do estudo foram entrevistadas e testadas em intervalos regulares desde os 3 anos de idade durante os 23 anos do estudo. Durante os últimos cinco anos do estudo — quando os participantes tinham entre 21 e 26 anos de idade — uma cuidadosa avaliação foi feita a respeito do número de eventos estressantes que cada pessoa tinha vivenciado na vida. Qualquer coisa como a morte de um ente querido, uma doença grave ou um desastre romântico era devidamente anotada. Na entrevista final dos participantes com 26 anos de idade, um exame detalhado a respeito de se qualquer pessoa tinha sentido uma depressão significativa no ano anterior foi realizado. Ao que se revelou, 147 dos voluntários do estudo foram diagnosticados com depressão clínica.

    A grande indagação em que os pesquisadores estavam interessados era se o genótipo tinha desempenhado um papel. Especificamente, a forma de baixa expressão (CC) do gene era mais comum nas pessoas que sofriam de depressão? À primeira vista, a resposta foi surpreendente; as chances de as pessoas que não informaram nenhum estresse importante serem deprimidas eram exatamente as mesmas quer elas tivessem duas versões curtas, duas versões longas ou uma de cada. As formas de expressão baixa ou alta desse gene não pareciam fazer nenhuma diferença nas chances de uma pessoa desenvolver depressão.

    Um quadro completamente diferente emergiu quando a quantidade de estresse que as pessoas vivenciaram na vida foi levada em consideração. No caso daquelas que tinham tido quatro ou mais experiências estressantes, as chances de depressão subiram vertiginosamente para 43% quando elas carregavam a forma de baixa expressão do gene. Quando uma pessoa havia passado por mais de quatro eventos estressantes e tinha a forma de expressão alta (LL), as suas chances de ficar deprimida eram reduzidas quase à metade. Isso nos diz que existe uma interação genuína entre a nossa constituição genética e o ambiente no qual nós vivemos no que diz respeito ao risco da depressão. Os genes sozinhos não têm muito efeito, mas em combinação com eventos estressantes da vida, uma combinação tóxica emerge. As pessoas com a forma menos eficiente são muito mais vulneráveis, ao passo que aquelas com a forma de alta expressão parecem navegar pelas adversidades da vida com poucas consequências negativas.

Terrie Moffitt ressalta que não devemos ficar surpresos com o fato de os genes só afetarem a saúde mental em combinação com o que a vida lança na nossa direção. "Não é provável que encontremos um gene da malária se só procurarmos em pessoas que vivem em uma área livre de malária", diz ela. Do mesmo modo, se quisermos encontrar genes da depressão ou da ansiedade, ou até mesmo da esquizofrenia e de outros problemas graves, precisamos focalizar o nosso holofote em pessoas que estão sob estresse. Os genes da vulnerabilidade podem definir uma fraqueza, mas essa fraqueza só é exposta quando a nossa vida dá uma guinada para o pior. Os GWAS tipicamente deixam escapar esse aspecto da vulnerabilidade porque raramente obtêm uma imagem detalhada do tipo de vida que as pessoas levam. Por conseguinte, é possível que os genes únicos tenham um impacto muito maior do que sugerem essas pesquisas em grande escala.

Os cientistas estão agora voltando a atenção para o estudo do otimismo e da boa saúde mental para descobrir o que nos faz vicejar. Em outras palavras, está em andamento a busca dos genes da "resiliência" ou do "otimismo", bem como dos genes da vulnerabilidade. Esse entusiasmo renovado pelo lado positivo da vida significa que estamos gradualmente aprendendo tanto a respeito do que nos torna esperançosos e otimistas quanto do que nos faz ficar desesperados.

Uma vez mais, um estudo realizado por Avshalom Caspi e Terrie Moffitt foi pioneiro. Escrevendo na revista *Science* em 2002, eles descrevem um estudo no qual conversaram com grupos de crianças que tinham sido ou não expostas a um grave abuso infantil. Foi compreensível que as crianças que tinham sofrido abuso se mostrassem mais propensas a desenvolver graves problemas de saúde mental. Elas se envolviam em brigas, e muitas tinham sido presas por exibir um comportamento antissocial. O interessante foi que muitas das crianças que sofreram abuso não desenvolveram nenhum problema apesar de o abuso sofrido ter sido muito grave. Como isso é possível? O que tornou esse grupo de crianças mais resiliente?

Os pesquisadores descobriram que a reação das crianças aos horrores do abuso era fortemente influenciada por um gene particular chamado *Monoamina Oxidase A*, ou o gene MAOA. Cada um de nós tem uma forma de baixa expressão ou de alta expressão desse gene. No caso das pessoas com a forma de alta expressão, existe uma melhor regulação de certos neurotransmissores no cérebro. As crianças que carregavam essa versão do gene MAOA eram mais capazes de lidar com os maus-tratos. Era como se o gene as protegesse dos efeitos adversos do abuso sofrido. As crianças com a forma de baixa expressão se mostravam mais propensas a ir parar no tribunal por causa de um comportamento violento ou antissocial. Uma vez mais, é óbvio que tanto a nossa constituição genética quanto o tipo de situações em que nos encontramos trabalham juntas para influenciar a maneira como a nossa vida se desenrola.

O entrelaçamento dos genes e dos ambientes também é importante para a maneira como o nosso cérebro do prazer funciona, especialmente no que diz respeito à facilidade que nós temos de ser seduzidos a correr riscos. Psicólogos da Escola de Administração Kellogg da Universidade Northwestern descobriram uma ligação entre dois genes que regulam a serotonina e a dopamina no cérebro com a tomada de decisões financeiras arriscadas. Cada um dos voluntários recebeu uma pequena quantia que eles podiam investir em opções arriscadas ou seguras, e eles eram recompensados com mais dinheiro com base no desempenho do portfólio que escolhessem. Os voluntários com a forma de baixa expressão (CC) do gene transportador de serotonina correram 28% menos riscos do que os outros, o que é compatível com o papel da versão curta desse gene na aversão ao risco. Aqueles que tinham a versão mais longa (sete repetições) do gene DRD4 — o gene associado a níveis mais elevados de dopamina no cérebro — correram 25% mais riscos com o seu dinheiro do que os outros voluntários. Esses resultados são extraordinários quando levamos em consideração que os participantes desse estudo eram pessoas normais com uma variação normal nos seus genes. No entanto, diferenças genuínas foram visíveis no grau de risco que alguém estava disposto a correr baseadas em variações genéticas muito comuns.

Ahmad Hariri, um dinâmico defensor da abordagem do gene candidato, conduziu um estudo para ver se as versões curta e longa do gene transportador de serotonina afetava a maneira como a amígdala — o cérebro de emergência — responderia a uma ameaça. A sua equipe selecionou um grupo de 14 pessoas que carregavam pelo menos uma versão curta (CC) ou (CL) e 14 pessoas que tinham a versão longa (LL) do gene transportador de serotonina. Cada um dos voluntários ficou deitado em um tomógrafo olhando para uma série de expressões faciais: algumas amedrontadas, algumas felizes, algumas praticamente sem nenhuma expressão. Como era esperado a partir dos estudos anteriores de Ray Dolan, os rostos amedrontados provocaram uma forte reação da amígdala. No entanto, essa ativação foi muito mais vigorosa naqueles que carregavam a versão curta do gene. Para se convencer das suas constatações, eles testaram outros dois grupos e fizeram exatamente o mesmo experimento. Uma vez mais, a amígdala reagiu mais fortemente nos voluntários que tinham a versão curta do gene.

As pessoas com a versão curta do gene transportador de serotonina têm um cérebro de emergência que reage muito mais vigorosamente ao perigo, motivo pelo qual elas são mais vulneráveis quando as coisas saem errado.

No meu laboratório, investigamos se esse gene influencia os vieses de atenção que nós sabemos ser as pedras angulares do cérebro cinzento e do cérebro ensolarado. Usando a nossa tarefa de sondagem da atenção-padrão para avaliar as tendências das pessoas para imagens positivas e negativas, também avaliamos se os nossos voluntários tinham uma forma baixa, intermediária ou alta de expressão do gene transportador de serotonina.

Os resultados (ver Figura 4.4) mostraram uma diferença genuína entre os diferentes genótipos. As pessoas com a versão longa (LL) — a forma de alta expressão — eram atraídas pelas imagens positivas, enquanto aquelas com uma versão curta (CC ou CL) eram automaticamente atraídas pelas imagens negativas. Inesperadamente, também encontramos uma tendência adicional para evitar certos tipos de imagens. As pessoas com um genótipo LL também eram repelidas pelas imagens negativas. Ter a versão de alta expressão desse gene significava que o cérebro da pessoa automaticamente se sintonizava com o positivo enquanto simultaneamente evitava o negativo. As que tinham a versão mais curta — de baixa expressão — do gene não tinham essa tendência protetora. Em vez disso, elas se concentravam no negativo ao mesmo tempo que desconsideravam o positivo.

Esse estudo levantou a possibilidade de que a forma de alta expressão — LL — do gene transportador de serotonina programava as pessoas para o otimismo. A história foi captada por Michael J. Fox, que me convidou para ir a Nova York

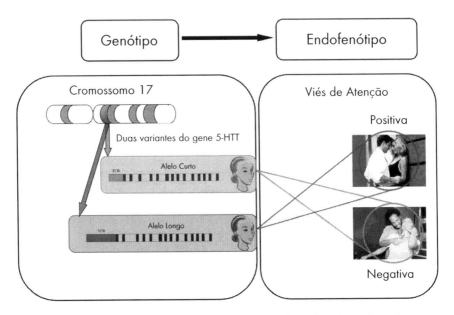

FIGURA 4.4 Imagem dos resultados de Elaine Fox, Anna Ridgewell e Chris Ashwin, "Looking on the Bright Side: Biased Attention and the Human Serotonin Transporter Gene," *Proceedings of the Royal Society: Biological Sciences* 276 (2009): 1747-1751.

tomar parte em um documentário para a televisão que ele estava fazendo sobre o otimismo.

O produtor estava ávido para aplicar a Michael a nossa tarefa de sondagem da atenção, bem como para determinar o seu genótipo. Peguei devidamente uma amostra do DNA de Michael esfregando um cotonete dentro da sua boca e bochecha algumas vezes — "bastante grosseiro" como ele comentou — e despachei-o para o laboratório de genética. Um dia depois, chegaram os resultados: Michael tinha, de fato, a versão longa (LL) desse gene.

No dia seguinte, tudo estava preparado para Michael fazer o nosso teste de sondagem da atenção, e, como esperávamos, ele exibiu o padrão exato das tendências cognitivas que havíamos previsto: uma forte predileção para notar imagens positivas e evitar as negativas. Ele não apenas olhava para o lado brilhante, como também evitava ativamente, embora de um modo inconsciente, o lado sombrio.

De acordo com o nosso estudo de mais de cem pessoas bem como com os resultados do teste de Michael, o padrão do viés de atenção associado ao otimismo era bem mais comum nas pessoas que carregavam a versão de alta expressão do gene transportador de serotonina. A ideia de que este poderia ser um gene do otimismo era fascinante, mas surgiu então uma guinada na história.

Alguns dias depois de eu voltar de Nova York, o geneticista que tinha o DNA de Michael me telefonou com uma notícia. "Michael de fato tem a versão LL do gene", mas, prosseguiu ele explicando, "houve uma recente descoberta de que há duas diferentes versões do genótipo LL." Uma das versões, chamada L_a, é altamente eficiente na remoção da serotonina do cérebro, enquanto a outra forma, muito mais rara (L_g) é ineficaz e trabalha de uma maneira semelhante à versão curta do gene. Em outras palavras, as pessoas com um genótipo $L_g L_g$ não diferem biologicamente daquelas que têm um genótipo CC no que diz respeito aos seus níveis de serotonina no cérebro, e o genótipo altamente eficiente é $L_a L_a$. Uma análise adicional demonstrara que Michael tinha uma cópia da versão mais rara, o que significa que ele tinha um genótipo moderadamente eficiente ($L_a L_g$), em algum lugar no meio, em vez de o genótipo altamente eficiente que achávamos que ele tinha.

Não fiquei excessivamente preocupada, já que encontrar o resultado perfeito com uma única pessoa é relativamente improvável, mas isso levantou a questão de se simplesmente ter uma versão longa do gene estava associado a uma tendência mais otimista. Ou a forma altamente eficiente do gene, hoje conhecida como $L_a L_a$, era necessária? Isso faria biologicamente mais sentido.

Alguns artigos foram publicados pouco depois, os quais aprofundaram ainda mais o mistério. Primeiro, Danny Pine, um psiquiatra do NIMH, concluiu um estudo semelhante ao nosso, que descobriu que as pessoas com a forma de baixa expressão do gene transportador de serotonina (CC ou $L_g L_g$) se inclinavam para rostos zangados, enquanto aquelas com a forma de alta expressão ($L_a L_a$) se inclinavam para rostos alegres e sorridentes na tarefa de sondagem da atenção. As pessoas com a forma $L_a L_g$, como Michael J. Fox, não exibiam na mesma medida a tendência positiva.

Em outro estudo, Chris Beevers, psicólogo da Universidade do Texas em Austin, reproduziu a nossa constatação de que as pessoas com duas versões longas do gene transportador de serotonina evitavam itens negativos. No entanto, isso só era verdade com relação àquelas com a forma de alta expressão ($L_a L_a$) e não era encontrada naquelas com a forma de expressão intermediária, $L_a L_g$. A versão $L_a L_a$, segundo parecia, poderia empurrar as pessoas para um estilo cognitivo mais otimista, e talvez tenhamos apenas tido sorte no caso de Michael pelo fato de ele ser um otimista.

Essa ideia foi acentuada quando distribuí o questionário de otimismo LOT-R para um grupo de alunos da minha universidade e descobri que aqueles com o genótipo $L_a L_g$, como Michael, declararam ser mais otimistas do que aqueles com a versão $L_a L_a$. A verdadeira surpresa foi que as pessoas com o genótipo CC eram as mais otimistas do grupo. Como isso era possível? Como poderiam aqueles com o suposto gene da vulnerabilidade ser os mais otimistas? Decifrar enigmas como esse é uma das grandes alegrias bem como uma das grandes frustrações da ciência.

Não muito tempo depois disso, chegaram os resultados de um novo estudo que vínhamos realizando havia mais de um ano, e foram esses resultados que mudaram drasticamente a situação com relação à simples ideia de que o genótipo $L_a L_a$ poderia predispor as pessoas para o otimismo. No novo estudo, testamos pessoas tanto com genótipos de baixa expressão (CC e $L_g L_g$) quanto de alta expressão ($L_a L_a$) em uma tarefa concebida para mudar o seu viés de atenção. Isso se chama *modificação do viés cognitivo* e é essencialmente uma tarefa de aprendizado que apresenta partes de imagens — positivas e negativas — seguidas de um alvo ao qual as pessoas precisam reagir, exatamente como na tarefa de sondagem da atenção. O truque é que para algumas pessoas o alvo sempre aparece depois de uma imagem desagradável, ao passo que para outras o alvo está sempre vinculado a imagens alegres e positivas. Não demora muito para que as pessoas desenvolvam fortes tendências negativas ou positivas dependendo do tipo de contingências que nós, secretamente, configuramos nesses experimentos. Se o alvo estiver relacionado com imagens negativas, as pessoas rapidamente aprendem a se concentrar nessas imagens em vez de nas imagens positivas.

As pessoas com a forma de baixa expressão do transportador de serotonina aprenderam muito mais rápido o local dos objetos assustadores em comparação com aquelas com a forma de alta expressão. Isso fez sentido; as pessoas com o suposto gene da vulnerabilidade estavam mais sintonizadas com a ameaça. O resultado mais interessante emergiu quando examinamos os grupos treinados para se orientar para as imagens positivas. Estariam as pessoas com o genótipo $L_a L_a$, se elas realmente são mais otimistas, sintonizadas com o positivo e, portanto, aprenderiam mais rápido o local das imagens agradáveis do que o das imagens desagradáveis? O que se revelou foi que o grupo CC e $L_g L_g$ aprendeu, uma vez mais, muito mais rápido o local das imagens positivas em comparação com o grupo $L_a L_a$. As pessoas com o gene da vulnerabilidade também eram as mais sensíveis aos eventos positivos.

Desse modo, as pessoas com a forma de baixa expressão do transportador de serotonina eram mais sensíveis tanto às imagens negativas quanto às positivas. Como podemos explicar isso? Como podem aqueles com um gene de risco ou um gene de vulnerabilidade estar mais sintonizados com imagens positivas? Do mesmo modo, por que as pessoas com o suposto genótipo do otimismo são menos sensíveis às imagens positivas do que aquelas com a versão de risco do gene?

Logo compreendi que esses resultados se encaixavam perfeitamente em uma nova teoria radical que fora formulada por Jay Belsky, psicólogo do Birkbeck College em Londres. Belsky fizera um exame mais atento dos vários estudos de ambiente do gene X e compreendeu que eles escondiam um segredo que ninguém tinha detectado. Belsky notou que a versão de baixa expressão do gene transportador de serotonina, bem como de vários outros genes que influenciam os neurotransmissores do cérebro, tornam as pessoas mais sensíveis tanto aos bons quanto aos maus ambientes. A maioria dos estudos que examinam como os genes e os ambientes interagem, como os famosos estudos de Caspi e Moffitt, só examinam os eventos negativos e o mau impacto que eles têm. Quando pessoas com uma versão particular de um gene, como o genótipo CC, se revelam mais afetadas pelo estresse, esse gene é então rotulado de gene de vulnerabilidade ou susceptibilidade. Como ressalta Belsky, precisamos também examinar como as pessoas reagem aos bons eventos. Ao reexaminar muitos estudos, ele descobriu que oculta nas informações estava a descoberta de que os mesmos genes que conferem um risco maior quando as coisas dão errado *também* conferem um maior benefício quando as coisas dão certo.

O clássico estudo de Caspi e Moffitt descobriu que as crianças que sofreram abuso que têm a versão menos eficiente do gene MAOI se envolviam com o comportamento mais antissocial quando eram adultos. O que passou despercebido foi o fato de que as crianças com esse genótipo que não tinham sofrido maus-tratos se envolveram em muito *menos* comportamentos antissociais. Da mesma forma, em outro estudo conduzido por Kathleen Gunthert e colegas da Universidade Americana em Washington, foi constatado que alunos com o genótipo CC ou $L_g L_g$ relataram bem mais ansiedade à noite do que os do grupo $L_a L_a$ quando tinham tido um dia particularmente difícil. Quando eles tinham tido um dia particularmente agradável, essas mesmas pessoas relatavam um estresse significativamente menor à noite. Como sugere Belsky, as pessoas com a forma de baixa expressão do transportador de serotonina são as mais suscetíveis à adversidade, mas ao mesmo tempo são mais propensas a se beneficiar dos ambientes fecundos e solidários.

A minha experiência de aprendizado converge com essa conclusão ao mostrar que as pessoas com a forma de baixa expressão do transportador de serotonina são muito mais sensíveis às circunstâncias emocionais, sejam elas boas ou más, do que aquelas com a versão de alta expressão. Portanto, em vez de o transportador de serotonina ser um gene de vulnerabilidade ou otimismo, se ele for um gene de alguma coisa, é provável que ele seja um gene de "plasticidade". As pessoas com a forma de baixa expressão são simplesmente mais abertas e reativas ao seu ambiente e, por conseguinte, se beneficiarão mais de um ambiente com grandes vantagens e apoio, mas também serão mais gravemente afetadas pelo abuso e pela falta de apoio.

Esses novos resultados conferiram mais sentido ao que tínhamos descoberto no caso de Michael J. Fox. O cérebro dele reagiu de uma maneira altamente otimista na nossa tarefa de atenção, e ele tinha pelo menos uma versão da forma de baixa expressão, L_g, do gene transportador de serotonina. Isso significou que ele era altamente sensível ao seu ambiente, tanto às recompensas quanto às ameaças.

Mais ou menos um ano depois do documentário da televisão, ele concordou em se encontrar novamente comigo para que eu pudesse lhe explicar os novos resultados, e ele pudesse me contar um pouco mais a respeito das origens do seu otimismo. Era um dia úmido de outono, e eu atravessei um mar de folhas marrons no Central Park a caminho do seu escritório no Upper East Side de Nova York. Gus, um cachorro enorme, porém graças a Deus amigável, foi o primeiro a me cumprimentar quando a porta se abriu. Michael, que estava bronzeado e parecia em forma, me conduziu por um corredor estreito até uma sala grande e confortável. Cercado por fotos e prêmios do Globo de Ouro, ele me disse que "quase sempre fora otimista". O seu pai servira nas forças armadas, e a sua família era relativamente conservadora. Quando ele era criança, eles se preocupavam constantemente com ele. "Eu era diferente", explicou ele. "Eu escrevia histórias, desenhava *cartuns*, representava e tocava em uma banda" – ele era completamente diferente do seu pai.

Certa ocasião, o seu pai foi assistir a um *show* dele. Depois do espetáculo, bastante impressionado, ele perguntou a Michael: "Você recebeu dinheiro para fazer isso?".

"Recebi", respondeu Michael. "Duzentos dólares."

"Ótimo, replicou o pai. "Como você vai gastar o dinheiro?"

"Nós compramos um amplificador a prazo por duzentos dólares, de modo que agora vamos ter de começar a pagá-lo."

O seu pai se afastou desesperado.

Michael me contou que fora a sua avó que o salvara de uma família que realmente não "o sacava".

"Se você realmente quiser saber de onde vem a minha visão do mundo", disse ele, "você não precisa procurar além da minha avó. Ela era a vidente da família; se ela dizia que ia chover, todo mundo saía de capa e guarda-chuva".

Certa ocasião, quando era pequeno e passava horas desenhando *cartuns*, Michael se lembra de ter ouvido a avó dizer para os seus pais: "Não se preocupem com Mike. Um dia ele será famoso, e as pessoas no mundo inteiro vão conhecê-lo".

A partir daquele dia, Michael teve o espaço para fazer o que queria. "Aquilo fez com que a minha família realmente parasse de pegar no meu pé", disse ele, "e me deixasse fazer as minhas coisas".

Eu expliquei para ele as novas evidências de que a versão $L_g L_g$ era mais como o genótipo CC e que as pessoas com essa constituição genética eram muito mais sensíveis ao ambiente, fosse este bom ou mau. Ele concordou em que a sua avó tinha estabelecido a base para um ambiente familiar solidário. Embora a sua família não entendesse realmente o que ele estava fazendo, a aprovação da avó lhe conferiu a liberdade de ser ele mesmo. Esse ambiente familiar solidário possibilitou que ele maximizasse o seu genótipo, o que resultou em uma perspectiva de vida resiliente e otimista.

Além da natureza e do aprendizado

Existem poucas dúvidas de que a variação na nossa sequência de DNA — o nosso genótipo — pode influenciar traços físicos como a cor do cabelo e a altura, bem como a nossa personalidade e as emoções. No entanto, uma tendência de grande impacto, que derruba o ponto de vista tradicional de que o DNA é o principal protagonista em cena, tomou conta recentemente da ciência genética. Em vez disso, a área em rápido crescimento da *epigenética* (com *epi* vindo do grego para "acima" ou "além") nos diz que podem surgir mudanças na maneira como os nossos genes operam por causa das coisas que nos acontecem ao longo da vida. A surpresa é que essas mudanças podem então ser passadas para a geração seguinte *sem afetar a sequência de DNA propriamente dita*.

O cenário dessa descoberta revolucionária são as regiões remotas, cobertas de neve, do norte da Suécia. Estive lá em um passeio de bicicleta há vários anos, mal sabendo eu que estava passeando por uma área que guardava um segredo que conduziria a uma revolução na ciência genética. Norrbotten, situada na isolada província mais ao norte da Suécia, é tão remota que no século XIX, se a colheita falhasse, ocorria uma grave fome e inanição. Os registros paroquiais mostram que a inanição foi comum em 1800, 1812, 1821, 1836 e 1856. Em um acentuado contraste, os anos de 1801, 1822, 1844 e 1863 foram anos de abundância, e era comum as pessoas comerem em excesso. Lars Olav Bygren, especialista em medicina preventiva, atualmente no Instituto Karonlinska em Estocolmo, aproveitou esses anos de abundância e de fome para examinar a influência que essas graves condições ambientais exerceram nas pessoas que habitavam o local.

Usando os meticulosos registros suecos, Bygren traçou uma amostra aleatória de 99 pessoas que viviam na pequena cidade de Overkalix em 1905. Quando ele examinou meninos que tinham ido da inanição durante um determinado inverno para a glutonaria no seguinte, ele descobriu que eles tiveram filhos, e até mesmo netos, cujo tempo de vida foi muito menor do que a norma. Quando todos os outros fatores que sabidamente afetam a longevidade foram levados em consideração, a diferença foi, incrivelmente, de 32 anos. Essas informações revelaram um fato assombroso. Viver dois invernos sucessivos de colapso e abundância na infância desencadeava uma cadeia de eventos biológicos que reverberava ao longo das gerações, de modo que os netos da pessoa morriam anos antes dos seus contemporâneos.

Essas descobertas contrariam frontalmente as ideias tradicionais da evolução darwiniana que dizem que os genes mudam muito lentamente ao longo de muitas gerações. Bygren confirmou esses rápidos efeitos da herança epigenética em uma população contemporânea para a qual registros biológicos muito mais detalhados estavam disponíveis.

O Estudo Longitudinal de Pais e Filhos Avon [Avon Longitudinal Study of Parents and Children, ALSPAC] é dirigido por Jean Golding, epidemiologista da Universidade de Bristol. O estudo foi concebido para mostrar como o genótipo de uma pessoa se combina com condições ambientais e afeta a saúde e o bem-estar. O estudo recrutou 14.024 mulheres grávidas na área de Bristol em 1991 e 1992, o que representava 70% das mulheres que estavam grávidas na região na época, e acompanhou esses pais e seus filhos a partir de então. Bygren e Golding, trabalhando com Marcus Pembrey, geneticista do Colégio Universitário de Londres, descobriram que 166 dos pais disseram que tinham começado a fumar cigarros antes dos 12 anos de idade, exatamente quando estavam entrando na puberdade, uma época em que o seu corpo estava pronto para mudanças epigenéticas. Ao examinar os filhos desses 166 pais, eles constataram que os filhos, mas não as filhas, tinham índices de massa corporal significativamente mais elevados (IMCs) do que os de outros meninos por volta dos 9 anos de idade. Isso os coloca em maior risco de obesidade e diabetes, e é bastante provável que esses meninos venham a ter um tempo de vida menor, como ocorreu com os filhos dos pais que tiveram dois invernos de inanição e de abundância em Overkalix.

Isso demonstra que tomar más decisões quando somos jovens afeta não apenas o nosso bem-estar como também o bem-estar dos nossos filhos. Eventos ambientais como a fome, ou se fumamos ou não, podem deixar uma marca nos nossos genes que podem então ser passados adiante para a geração seguinte. As coisas que vivenciamos, a nossa alimentação ou estilo de vida, podem controlar um conjunto de interruptores ou marcadores que ligam e desligam os genes de uma maneira poderosa.

Isso vai bem além do que sabemos a respeito do DNA, e adiciona uma dimensão inteiramente nova à genética. Levanta a perspectiva de que pessoas como Michael J. Fox não têm um gene do otimismo propriamente dito, mas vivenciam eventos na vida que deflagram uma cadeia de efeitos epigenéticos que, por meio de influências sutis em circuitos vitais do cérebro, no final consolidam uma visão de mundo particular.

Seria realmente possível que um bom começo na vida possa conduzir a uma sucessão de mudanças epigenéticas que nos inclinem na direção do otimismo? Existem evidências bastante claras de que não apenas traços físicos, como a cor dos olhos, mas também processos psicológicos, como a memória, podem ser afetados pela epigenética.

Renato Paro é chefe do departamento de Biossistemas, Ciência e Engenharia do Instituto de Tecnologia Federal Suíço em Zurique. O seu grupo de laboratório descobriu que aumentando simplesmente a temperatura do fluido em volta de embriões de moscas-das-frutas de 25 graus Celsius para 37 graus Celsius durante um breve período, as moscas que estão geneticamente programadas para ter olhos brancos saem do ovo mais tarde com olhos vermelhos. A descoberta mais extraordinária se tornou visível várias gerações mais à frente. Quando os cientistas cruzaram essas moscas de olhos vermelhos com as moscas mais típicas de olhos brancos, eles continuaram a encontrar moscas de olhos vermelhos até seis gerações depois. Lembre-se de que as sequências de DNA entre as moscas de olhos brancos e de olhos vermelhos eram idênticas — não tinham mudado — mas um leve aumento na temperatura enquanto elas eram embriões tinha causado uma mudança biológica que foi sentida geração após geração.

Descobertas como essa estão induzindo uma reconsideração fundamental de como funciona a biologia molecular. A herança epigenética não está restrita às moscas-das-frutas: ela afeta as plantas, os animais, os fungos e até mesmo os seres humanos. A alimentação rica em gorduras da minha bisavó poderia realmente me empurrar em direção à obesidade? A resposta, ao que parece, é um enfático sim.

Em uma pesquisa realizada por Tracy Bale, neurocientista da Universidade da Pensilvânia, fêmeas de camundongo grávidas receberam uma dieta muito rica em gorduras, e, o que não causou surpresa, os membros da sua prole nasceram mais longos e pesados do que a média e também menos sensíveis à insulina, dois conhecidos fatores de risco para a obesidade e o diabetes. Mesmo sem nenhuma exposição adicional a uma dieta rica em gorduras, esses jovens camundongos produziram uma prole cujos membros também eram maiores e menos sensíveis à insulina. Até mesmo duas gerações depois, esses camundongos ainda eram maiores e comiam mais do que o camundongo médio. Como Bale comentou em uma conferência da Sociedade para Neurociência em 2008. "Você não é apenas o que você come, mas o que a sua avó comia."

Processos psicológicos, como a memória, também são afetados por mudanças epigenéticas. Larry Feig, bioquímico da Universidade Tufts, expôs camundongos que tinham problemas de memória geneticamente induzidos a um rico ambiente repleto de brinquedos, exercícios e atenção adicional. Não foi de causar surpresa que esses camundongos tenham apresentado grandes melhoras na memória bem como mudanças em um processo cerebral chamado *potenciação a longo prazo* (PLP), que é fundamental para a formação de novas memórias. Essas mudanças também ocorreram na sua prole, mesmo quando os filhotes não foram tratados de uma maneira diferente.

Essas descobertas solucionam muitos mistérios que a genética tradicional tem dificuldade em explicar. Por que um dos membros de um par de gêmeos idênticos pode desenvolver um grave distúrbio de ansiedade enquanto o outro permanece bem disposto. Ou por que mudanças graves na alimentação de uma pequena cidade sueca puderam causar mudanças radicais na longevidade. Os geneticistas estão descobrindo cada vez mais coisas a respeito desses efeitos epigenéticos e de como eles influenciam os processos biológicos e psicológicos. Então, como isso funciona?

Como explicam Frances Champagne e Rahia Mashoodh da Univerdade Columbia em Nova York, podemos pensar no nosso DNA como livros em uma biblioteca, distribuídos nas prateleiras em uma sequência precisa e organizada. Esses livros, assim como as sequências de DNA, contêm uma abundância de informações e inspiração para qualquer pessoa que decida lê-los. Se não forem lidos, eles não exercem nenhum efeito nas pessoas à sua volta. Da mesma maneira, o DNA está situado nas nossas células esperando para ser lido por uma enzima chamada polimerase RNA, que conduz à produção do mensageiro de RNA em um processo crucial chamado "transcrição". O mensageiro de RNA é uma cópia precisa da sequência de DNA que pode ser convertida em uma proteína; essa transcrição é a expressão essencial de um gene, que pode então ter consequências ilimitadas.

Sem o processo ativo que conduz à expressão do gene, esse potencial poderá nunca se realizar. Assim como um livro situado em uma prateleira alta recebendo poeira, ele está presente mas não causa nenhum efeito. É somente quando um gene se expressa ativamente que a sua influência pode ser sentida.

A região promotora do gene lembra o catálogo da biblioteca. Se ele for aberto, todos os livros poderão ser lidos e reordenados com facilidade; se o catálogo permanecer fechado, os livros continuam sem ser examinados. Um processo chamado *metilação do DNA* mantém os genes reclusos. Esses grupos químicos de metila que espreitam perto da região promotora de um gene efetivamente silenciam o gene, bloqueando-o. Como podemos ver na Figura 4.5, se o RNA puder ler com facilidade as regiões promotoras de um gene, isso conduz à transcrição, e o gene então adquire vida. Se as substâncias químicas do grupo metila bloquearem a região promotora, o RNA não conseguirá ver o gene, e este não se expressará.

É o ambiente em volta do DNA que influencia se um gene vai ser lido ou não, e é claro que é o ambiente em torno da pessoa que influencia o ambiente

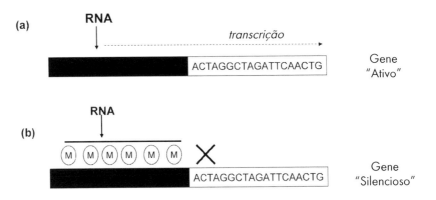

FIGURA 4.5 Ilustração do controle epigenético da expressão do gene. Como é mostrado no painel superior (A), os genes consistem de uma sequência de DNA que consistem de bases C, T, A e G, precedida por uma região promotora de DNA (a barra preta). Para que a transcrição ocorra, o RNA precisa se unir à região promotora, possibilitando que o gene se torne ativo. Como é mostrado no painel inferior (B), quando um grupo químico metila (ilustrado como círculos rotulados de M) se liga à região promotora, o RNA é bloqueado, e o gene fica "silencioso". O código genético ainda está presente; ele apenas não pode ser lido.

134

ao redor do DNA. É por isso que os genes raramente têm um efeito direto sobre comportamentos complexos. A jornada de um gene único para uma mudança na neurotransmissão, para um ajuste fino dos circuitos neurais, para a expressão de uma disposição alegre é um trajeto longo e complexo afetado por muitos fatores, entre eles outros genes, eventos da vida e fatores epigenéticos. A epigenética está começando a descobrir como as interações entre os genes e o ambiente se desenvolvem com o tempo. Em outras palavras, não é tanto os genes com que você nasce que contam, e sim quais desses genes acabam se expressando e quais permanecem silenciosos. O seu bebê pode nascer com um determinado conjunto de genes, mas o que acontece em seguida pode influenciar que genes particulares se expressam e que genes não se expressam.

As mudanças epigenéticas podem realmente nos tornar mais ou menos otimistas? As evidências sugerem que este é o caso. Estudos com ratos demonstraram que variações nos cuidados maternos podem causar um profundo efeito no cérebro e na maneira como este reage ao estresse. Uma mãe rata amorosa passa horas lambendo e tocando amorosamente os seus filhotes, rapidamente apanhando-os quando eles caem do ninho. Uma mãe mais fria passa muito menos tempo lambendo e fazendo carinho. Quando a expressão dos genes é analisada nos filhotes que experimentaram esses diferentes tipos de cuidados maternos, são encontradas diferenças surpreendentes nos conjuntos de genes expressados.

Uma série fascinante de estudos realizados por Ian Weaver e seus colegas no Programa para o Estudo do Comportamento, dos Genes e do Ambiente da Universidade McGill, em Montreal, no Canadá, revelou que os cuidados maternos amorosos ou frios podem fazer uma enorme diferença na expressão dos genes que estão relacionados com a maneira como nos relacionamos com o estresse. Nas profundezas do hipocampo, uma área do cérebro que é importante para o aprendizado e a memória, encontramos grandes quantidades do que são chamados *receptores de glicocorticoides* (RG). Um pouco como os interruptores de estresse, eles podem ligar e desligar a reação ao estresse. Receptores RG mais baixos do que o normal resultam em uma reação estendida ao estresse. Em vez de superarmos as coisas rapidamente, temos a tendência de ficar pensando nos problemas.

Se tivermos muitos receptores RG no nosso hipocampo, parece que podemos lidar muito mais facilmente com o estresse. Weaver examinou a área do hipocampo de ratos jovens e descobriu que cuidados maternos insatisfatórios resultavam em níveis elevados de metilação do DNA na área promotora do gene RG. Este é um processo vital que silencia um gene. As implicações são profundas. Um clássico efeito ambiental — o cuidado materno — causou um forte efeito na maneira como os jovens ratos lidavam com o estresse. O que parece um simples efeito de cuidados na verdade são os cuidados fazendo a sua mágica ao mudar a expressão dos genes.

Quase todas as pesquisas epigenéticas foram conduzidas com roedores, mas como indicaram as informações do sueco Bygren, está claro que os mesmos mecanismos são verdadeiros no caso dos seres humanos. Tim Oberlander, do departamento de pediatria da Universidade da Colúmbia Britânica no Canadá, extraiu cuidadosamente células do sangue do cordão fetal de mulheres grávidas. Algumas dessas mulheres estavam sofrendo de depressão, e outras não estavam. As células fetais foram meticulosamente examinadas para verificar os reveladores sinais da metilação do DNA — o processo que desliga os genes. Como era de se esperar, a depressão e a ansiedade maternas durante o terceiro trimestre resultaram em níveis aumentados de metilação do DNA. Essa metilação aumentada da região promotora do gene RG é o processo crucial que silencia os genes no hipocampo, tornando essas crianças mais vulneráveis ao estresse.

Quando, três meses depois, os cientistas fizeram o acompanhamento com os bebês das mulheres que tinham experimentado depressão pré-natal, eles constataram que esses bebês eram, de fato, mais estressados do que os bebês das mães menos deprimidas. Mesmo quando as interações reduzidas entre a mãe e o bebê, que são típicas no caso da depressão materna, foram levadas em conta, o vínculo entre a metilação do DNA e a reação ao estresse ainda estava presente. O que acontece conosco em uma tenra idade pode ter efeitos duradouros. Essas influências são os efeitos do ambiente, sem dúvida, mas elas são os efeitos do ambiente trabalhando *por intermédio dos nossos genes.*

Ironicamente, os cientistas já têm conhecimento dos efeitos epigenéticos há um longo tempo. As células no fígado e no cérebro contêm o mesmo DNA mas executam funções muito diferentes. Foi apenas recentemente que a importância dessa maleabilidade foi percebida. E as possibilidades das mudanças epigenéticas revelam um admirável mundo novo, no qual as nossas escolhas na vida não apenas têm profundos efeitos sobre quais de nossos genes sussurram ou gritam como também influenciam a expressão genética dos nossos filhos e dos filhos dos nossos filhos.

CAPÍTULO 5

A mente maleável

~~~

A extraordinária plasticidade do cérebro humano

O cérebro humano tem uma surpreendente capacidade de mudar. Durante muitos anos, os neurocientistas acreditaram que depois de uma certa idade — possivelmente em uma idade tenra como a de 7 anos — o nosso cérebro se tornava inflexível e apegado aos seus hábitos. No entanto, o campo florescente da neuroplasticidade derrubou completamente essa ideia e nos mostrou que até mesmo os cérebros velhos são muito mais flexíveis do que imaginávamos. Essa não é uma mudança superficial no nível de pensamentos efêmeros. Mais exatamente, é uma mudança genuína na estrutura física. Os neurônios, e as conexões dos neurônios, reagem às coisas que fazemos e até mesmo às coisas que pensamos, resultando em mudanças autênticas na maneira como os circuitos do cérebro operam. Os circuitos que formam a base do medo e do prazer — o cérebro cinzento e o cérebro ensolarado — são especialmente maleáveis. Isso significa que as nossas experiências pessoais como o medo e o prazer nos propiciam um cérebro exclusivo com os nossos conjuntos altamente individualizados de circuitos e conexões. Cada um de nós reage ao medo e ao prazer de uma maneira feita sob medida, e essa diferença fundamental em como a nossa mente afetiva reage molda a nossa interpretação do mundo que nos cerca. Hoje sabemos que se mudarmos a nossa cognição, também podemos remodelar o nosso cérebro.

Há mais de 25 mil ruas em Londres, dispostas em um complexo labirinto de entroncamentos e desvios que se desenvolveram ao longo dos anos. Não existe uma simetria fácil como a que você encontra em Nova York, com os seus padrões de ruas e avenidas horizontais e verticais, fáceis de percorrer. No entanto, se você entrar em um Black Cab [Táxi Preto] — os icônicos táxis londrinos — em qualquer lugar da cidade, o motorista o levará aonde você quer ir seguindo o trajeto mais curto possível. Essa façanha de navegação espacial não acontece com facilidade. Somente aqueles que passaram no The Knowledge [O Conhecimento], um teste da capacidade de memorizar e navegar espacialmente cada uma dessas 25 mil ruas, recebem uma licença para dirigir um Black Cab. The Knowledge é tão difícil que apenas metade daqueles que fazem o teste consegue passar.

Em 2000, a professora Eleanor Maguire, neurocientista cognitiva do Colégio Universitário de Londres, testou 16 motoristas de Black Cab em uma máquina de fMRI. Ela descobriu que a parte de trás do hipocampo deles era substancialmente maior do que a de outras pessoas. Essa é a parte do cérebro que está associada à navegação espacial nos pássaros e nos animais bem como nos seres humanos. O que é ainda mais extraordinário é que Maguire descobriu que o tamanho do hipocampo se tornava correspondentemente maior quanto mais tempo o motorista de táxi passava nessa ocupação.

Acompanhando essa pesquisa, Maguire examinou o progresso de motoristas de táxi estagiários quando eles estavam no processo de aprender o The Knowledge. Uma vez mais, usando o fMRI, ela examinou o cérebro dos motoristas quando eles começaram o curso e depois, uma vez mais, quando eles estavam quase terminando o curso. Maguire e a sua equipe descobriram que os motoristas que exibiram a maior alteração no hipocampo eram os que tinham mais probabilidade de passar no teste. Esta é uma forte evidência de que a nossa experiência exclusiva realmente conduz a profundas mudanças na estrutura física do cérebro.

Uma confirmação ainda mais intensa é proveniente de estudos realizados com músicos profissionais. A execução da música é uma coisa complexa. Com a necessidade de produzir centenas de notas por minuto, ela é uma das mais impressionantes realizações humanas. Estudos usando imagens por ressonância magnética de alta resolução nos mostram que o cérebro dos músicos e dos que não são músicos diferem de maneiras significativas. Várias áreas do cérebro que estão envolvidas em ouvir sons complexos ou em produzir movimentos motores detalhados são muito maiores nos músicos do que nos que não são músicos. Você poderia achar que essa é uma condição pré-existente, ou seja, que os músicos são músicos precisamente porque nascem com um cérebro que lhes confere um talento para a música. Este não é o caso. As pesquisas mostram que o tamanho dessas regiões do cérebro estão correlacionadas com a quantidade de prática empreendida: quanto mais as pessoas praticam, maiores são essas áreas do cérebro.

O lado desagradável dessa plasticidade no cérebro dos músicos é um problema conhecido como *distonia focal*. Ele ocorre quando um músico que toca um instrumento de cordas pode perder a capacidade de mexer um dedo independentemente de outro. O distúrbio se desenvolve por causa da maneira como diferentes partes do corpo são representadas ao longo de uma tira fina do cérebro chamada *córtex somatossensorial*. Nessa camada, há um mapa topográfico de todas as partes do corpo, com os lábios, braços, mãos, dedos, etc., tendo uma pequena quantidade de tecido cortical exclusivo separado para garantir que estejam funcionando eficientemente. Normalmente, cada dedo da mão tem a sua própria pequena região nesse espaço cortical, com cada região claramente separada da seguinte. No entanto, quando dois dedos são constantemente usados juntos, como quando a pessoa toca a guitarra, os mapas corticais crescem gradualmente e ficam maiores, podendo se unir. O córtex somatossensorial começa a "ver" os dois dedos como uma única unidade, de modo que os representa em um único mapa cortical. Isso deixa o guitarrista incapaz de manipular cada dedo separadamente.

Com a descoberta da neuroplasticidade, podemos perceber que o cérebro humano é capaz de ter bem mais flexibilidade do que se imaginava anteriormente. O nosso cérebro nunca para de reagir a coisas novas, continuando a aprender e mudar desde o momento em que nascemos até o dia em que morremos. As complexas redes de neurônios e trajetos de fibras nervosas dentro da nossa cabeça constantemente reagem, se adaptam e se reorganizam, e essa flexibilidade nos apresenta fantásticas oportunidades de mudar a nossa perspectiva.

No entanto, a neuroplasticidade é uma faca de dois gumes, já que, se não desafiarmos o nosso cérebro com coisas novas, as convicções e maneiras de fazer as coisas se tornam arraigadas e difíceis de mudar. Se não usarmos partes do nosso cérebro, essas áreas do cérebro serão gradualmente arrebatadas por outras funções. Mas se fizermos um esforço, até mesmo circuitos profundamente entranhados têm o potencial de mudar.

Vários estudos hoje confirmam a verdade fundamental da crença popular sobre a audição superior dos cegos. O escaneamento do cérebro de pessoas cegas revela que a área do córtex bem na parte de trás do cérebro, a parte que normalmente reage somente a informações visuais (o córtex visual), também reage ao estímulo auditivo. Conjuntos de neurônios que normalmente entram em ação quando *vemos* alguma coisa agora disparam quando os cegos *ouvem* alguma coisa. A "propriedade imobiliária"* cortical, como é às vezes chamada, não permanece inativa na ausência de sinais vindos do mundo exterior; em vez disso, outros sinais e atividades se beneficiam dos recursos excedentes. No caso de uma pessoa cega, o que era antes reservado para a visão está agora dominado pela audição.

Alexander Stevens e seus colegas na Universidade de Saúde e Ciência, em Portland, Oregon, deu a pessoas cegas dicas para prestar atenção a sons fracos enquanto estavam em um tomógrafo. Ele descobriu que quando o alerta era dado, o sangue corria para a parte de trás do cérebro, a área normalmente reservada à visão. Ouvir música ou uma conversa não apenas estimulava o córtex auditivo como também ativava as células cerebrais que anteriormente só disparavam diante de sinais visuais. Por conseguinte, os sons criam um duplo feitiço no cérebro dos cegos.

O oposto também é verdade. A neurocientista Helen Neville, também da Universidade do Oregon, se perguntou se as pessoas surdas poderiam desenvolver uma visão melhor. A capacidade de detectar coisas na periferia melhoraria a fim de compensar a incapacidade de detectar sons vindos da esquerda ou da direita? Neville emitiu luzes intermitentes na visão periférica de pessoas que eram surdas desde o início da infância, bem como na de pessoas com uma audição típica. Quando ela mediu a reação de diferentes partes do córtex a esses lampejos, partes do córtex auditivo — as áreas normalmente reservadas para o

---

* Tradução literal da expressão em inglês "cortical real estate". A expressão é usada no sentido de que devemos usar a terra para não perdê-la. (N.Trads.)

processamento de sons – estavam agora reagindo ao estímulo visual. A visão na periferia estava de fato aprimorada nessas pessoas surdas. A conclusão irresistível é que os neurônios em partes do cérebro que não são mais necessárias são recrutados para executar outras tarefas no caso das pessoas que perderam um sentido importante.

Ironicamente, William James, o fundador da psicologia experimental nos Estados Unidos, antecipou-se à ideia contemporânea da plasticidade do cérebro nos idos de 1890, quando escreveu que o cérebro é "dotado de um extraordinário grau de plasticidade". No entanto, como ele não tinha provas concretas para respaldar a sua afirmação, esta se perdeu na névoa do tempo. Ou seja, se perdeu até que dois neurocientistas britânicos realizaram alguns experimentos pioneiros que forneceram uma pista inicial de que a maneira como o nosso cérebro está condicionado pode ser tão única quanto as nossas impressões digitais. Thomas Graham Brown e Charles Scott Sherrington decidiram verificar em 1912 se partes do córtex que lidam com o movimento poderiam ser relativamente rígidas ou se essas áreas corticais poderiam ser moldadas pelas experiências particulares de uma pessoa. Seria possível, perguntaram-se eles, que a maneira como fazemos as coisas modifique a maneira como o nosso cérebro funciona?

Imagine que um macaco preferisse pegar as coisas com o polegar e o indicador, enquanto outro macaco preferisse usar o polegar e o dedo médio. Será que áreas ligeiramente diferentes do córtex motor assumiriam o controle do movimento da mão? Brown e Sherrington usaram eletrodos para estimular diferentes áreas do córtex motor em um grupo de macacos do seu laboratório e registraram que músculo se crispava depois de cada estimulação. Se a área do córtex motor que lidava com a mão fosse inalterável, a mesma área deveria mover a mão em todos os macacos. No entanto, se a experiência particular do indivíduo tivesse modificado a maneira como o cérebro era condicionado, então uma área ligeiramente diferente do córtex de cada macaco seria responsável pela mão. De fato, eles descobriram que a área do córtex motor dedicada ao movimento era exclusiva em cada macaco. Ali estava uma pista vital de que a organização do cérebro era um reflexo da história e experiência únicas de cada animal.

Poucos anos depois, em 1916, o psicólogo americano Shepherd Ivory Franz descobriu uma coisa semelhante. Com base nos seus estudos com macacos, ele compreendeu que funções particulares *não* estavam localizadas em áreas específicas do córtex como todo mundo pensava. Mas ninguém deu atenção a ele. A comunidade científica da época simplesmente não estava pronta para essa mensagem. Havia também uma preocupação científica genuína de que os macacos tivessem simplesmente nascidos daquela maneira, o que limitou o entusiasmo por essas descobertas. Talvez o código genético de cada macaco tivesse produzido um córtex motor ligeiramente diferente, o qual permanecia então inalterado pelo restante da vida daquele macaco. (Lembre-se de que isso aconteceu bem antes das descobertas da epigenética dos dias atuais.) Se esse fosse o caso, então os resultados não diriam nada a respeito da plasticidade do cérebro.

Sete anos depois, sugiram evidências que demonstraram, sem sombra de dúvida, que cada um de nós pode desenvolver circuitos cerebrais exclusivos com base nas nossas experiências de vida. Karl Lashley, um dos psicólogos mais influentes entre os primeiros psicólogos americanos, trabalhara com Franz nos seus primeiros estudos no Government Hospital for the Insane em Washington, DC. Ele é mais conhecido pela sua obsessão por encontrar o *engrama*, ou traço físico de memória no cérebro. Convencido de que as memórias precisavam ser depositadas em áreas específicas do cérebro, ele passou anos tentando encontrar esse lugar. Ele nunca encontrou, e esse fracasso o levou a pensar na possibilidade de que, afinal de contas, as memórias, e quem sabe outras funções, talvez não estivessem localizadas em partes específicas do cérebro.

Em uma importante série de estudos, ele estimulou o cérebro do mesmo macaco em várias ocasiões ao longo de um período de vários meses. Ele descobriu que os mesmos músculos eram movidos por diferentes partes do córtex motor, em diferentes ocasiões, no mesmo macaco. Esses resultados se harmonizaram belamente com as descobertas de Brown e Sherrington, bem como com o trabalho de Franz, que tinham mostrado que diferentes áreas do córtex se desenvolviam em diferentes macacos. Mas eles foram muito mais importantes, já que derrubaram a possibilidade de que diferentes macacos tivessem nascido com córtices diferentes.

Ao mostrar que áreas do córtex motor mudavam com o tempo no mesmo indivíduo, Lashley havia demonstrado que os processos cerebrais não eram inalteráveis. Na realidade, eles eram altamente maleáveis e fluidos. Em um presságio do que iria acontecer anos depois, ele desenvolveu o princípio da "ação de massa", no qual argumentou que o córtex age como um todo, e que se uma parte é danificada, outra parte assumirá o controle da porção danificada. Isso é exatamente o que hoje sabemos que ocorre no cérebro das pessoas surdas e das cegas.

Uma estrutura conceitual para as ideias de Lashley só surgiu anos depois, quando o psicólogo canadense Donald Hebb publicou o seu livro clássico, *The Organization of Behavior*, em 1949. Hebb estava interessado em como o aprendizado e a memória ocorrem e compreendeu que alguma mudança estrutural tinha que acontecer entre os neurônios para que o aprendizado ocorresse. Quando aprendemos uma nova habilidade, como andar de bicicleta, alguma mudança precisa ocorrer no nosso cérebro. Ele achava que se um grupo de neurônios fosse repetidamente estimulado ao mesmo tempo, um circuito ativo, ou o que ele chamava de "agrupamento de células" poderia se desenvolver. Se esse circuito for estimulado repetidamente, com o tempo ele deverá se tornar mais forte e estável. Imagine uma criança pressionando uma tecla particular no piano e ouvindo uma nota específica. Quanto mais a ação de pressionar aquela nota particular e ouvir aquele som particular se unirem, mais forte se tornará a rede de neurônios envolvida na audição do som e na iniciação da ação. Quando um neurônio dispara, outros neurônios associados a esse neurônio também têm uma maior probabilidade de disparar, como comentaristas posteriores disseram, "Células que disparam juntas permanecem juntas".

Na prática, Hebb estava propondo que a eficiência de uma conexão sináptica aumentaria e se tornaria mais eficaz quanto maior a frequência com que ela fosse usada. O inverso também era verdade: se os circuitos não fossem usados regularmente, eles gradualmente desapareceriam. Isso parece óbvio para nós agora, mas foi uma ideia revolucionária na época e essencialmente estabeleceu a base da ciência contemporânea da neuroplasticidade. De uma maneira um tanto surpreendente, mesmo com todas essas crescentes evidências, ainda foram necessários mais de trinta anos para que a plasticidade do cérebro se tornasse amplamente aceita na psicologia e na neurociência.

Quando eu estava estudando neurociência na década de 1980, a ideia corrente era que os circuitos do cérebro só eram maleáveis em uma tenra idade. Se um dano cerebral ocorresse depois da idade de mais ou menos 7 anos, havia pouca esperança de recuperar a função. Nós aprendíamos a maravilhosa plasticidade do cérebro jovem como é mostrado nos famosos experimentos de Hubel e Wiesel, que foram publicados na década de 1960. Torsten Wiesel fora um cientista médico sueco que trabalhara no Instituto Karolinska antes de se mudar, em 1958, para um grande laboratório de neurofisiologia na Universidade Harvard, onde começou a trabalhar com David Hubel de Ontário, no Canadá. Foi lá que eles começaram a série de estudos que iria culminar com a obtenção deles do Prêmio Nobel em 1981. Eles costuraram cuidadosamente as pálpebras de um dos olhos de vários gatinhos quando estes tinham mais ou menos de três a cinco semanas de idade, privando esse olho de qualquer estimulação visual. O olho foi reaberto quando os gatos estavam com seis meses de idade. Eles descobriram que a atividade no córtex visual geralmente dedicada ao olho fechado tinha sido suprimida, deixando o gatinho completamente cego daquele olho. Embora os gatinhos tivessem nascido com o olho funcionando perfeitamente e o córtex visual também funcionando perfeitamente, parecia que, mesmo assim, eles tinham que "aprender a enxergar".

Esses resultados foram uma prova clara de que se uma área do córtex não era usada, ela logo perdia a sua capacidade de funcionar. Essa descoberta de um período crítico para o desenvolvimento visual revolucionou a medicina e fez com que os médicos compreendessem a importância de intervir nos casos de uma catarata precoce ou outros problemas visuais nas crianças. A importante descoberta que emergiu desses experimentos para os nossos fins foi o fato menos conhecido de que a parte do córtex responsável pelo olho costurado não permaneceu inativa. Em vez disso, ela começara a processar sinais vindos do olho aberto. Em uma clássica demonstração de neuroplasticidade, o cérebro desses gatinhos tinha se reprogramado para que nenhum espaço cortical permanecesse inativo. A quantidade de córtex dedicada ao olho aberto era muito maior do que o normal.

Esses experimentos revelaram duas coisas importantes a respeito do funcionamento do cérebro. Em primeiro lugar, existe um período crítico no desenvolvimento no qual a estimulação sensorial é necessária para que os sistemas sensoriais se desenvolvam normalmente. Segundo, o cérebro é altamente flexível e plástico durante esse período crítico. Durante muitos anos, os neurologistas partiram do princípio que se ocorresse um dano cerebral durante esse período vital, as chances de recuperação seriam razoavelmente boas, mas uma vez que o cérebro tivesse se reprogramado no final desse período crítico, a mudança era impossível. Ironicamente, os próprios Hubel e Wiesel estavam na vanguarda dessa ideia de que a plasticidade na idade adulta, ou até mesmo no final da infância, era praticamente impossível.

Hoje sabemos que essa suposição está errada. Em uma série de estudos muito discutidos realizados na Universidade de Helsinki, a neurocientista e psicóloga Teija Kujala demonstrou que importantes mudanças ocorrem no córtex visual, até mesmo em cérebros maduros, em reação aos sons. Os estudos conduzidos por Helen Neville e Alexander Stevens tinham mostrado que a reorganização transmodal de fato ocorre no córtex. Quando pessoas cegas ouvem alguma coisa, partes do córtex visual reage; quando pessoas surdas olham para alguma coisa, áreas do seu córtex auditivo entram em ação. No entanto, todas as pessoas testadas nesses estudos eram cegas ou surdas desde uma tenra idade, de modo que a plasticidade pode ter ocorrido durante o período crítico. O que Kujala e a sua equipe na Unidade de Pesquisa Cognitiva do Cérebro em Helsinki se propuseram fazer foi descobrir se a mesma coisa aconteceria nas pessoas que perderam um dos sentidos bem depois do período crítico.

Quando eles pediram a pessoas que tinham ficado cegas na idade adulta para distinguir entre sons, eles descobriram uma forte atividade no córtex visual – áreas do cérebro dedicadas à visão estavam agora reagindo aos sons. Isso significava que as pessoas que ficaram cegas até mesmo no final da idade adulta desenvolveram uma audição mais aguçada. As partes do seu cérebro que normalmente lidavam com a visão estavam agora mais livres para "dar uma mão" à audição. Este trabalho ainda é polêmico, e muitos cientistas ainda não estão convencidos de que isso seja realmente possível.

Conversei sobre esse trabalho com o neurologista de Harvard, Alvaro Pascual-Leone, que é um dos mais destacados cientistas do mundo na área da neuroplasticidade. Eu o convidei para vir à Inglaterra inaugurar o nosso novo Centro da Ciência do Cérebro na Universidade de Essex em 2009. Alvaro é um cientista vivo e jovial que fica animado quando fala sobre a pesquisa do cérebro, a plasticidade neural, e a comida e o vinho espanhóis. Ele nasceu em Valença, na Espanha, e estudou medicina e neurofisiologia na Alemanha antes de se mudar para a Universidade de Minnesota para fazer um treinamento em neurologia. O seu programa de trabalho inovador tem apresentado algumas das evidências mais fortes que nós temos de que o tipo de plasticidade neural frequentemente observado nos macacos também pode ocorrer no cérebro humano.

Depois de uma brilhante palestra para uma extasiada audiência, demos uma recepção no nosso centro. "O que você tem a dizer sobre essa afirmação de que a neuroplasticidade pode ocorrer até mesmo na idade adulta?", perguntei a ele.

Não apenas Alvaro disse que achava que as constatações de Kujala eram confiáveis, como também argumentou que o córtex visual pode ser ativado em reação a informações táteis em pessoas que ficaram com os olhos vendados durante apenas uma semana. Ele me falou a respeito de um experimento que eles tinham realizado no Beth Israel Deaconess Medical Center em Boston. Um pequeno grupo de voluntários foi convencido a usar uma venda nos olhos – *o tempo todo* – desde segunda-feira de manhã até bem tarde na noite de sexta-feira. Durante esse período, essas pessoas participaram de vários experimentos, como aprender Braille e executar outras tarefas cognitivas, e também comeram, beberam, dormiram e tentaram viver o mais normalmente possível.

Antes do início do estudo, o córtex visual desses voluntários não reagia quando eles pensavam a respeito de um poema, tocavam em alguma coisa ou ouviam música, o que é exatamente o que esperaríamos que acontecesse. Uma semana depois, a história foi diferente. Agora, quando eles tentavam distinguir entre dois sons, ou quando tocavam em alguma coisa, o córtex visual entrava em ação. Apenas uma única semana de "cegueira" causou um impacto no condicionamento do cérebro desses voluntários. Até mesmo Alvaro ficou surpreso com os resultados.

"É pouco provável que essas novas conexões tenham realmente se formado em apenas uma semana", me disse ele. Era mais provável que conexões pouco usadas tivessem sido reavivadas e novamente mobilizadas. Esse trabalho ainda não foi publicado, e o próprio Alvaro diz que mais pesquisas precisam ser realizadas para examinar mais detalhadamente os mecanismos. Se confirmados, esses resultados são realmente extraordinários, indicando que mudanças na plasticidade cortical podem ocorrer com extrema rapidez.

As evidências da plasticidade neural, até mesmo em adultos, estão aumentando. Essa ciência levanta a possibilidade de que importantes novos tratamentos poderão ser desenvolvidos para uma gama de distúrbios cerebrais degenerativos, como a doença de Parkinson e a de Alzheimer. O meu palpite pessoal é que problemas de saúde mental, como a ansiedade e a depressão, também podem ser ajudados pelo poder da plasticidade.

Como se isso não fosse suficientemente radical, também foi descoberto que células cerebrais novas em folha podem ser produzidas mesmo na velhice. Uma coisa é modificar trajetos neurais arraigados, mas novas células cerebrais podem realmente ser produzidas? Enquanto os meus professores de neurociência na década de 1980 afirmavam claramente que o cérebro se tornava fixo depois que o período crítico terminava, eles eram ainda mais categóricos na afirmação de que as células do cérebro jamais poderiam ser regeneradas. "Uma vez que uma célula cerebral morre, ela não é substituída", era o que ouvíamos repetidamente. Tudo isso está agora sendo questionado, à medida que rápidos avanços na neurociência disponibilizam novas áreas de investigação polêmicas porém estimulantes. A *neurogênese* — o desenvolvimento de novos neurônios — seria possível?

De acordo com Fred Gage, que chefia um grande laboratório de neurociência no Salk Institute em La Jolla, na Califórnia, "não estamos limitados aos neurônios com os quais nascemos". Em vez disso, "até mesmo o cérebro adulto pode gerar novas células cerebrais". Gage chegou a essas conclusões baseando-se em experimentos que realizou com jovens camundongos. Não há nada melhor para camundongos do que descobrir um mundo cheio de túneis, brinquedos e rodas giratórias nas quais eles possam correr com a frequência que desejarem. Já se sabia que camundongos criados nesses ambientes enriquecidos tinham córtices maiores, principalmente em decorrência de uma maior densidade de conexões sinápticas no cérebro. Exatamente como prediz a pesquisa da neuroplasticidade, o aprendizado e a diversão conduziram a um maior número de conexões no cérebro.

Gage dividiu então os camundongos em dois grupos: um destes viveu durante 45 dias no ambiente interessante e divertido, enquanto o outro passou 45 dias em jaulas confortáveis porém bastante sem graça. Os resultados foram surpreendentes: os camundongos colocados no ambiente enriquecido desenvolveram mais ou menos três vezes mais células no hipocampo do que aqueles que tinham permanecido no ambiente normal. Ainda não está completamente claro se essa neurogênese se deve ao aumento da atividade e da aptidão física, ou ao aumento da interação social, ou até mesmo à redução do estresse. Independentemente do motivo, a questão realmente intrigante é a seguinte: a mesma coisa poderia acontecer no cérebro humano, que é muito mais complexo?

Percebendo que essa era a grande questão, Fred Gage passou muito tempo pensando a respeito de como eles poderiam, de alguma maneira, encontrar a resposta. O grande avanço aconteceu em um dos intervalos para o café no laboratório, quando Gage estava batendo papo com um neurologista sueco, Peter Eriksson, que estava como visitante no Salk Institute durante um ano sabático. Ocorreu a Eriksson que os especialistas em câncer frequentemente injetavam no cérebro de pacientes gravemente enfermos uma substância destinada a iluminar quaisquer novas células malignas que estivessem sendo produzidas no cérebro deles. Mas essa substância não diferenciava se as novas células que estavam se destacando eram cancerosas ou não. Eriksson compreendeu que qualquer célula cerebral nova que se formasse seria iluminada em um verde fluorescente. O problema era que os especialistas em câncer só faziam biópsias das células cancerosas, de modo que a única maneira de verificar se novas células saudáveis também tinham sido produzidas seria examinando porções de tecido cerebral depois que o paciente morresse.

Foi o que Eriksson fez quando retornou à Universidade de Gothenburg na Suécia depois do seu ano sabático. No Hospital da Universidade Sahlgrenska, ele explicou o estudo para uma série de doentes terminais com câncer no cérebro, e alguns concordaram em doar o cérebro para a ciência depois que morressem. No total, cinco desses pacientes que haviam recebido o tratamento apropriado faleceram. O tecido cerebral desses pacientes, que estavam no final da casa dos 50 anos até mais de 70 anos, agora continha a resposta para a questão de se novos neurônios poderiam ser produzidos nos seres humanos.

Eriksson e a sua equipe removeram pequenas porções do tecido cerebral do hipocampo de cada uma dessas pessoas durante uma autópsia. Essas porções foram então enviadas de avião, através do Atlântico, para o laboratório de Gage na Califórnia. A tensão e a emoção no laboratório devem ter sido palpáveis quando o tecido cerebral foi colocado debaixo do microscópio pela primeira vez. Como era de se esperar, os sinais reveladores de células novas em folha reluzindo, verdes, debaixo do microscópio se tornaram visíveis enquanto cada lâmina ia sendo examinada. Como Gage declarou em uma pequena conferência em 2004: "Todos os cérebros tinham evidências de novas células exatamente na área onde tínhamos encontrado a neurogênese em outras espécies".

Embora algumas dessas pessoas tivessem mais de 70 anos – e estivessem morrendo de câncer – partes do seu cérebro ainda estavam ativamente produzindo novas células cerebrais. A mensagem é que o cérebro nunca para de mudar e reagir. Ao que parece, afinal de contas, podemos ensinar novos truques a cachorros velhos.

Embora grande parte do trabalho sobre a neuroplasticidade tenha se concentrado em habilidades cognitivas como o aprimoramento da memória e o intervalo de atenção, bem como em habilidades motoras, isso levanta a estimulante possibilidade de que os trajetos mentais subjacentes ao pessimismo e ao otimismo também possam ser modificados.

O funcionamento e as reações do nosso cérebro ensolarado e do nosso cérebro cinzento nos dizem que todos compartilhamos a tendência natural de buscar o prazer e evitar o perigo. Até mesmo a humilde minhoca avança em direção ao que é bom (quente) e se afasta do que é mau (frio). O que também sabemos é que cada um de nós está situado ao longo de um espectro de reatividade, com as pessoas diferindo acentuadamente na intensidade com que reagem tanto ao medo quanto ao divertimento. Algumas farão praticamente qualquer coisa por uma recompensa, alheias ao perigo, enquanto outras são altamente avessas ao risco. Essas diferenças estão situadas na raiz da nossa mentalidade afetiva e, em última análise, são elas que nos empurram para as diferentes jornadas e trajetórias que a nossa vida pode tomar. Se esses circuitos cerebrais afetivos também são maleáveis e abertos à mudança, temos a possibilidade de mudar profundamente a nossa perspectiva com relação à vida.

Existem várias pistas sutis, bem como evidências genuínas, de que os circuitos subjacentes ao cérebro ensolarado e ao cérebro cinzento estão de fato abertos à mudança. Está abundantemente claro que cada um de nós tem um cérebro exclusivo. Mesmo sendo uma cientista interessada nas diferenças individuais, fiquei surpresa com essa descoberta. Quando examinamos tomografias do cérebro, a primeira coisa que nos chama a atenção é o fato de alguns cérebros serem maiores do que outros, de todos terem formas ligeiramente diferentes e de nenhum deles se parecer com as imagens simétricas prístinas que vemos nas publicações científicas. Ao tirar uma média de várias tomografias do cérebro –

talvez imagens sobrepostas de vinte pessoas diferentes — a imagem típica que vemos nas publicações e livros científicos elimina com aerógrafo todos os detalhes desordenados da individualidade.

As tomografias do cérebro individuais contam uma história diferente. Além da forma e do tamanho global, o localização e o número de importantes receptores químicos diferem substancialmente de pessoa para pessoa, de cérebro para cérebro. Algumas pessoas têm uma preponderância maior de receptores de dopamina no cérebro do prazer, algumas têm uma amígdala que reage ao mais leve indício de perigo, e outras precisam de uma ameaça grave e iminente para que a sua amígdala seja estimulada.

Os circuitos do cérebro que regulam a nossa reação emocional se desenvolvem de uma maneira individualizada em cada um de nós. Todas as nossas alegrias, medos, pensamentos e sonhos se mesclam com o tempo para moldar a nossa mente afetiva, produzindo um conjunto único de circuitos cerebrais que nos tornam quem nós somos. Embora esses circuitos estejam situados aproximadamente no mesmo lugar em todos nós e envolvam as mesmas estruturas — o CPF, a amígdala, o NAcc — o grau em que eles reagem aos eventos, bons ou maus, varia substancialmente de pessoa para pessoa. São esses circuitos altamente reativos e flexíveis que formam as origens da nossa personalidade e da nossa perspectiva com relação à vida.

Os circuitos que compõem o nosso cérebro cinzento e o nosso cérebro ensolarado destacam o que é importante, sintonizando-nos com o cenário motivacional do nosso ambiente. A amígdala, trabalhando em conjunto com o *nucleus accumbens* — o nosso botão do pânico e o nosso botão do prazer — nos ajudam a descobrir o que é mau e o que é bom no nosso ambiente. Em um mundo em constante transformação, até mesmo o mais leve desequilíbrio, a mais minúscula mudança de foco na direção dos aspectos positivos ou negativos do cenário motivacional, pode inclinar um grande número de circuitos do cérebro, fortalecendo ou enfraquecendo conexões e circuitos dentro do nosso cérebro cinzento ou do nosso cérebro ensolarado. É a inclinação desses circuitos que está por trás do desenvolvimento da mentalidade do "copo meio vazio" ou do "copo meio cheio" que pode causar um impacto tão profundo na nossa vida.

Durante a nossa história evolucionária, o nosso córtex cresceu em um grau exponencial enquanto simultaneamente desenvolvia numerosas conexões com antigas regiões subcorticais do cérebro. À medida que o córtex aumentava de tamanho, desenvolveu-se um sem-número de conexões que ligaram o nosso córtex aumentado com as estruturas mais antigas que impulsionam as nossas emoções e reações diante do prazer e da ameaça. Isso significa que a amígdala e o NAcc não permaneceram inalterados desde que começaram a evoluir há milhões de anos; eles não são mais da "Idade da Pedra", como é frequentemente suposto. Conexões aumentadas e neurotransmissores caem das regiões corticais superiores para o cérebro de emergência e o cérebro que busca o prazer, possibilitando um certo grau de regulação dessas áreas. Isso significa que podemos aprender a regular o nosso medo e o nosso entusiasmo em uma medida bem maior do que os outros animais. Embora um gato considere praticamente impossível deixar de perseguir um camundongo, nós geralmente podemos reprimir os nossos impulsos primordiais quando o contexto o impõe.

Não obstante, os nossos circuitos do medo e do prazer são forças intensamente dominantes no nosso cérebro. O nosso cérebro cinzento, em particular, revela a sua plasticidade com a sua incomparável capacidade de inculcar o medo em um tempo incrivelmente rápido. As coisas assustadoras são aprendidas e recordadas com facilidade. A natureza poderia ter articulado um sistema no qual todos os perigos estivessem estruturados no nosso cérebro de modo que a reação fosse instantânea, sem a necessidade de uma análise detalhada. Esse sistema funciona bem para algumas criaturas, mas o inconveniente é que ele é altamente inflexível. Se o mundo muda, mesmo que levemente, você se vê em grandes apuros.

Em vez disso, o poder de aprendizado do nosso cérebro do medo, quando combinado com a flexibilidade fenomenal possibilitada pelo nosso grande córtex, confere a nós, humanos, uma verdadeira vantagem na adaptação a circunstâncias em transformação. Se o mundo muda, não levamos muito tempo para descobrir o que precisamos fazer para lidar com a situação. É por esse motivo que somos a única espécie na Terra que consegue viver praticamente em qualquer clima. A fusão de novas áreas corticais com antigos circuitos de medo — o nosso cérebro cinzento — contribui para um aprendizado super-rápido.

Mesmo com a significativa capacidade de aprendizado do cérebro, a evolução ainda tem um poderoso controle. Desse modo, o nosso cérebro está preparado para aprender algumas coisas mais do que outras; ele não é uma *tabula rasa* que aprende tudo igualmente. O sistema do medo marca as cartas a favor de antigos perigos. Essa predisposição desempenha um papel importante na configuração das nossas cognições e crenças a respeito do mundo. O nosso cérebro do prazer também tem um poderoso efeito na configuração das nossas cognições e comportamentos. No entanto, como o medo tem uma vantagem sobre o prazer, e como a ciência sabe muito mais a respeito dos circuitos do cérebro que formam a base do medo do que a respeito de qualquer outra emoção, vamos nos concentrar no sistema do medo para mostrar como a mente afetiva controla a nossa vida.

O medo coordena e configura um vasto leque dos nossos comportamentos. Entre estes estão o aprendizado social — o que aprendemos a temer ou não temer com mais facilidade — as nossas crenças a respeito do mundo, as nossas memórias do que aconteceu, os nossos preconceitos, e até mesmo a nossa saúde e bem-estar. Os psicólogos aprenderam enormemente a respeito de como os nossos medos podem ser aprendidos e desaprendidos, e grande parte desse conhecimento é oriundo de um procedimento experimental surpreendentemente simples. Conhecida como *condicionamento do medo*, essa tarefa nos mostra o quanto o aprendizado do medo pode ser sensível e flexível, e por que ele desempenha um papel tão dominante na configuração da nossa vida.

No famoso experimento do "Pequeno Albert", o psicólogo comportamental John B. Watson e a sua aluna de pós-graduação Rosalie Raynor expuseram um pequeno bebê, Albert, a uma série de objetos como um jornal em chamas, um macaco, um coelho e um rato. O pequeno Albert não demonstrou estar particularmente com medo de nenhum deles. Os psicólogos então começaram a fazer um barulho alto todas as vezes que o rato branco era mostrado, e isso claramente assustava Albert. Não demorou muito para que um medo profundo do rato fosse inculcado. Como escreveram Watson e Raynor: "No instante em que o rato era mostrado, o bebê começava a chorar".

Hoje em dia, os psicólogos relutam em assustar bebês, aterrorizando, em vez disso, ratos e camundongos de laboratório com o objetivo de entender a natureza do medo. A Figura 5.1 mostra o cenário típico no condicionamento do medo. Primeiro, um rato é habituado à câmara de teste, e nenhum sinal é apresentado. Uma vez que o rato fica relaxado e acostumado ao ambiente, uma coisa não assustadora, como um som específico, é apresentada. O animal geralmente não reage muito. Isso é chamado de "estímulo condicionado" (EC).

O estágio seguinte ocorre quando o EC é soado ao mesmo tempo que uma coisa que é naturalmente assustadora, como um leve choque nas patas. Um choque elétrico tipicamente provocará uma reação de paralisação, a clássica reação de medo nos ratos, e por essa razão é chamada de *estímulo incondicionado* (EI). Uma vez que o EC e o EI – o som e o choque – ocorrem juntos algumas vezes, o rato gradualmente se condiciona a ficar paralisado em resposta apenas ao som. Assim como o pequeno Albert desenvolveu o medo do rato branco, os ratos nesses estudos de condicionamento rapidamente desenvolvem o medo do próprio som – um medo condicionado.

Uma vez que um medo condicionado tenha se desenvolvido, ele não dura para sempre. Se o som for apresentado repetidamente sem nenhum choque elétrico, a reação de medo pouco a pouco diminui e desaparece. Em um processo conhecido como extinção, quanto mais o som ocorre sem o choque, mais provável é que o medo desapareça. Se isso não acontecesse, nós acabaríamos com muito mais medos do que precisamos.

Imagine que você seja picado por uma abelha que estava na sua toalha de banho e que você não tinha visto. Durante vários dias, é bem provável que você permaneça muito cauteloso com relação à toalha, examinando-a cuidadosamente para ver se não há nenhuma abelha escondida nela. Com o tempo, o seu medo da toalha vai diminuir e, finalmente, você começará a se secar imediatamente ao sair do chuveiro sem pensar duas vezes. Essa habilidade de desaprender os medos é uma característica essencial do nosso sistema de medo.

Curiosamente, as memórias de medo não parecem ser completamente esquecidas. Mais exatamente, a extinção propriamente dita é um processo ativo de aprendizado no qual a nova memória segura toma o lugar da antiga memória do medo. O psicólogo Mark Bouton da Universidade de Vermont condicionou ratos a um som em uma câmara e depois extinguiu as reações de medo deles em outra. Quando o som crítico foi apresentado novamente na câmara original, o medo voltou rapidamente. Embora ele tivesse sido extinto, com êxito, em outro lugar, o vínculo com o contexto original era tão forte que o medo foi facilmente restabelecido. A memória do medo não tinha sido apagada; em vez disso, ela fora encoberta por uma nova memória.

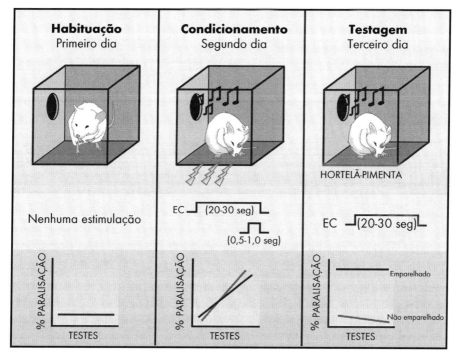

FIGURA 5.1 Ilustração de um procedimento de condicionamento de medo auditivo. Os ratos são habituados à câmara no primeiro dia (nenhuma estimulação). No segundo dia, o rato recebe um pequeno número de testes de treinamento (tipicamente 1-5) no qual um som EC é emparelhado com um choque na pata EI. Os animais do grupo de controle recebem apresentações não emparelhadas do EC e do EI. No terceiro dia, o EC é apresentado em uma nova câmara com um odor específico (hortelã-pimenta), e a reação de medo (paralisação) ao EC é avaliada. Os animais que receberam um choque com o som (emparelhado) no segundo dia exibem níveis elevados de paralisação, mas os animais que receberam um treinamento não emparelhado exibem pouca paralisação. *Fonte*: J. Johansen, Christopher Cain, Linnea Ostroff e Joseph E. LeDoux, "Molecular Mechanisms of Fear Learning and Memory," *Cell* 147 (2011): 509-24.

Resultados como esse explicam como o medo humano pode voltar, de repente, em situações extremamente inapropriadas. Você se lembra da minha amiga da Irlanda do Norte, Sandra, anos atrás? Apesar de todas as indicações de que ela estava em segurança, uma associação de medo foi instantaneamente restabelecida quando ela ouviu o disparo do cano de descarga de um carro. Embora ela estivesse em Dublin, não em Belfast, e aquilo tenha ocorrido muitos anos depois, aquele sinal primordial de medo ainda fez com que ela procurasse se proteger.

A neurociência está começando a descobrir os mecanismos que apoiam esse tipo de aprendizado do medo e por que ele está tão profundamente arraigado.

Não é nenhuma surpresa que a amígdala, que está altamente envolvida no cérebro cinzento, também esteja envolvida na maneira como aprendemos a sentir medo. O dano em uma minúscula parte da amígdala — conhecida como *núcleo basolateral* — pode perturbar gravemente o aprendizado do medo. Se essa região for cirurgicamente danificada em ratos, os animais não mais adquirem uma reação condicionada ao medo. A reação deles ao choque elétrico em si permanece perfeitamente normal, mas não é desenvolvida nenhuma reação de medo ao som associado. Isso nos mostra que para aprender a ter medo, precisamos dessa minúscula parte da amígdala.

As coisas ficam mais complexas quando examinamos mais detalhadamente as pesquisas com o condicionamento do medo. Ao que se revela, por exemplo, o contexto mais amplo no qual o aprendizado do medo tem lugar também é importante. É por isso que certa amiga minha ainda consegue se lembrar do perfume que a sua médica estava usando quando ela recebeu a notícia de que estava com câncer. Até mesmo anos depois, o cheiro daquele perfume provoca lembranças tristes e assustadoras.

Essas associações de medo contextual dependem de uma área separada, também antiga, do cérebro chamada *hipocampo*, situada relativamente perto da amígdala e, como vimos no caso dos motoristas de táxi londrinos, é crucial para a memória. As pessoas que têm essa área do cérebro prejudicada depois de um derrame cerebral, em geral desenvolvem graves problemas da memória de curto prazo. Quando o hipocampo é cirurgicamente removido em ratos, o condicionamento do medo ao som ocorre bastante normalmente, mas nenhuma reação de medo ao contexto é desenvolvida. O hipocampo possibilita que nós tomemos conhecimento do contexto mais amplo no qual o medo tem lugar, enquanto a amígdala é a área do cérebro que é essencial para que aprendamos a ter medo de coisas específicas.

Procedimentos de condicionamento semelhantes são usados em pesquisas humanas quando um leve choque elétrico ou um som alto é apresentado quando alguma coisa como uma fotografia (EC) está sendo examinada. Uma típica avaliação de efeito usada na pesquisa humana é a sudorese nas mãos, chamada reação galvânica da pele (RGP), que é um indicador clássico do estresse e do medo nos seres humanos. Quando uma fotografia inócua é sistematicamente apresentada junto com um choque elétrico, as pessoas rapidamente desenvolvem uma reação de medo apenas às fotos, como é medida pelo RGP delas. Como no caso dos ratos, essas reações de medo diminuem gradualmente se as fotografias passarem a ser continuamente apresentadas sem o estressor natural.

Em um estudo conduzido no meu laboratório, foram mostradas às pessoas fotos de facas, armas de fogo, cobras e aranhas para tentar descobrir se elas aprenderiam a ter medo de ameaças contemporâneas com a mesma rapidez com que aprendiam a ter medo de ameaças antigas. Todas as vezes que imagens particulares — uma arma específica ou uma cobra específica — aparecia na tela, um barulho alto e repulsivo também era apresentado. A reação de medo, medida pela RGP, foi rapidamente assimilada tanto para as fotos de cobras quanto para as de armas de fogo. À medida que o experimento avançou, surgiu uma diferença entre as ameaças antigas e as contemporâneas. Quando examinamos o padrão típico de extinção — quanto tempo demorou para que o medo desaparecesse — ficou óbvio que foi muito mais difícil desligar o medo de cobras do que o medo de armas de fogo. Um número muito maior de testes em que as fotos eram apresentadas sem o som repulsivo foi necessário a fim de eliminar a reação de medo de cobras em comparação com a reação de medo das armas de fogo. Temos aqui a prova, uma vez mais, de que o nosso sistema do medo não é democrático: as antigas ameaças exercem um domínio maior sobre os mecanismos de aprendizado.

Em nenhum lugar isso é mais óbvio do que em um clássico experimento conduzido por Susan Mineka, uma psicóloga que está agora na Universidade Northwestern, com Michael Cook, quando ambos estavam na Universidade de Wisconsin-Madison. Em um excelente experimento, eles estudaram macacos resos jovens que tinham nascido e sido criados no laboratório e não tinham nenhuma experiência anterior de cobras. Convencida de que os macacos tinham um medo instintivo de cobras, Mineka ficou intrigada porque os jovens macacos sem experiência de cobras geralmente não demonstravam nenhum medo e, até mesmo, até se aproximavam de cobras de brinquedo bem realistas para se entreter. Mineka desconfiou de que o medo instintivo precisava ser socialmente desencadeado; ele precisava ocorrer por meio do aprendizado observacional.

Cook e Mineka criaram um experimento para testar a teoria. Primeiro, eles deram a jovens macacos cobras e crocodilos de brinquedo realistas bem como um ramalhete de flores e um coelho de brinquedo. Como nunca tinham visto nenhuma dessas coisas antes, os macacos ficaram curiosos e brincaram, alegres, com todos os objetos. Foi então que veio a parte engenhosa: um vídeo de um macaco adulto demonstrando uma reação clássica de medo diante de uma jiboia foi montado, de modo que uma versão mostrou a reação genuína diante da cobra, enquanto a outra mostrou a reação idêntica, porém com a cobra substituída por um dos outros objetos (um crocodilo, um ramalhete de flores ou um coelho). Para os jovens macacos, agora parecia que o macaco adulto tinha ficado assustado e com medo de todos os itens.

Cada versão do vídeo foi exibida para novos grupos de jovens macacos, nenhum dos quais jamais tinha visto antes cobras, ramalhetes de flores, crocodilos ou coelhos. Como era de se esperar, uma forte reação de medo ocorreu. Crucialmente, a reação de medo só ocorreu com relação à cobra ou ao crocodilo de brinquedo, e não às flores ou ao coelho. Desse modo, uma única exposição a um adulto exibindo medo diante de uma cobra ou crocodilo foi suficiente para induzir um forte medo nos jovens macacos. Esse foi claramente um processo de aprendizado *seletivo*, já que a demonstração idêntica de medo a outros itens, como um ramalhete de flores, não produziu uma reação de medo. Mineka e Cook tinham descoberto uma forma instintiva de aprendizado. O cérebro do medo desses macacos os tinha *preparado* para aprender rapidamente a sentir mais medo de algumas coisas do que de outras.

A mesma coisa acontece conosco. Assim como os macacos, nós também aprendemos a associar certas coisas a resultados adversos muito mais de imediato do que a outros, e essa tendência pode conduzir a vários vieses e idiossincrasias mentais que, por sua vez, podem aumentar o nosso nível de medo e ansiedade. A melhor demonstração de como isso funciona é proveniente de uma tarefa experimental que mostra o que foi chamado de *viés da covariação*. Sue Mineka e Michael Cook agora se associaram ao psicólogo Andrew Tomarken para realizar um estudo na Universidade Vanderbilt em Nashville. Eles levaram voluntários para o laboratório, e foi pedido a cada pessoa que simplesmente observasse uma série de *slides* apresentados em uma tela de projeção. Alguns dos *slides* mostravam imagens assustadoras de cobras e aranhas, enquanto outros exibiam imagens mais mundanas de flores e cogumelos. Imediatamente depois que cada *slide* era mostrado, uma de três coisas poderia acontecer: a pessoa poderia receber um leve choque elétrico, ouvir um som ou nada acontecer. Cada um desses resultados era igualmente provável depois de cada tipo de *slide*. Desse modo, quer uma cobra, aranha, cogumelo ou flor fosse apresentado, a probabilidade de o voluntário receber um choque era de um em três. Chances iguais.

Mas não foi isso que as pessoas informaram. Quando lhes foi perguntado se havia algum vínculo entre imagens particulares e o choque recebido, quase todos os voluntários disseram que havia. Quando uma cobra ou aranha era mostrada, eles acharam que tinham uma probabilidade muito maior de receber um choque do que quando uma flor ou cogumelo era mostrado. Os choques pareciam ser mais frequentes depois das imagens assustadoras. Em um exemplo clássico do que os psicólogos chamam de *correlação ilusória*, um item assustador era associado a um mau resultado, embora na realidade ele não estivesse.

O mesmo tipo de coisa acontece no caso de preocupações mais gerais, como querer saber se somos gordos demais. Richard Viken e seus colegas no departamento de psicologia da Universidade de Indiana mostraram a 186 mulheres uma série de fotografias de mulheres que variavam em uma gama de atributos. Dois dos principais atributos nos quais eles estavam interessados eram o quanto as mulheres pareciam felizes ou tristes e se elas pareciam estar acima ou abaixo do peso. Os psicólogos tiveram o cuidado de garantir que não houvesse nenhuma associação *efetiva* entre o peso das pessoas e o quanto elas pareciam felizes. As mulheres que estavam acima do peso, abaixo do peso e que tinham o peso normal tinham a mesma probabilidade de estar sorrindo. No entanto, o que as voluntárias "viram" foi uma coisa bem diferente. Elas estavam convencidas de que as mulheres mais magras eram muito mais felizes, e que as mulheres mais gordas pareciam mais tristes. E essa correlação ilusória era ainda mais forte entre as mulheres com níveis mais elevados de distúrbios alimentares. Isso mostra a facilidade com que o nosso cérebro é capaz de deturpar as nossas percepções do mundo, induzindo-nos a fazer interpretações errôneas e falsas suposições a respeito de como as coisas realmente são.

Estudos como esses nos dizem que certas coisas, especialmente antigas ameaças, atuam como estímulos preparados, de modo que não precisamos ter muita experiência deles para aprender a ter medo. Como os jovens macacos de Mineka, uma única má experiência é tudo o que é preciso para que fiquemos cautelosos a vida inteira. Se cairmos da bicicleta aos 5 anos de idade, provavelmente não ficaremos com medo de bicicletas quando crescermos. Uma única picada de abelha, por outro lado, tem uma probabilidade maior de nos deixar com um medo arraigado de abelhas e vespas. Quando um medo desses se desenvolve, seja ele de cobras e aranhas ou de engordar, a nossa mente começa a nos pregar peças, formando associações ilusórias entre a coisa temida e maus resultados.

A fluidez e o poder do sistema do medo geralmente é extremamente benéfico para nos manter a salvo de coisas que poderiam nos causar dano. No entanto, a tendência do cérebro do medo de produzir correlações ilusórias tem um aspecto realmente negativo e pode até mesmo nos fazer adoecer. Há alguns anos, certa amiga que chamarei de Niamh pegou um trem de Brighton, cidade da orla marítima inglesa, para Londres. Niamh estava animada por estar viajando para Londres, mas também um pouco nervosa, pois estava indo fazer uma entrevista para um emprego que ela realmente desejava. Sonhando com um sofisticado apartamento na cidade, ela ficou imaginando a vida divertida que poderia ter na capital. Ela sabia que possuía todas as qualificações e a experiência necessárias, e que tinha uma grande probabilidade de conseguir o emprego, mas esperava não estragar tudo na entrevista. Enquanto ensaiava intermináveis perguntas e respostas na sua cabeça durante a viagem, ela estava ficando cada vez mais irritada com o homem sentado ao seu lado que não parava de falar no celular. Tão logo terminava uma conversa, ele fazia outra ligação e começava a falar de novo. Niamh tentou se acalmar respirando profundamente e olhando pela janela enquanto o trem seguia margeando a costa em direção a Londres.

Quando a sua mente começou a divagar, ela foi repentinamente atingida por uma dor abrupta e intensa. Mais tarde, ela a descreveu para mim como se uma flecha tivesse atravessado o seu olho esquerdo e descido pelo pescoço, com a dor se espalhando sobre a sua cabeça. O homem sentado ao seu lado interrompeu a conversa, desligou o telefone, e perguntou se ela estava bem. A dor diminuiu, e, em um impecável estilo inglês, ele levou para ela uma xícara de chá. Mais ou menos dez minutos depois, ela estava se sentindo melhor.

Niamh compareceu à entrevista e, no dia seguinte, o emprego em uma firma de contabilidade suíça lhe foi oferecido. Mais ou menos um mês depois, ela se mudou para o apartamento que tanto desejava em uma área elegante de Londres e começou a trabalhar no novo emprego e a viver a sua nova vida. No entanto, os seus dois primeiros meses em Londres foram prejudicados por vários episódios repetidos da dor penetrante no seu olho, que agora eram geralmente seguidos por um leve formigamento no lado esquerdo do rosto que durava algumas horas após cada incidente. Numerosos Raios X, exames médicos e tomografias computadorizadas não conseguiram encontrar nada errado, mas os acessos lancinantes de dor continuaram a ocorrer em momentos regulares porém relativamente aleatórios. Os médicos ficaram confusos.

Foi então que, certo dia, quando estava sentada em uma cafeteria, Niamh fez uma espantosa descoberta. Enquanto tentava ler um relatório que estava atrasado, ela ficou vagamente consciente de que alguém estava falando alto no celular na mesa ao lado. Assim que começou a ficar irritada, ela, de repente, sentiu a dor penetrante, acompanhada por uma espécie de formigamento na pele. Niamh imediatamente ligou as coisas — a dor era causada pelo telefone celular!

Convencida de que havia encontrado a causa da sua estranha dor, ela quis saber se a radiação eletromagnética do telefone celular estaria causando todos os seus outros problemas. Ao fazer uma pequena pesquisa na Internet, Niamh encontrou uma enxurrada de websites alarmistas advertindo dos perigos dos telefones celulares e identificando uma síndrome assustadoramente chamada de *eletrossensibilidade*, uma alergia a campos eletromagnéticos.

Aquilo parecia muito semelhante ao que ela estava vivenciando. A partir de então, Niamh passou a tentar ficar, o mais possível, longe dos telefones celulares. Semanas se passaram sem nenhum incidente. No entanto, como ela morava no centro de Londres, era praticamente impossível se afastar das pessoas que usavam telefones celulares, de modo que ela continuou a ter alguns incidentes dolorosos — o que ela agora chamava de seus "momentos" — quando ela estava perto de alguém que estivesse falando no celular. À medida que o tempo foi passando, ela foi se tornando cada vez mais convencida da conexão. Ela parou de usar o celular, tentando, da melhor maneira possível, se proteger do que acreditava ser a perigosa radiação que emanava dos telefones celulares.

Coincidentemente, alguns anos depois, eu dirigi uma das maiores pesquisas do mundo cujo objetivo era descobrir se os telefones celulares afetam a nossa saúde. Depois de testar centenas de voluntários ao longo de um período de oito anos, chegamos à conclusão de que não são os campos eletromagnéticos dos telefones celulares que causam os problemas; mais exatamente, é a *crença* de que eles estão causando dano que é perigosa. Ao que se revelou, o que eu sabia a respeito do sistema do medo continha a resposta o tempo todo.

Conversando com a minha amiga Niamh, compreendi o que eu deveria ter reconhecido muito antes: o sistema do medo convence o nosso cérebro a fazer conexões, e essas conexões podem trabalhar contra nós. O primeiro episódio de Niamh ocorreu quando ela estava se sentindo muito animada, mas também muito estressada, por estar a caminho de uma importante entrevista. A irritação por causa do homem que estava falando no celular ao seu lado foi anexada à sua memória do evento. Nas profundezas do seu subconsciente, o seu sistema do medo havia associado o fato de ela estar se sentindo estressada e indisposta ao telefone celular. Mais tarde, quando ela teve outro dos seus "momentos" na cafeteria, essa memória e a associação crítica foram reativadas. O cérebro do medo de Niamh associou os telefones celulares ao perigo.

O problema a partir de então foi que Niamh caiu na clássica armadilha do viés da confirmação; ela sempre reparava nos telefones celulares quando tinha os episódios dolorosos, mas *deixava de notá-los quando estava se sentindo bem*.

As características do sistema do medo que vemos em simples experimentos de condicionamento até mesmo explicam por que o preconceito e o ódio racial têm sido tão comuns em toda a história. Liz Phelps, destacada psicóloga da Universidade de Nova York, junto com Andreas Olsson, um estudante sueco de doutorado que viajara para Nova York para estudar com ela, investigaram se o tipo de aprendizado preparado que Sue Mineka tinha encontrado nos macacos poderia ser estendido ao medo associado a membros de outro grupo racial. O preconceito é quase sempre associado ao medo e à ignorância, o que levou Phelps e Olsson a querer saber, antes de mais nada, se esse medo desempenhava um papel no encorajamento da intolerância. Quando conhecemos pessoas de um grupo cultural ou social diferente, frequentemente ficamos apreensivos porque não estamos familiarizados com os hábitos e costumes delas. Isso nos leva a ser muito mais duros ao julgar membros de um grupo racial ou social de fora do que ao julgar membros do nosso próprio grupo — um fenômeno que os psicólogos sociais chamam de *viés do grupo*.

Tendo em vista o que sabemos a respeito das correlações ilusórias, Phelps e a sua equipe achavam que talvez o próprio preconceito racial proceda dos mesmos mecanismos que estão por trás do aprendizado do medo. O que não é familiar nos assusta um pouco, de modo que pessoas de outra raça podem ser mais prontamente associadas ao medo. Eles testaram voluntários negros e brancos em um típico experimento de condicionamento do medo. Para o estímulo repulsivo, foi usado um leve choque elétrico, que foi descrito como "muito desagradável e irritante" pelos voluntários; a RGP — sudorese das mãos — foi usada para medir o estresse. Fotografias de dois rostos negros e dois brancos foram projetadas rapidamente sobre uma tela de computador, uma depois da outra, e um rosto negro e um branco era sempre acompanhado por um choque elétrico. Esse era o estímulo condicionado, ou EC+. Todas as vezes que o outro rosto negro ou branco era apresentado, nenhum choque era aplicado. Esse era o estímulo incondicionado, ou EI-. Compreensivelmente, os voluntários não demoraram muito para desenvolver uma reação de medo aos rostos condicionados: todas as vezes que o EC+ era apresentado, o RGP deles aumentava. Eles tinham aprendido a temer o EC+, mesmo quando mais tarde no experimento ele não era mais acompanhado pelo choque.

Curiosamente, os voluntários negros não aprenderam a temer rostos brancos mais rápido do que rostos negros, ou vice-versa. Em outras palavras, a aquisição do medo não foi mais rápida para o grupo de fora do que para o grupo de dentro.

Uma história muito diferente emergiu durante a fase da extinção. Quando o EC+ foi apresentado sem choques elétricos, a reação de medo diminuiu, mas uma clara diferença racial ficou visível. No caso dos voluntários brancos, o RGP aumentado declinou rapidamente quando eles viam o rosto branco, mas não quando viam o rosto negro; o medo da sua própria raça se extinguiu rapidamente. Exatamente a mesma coisa aconteceu no caso dos voluntários negros: a reação de medo ao rosto negro diminuiu rapidamente, enquanto o medo do rosto branco EC+ perdurou. Membros desconhecidos de um grupo racial de fora de fato funcionaram como um estímulo preparado, de modo que foi muito mais difícil esquecer esse medo.

Experimentos com tomografias do cérebro mostraram que quando nos pedem que avaliemos outras pessoas, o sistema de medo se envolve mais quando os rostos pertencem a outro grupo racial. Em um estudo, Phelps e seus colegas mostraram a voluntários brancos uma série de rostos de pessoas negras e brancas enquanto elas estavam no tomógrafo. A atividade da amígdala foi mais forte na reação aos rostos negros, ou do grupo de fora, levantando a possibilidade de que nós, seres humanos, tenhamos desenvolvido um mecanismo que nos leva a temer aqueles que são diferentes de nós, o tradicional medo do desconhecido.

Uma interessante descoberta dos estudos de Phelps foi que as pessoas que exibiram uma maior reação de medo, medida pela intensidade da reação da amígdala a rostos do grupo de fora, também tinham uma atitude mais racista. Essa associação desaparecia completamente quando os rostos negros eram de pessoas conhecidas ou de pessoas altamente conceituadas. Desse modo, embora o nosso cérebro do medo de fato entre em ação quando se vê diante de um desconhecido de um grupo étnico diferente, está claro que a familiaridade reduz o preconceito e a estereotipagem.

Andreia Santos e colegas da Universidade de Heidelberg, na Alemanha, têm evidências diretas para a teoria de que o cérebro do medo desempenha um papel no desenvolvimento do preconceito racial. Eles testaram um grupo de meninas com a síndrome de Williams, uma desordem genética caracterizada pela ausência completa do medo social. As crianças com essa desordem, que só ocorre em pessoas do sexo feminino, não demonstram nenhum medo de desconhecidos, proporcionando aos pesquisadores uma oportunidade única. Em uma série de testes, essas meninas captaram tão rápido quanto as outras meninas os estereótipos de gênero dos adultos, mas quando os adultos conversavam a respeito de estereótipos raciais negativos, as meninas com a síndrome de Williams não os captavam, ao contrário das meninas sem a síndrome, que adquiriram esses estereótipos com muita facilidade. Ao que parece, a ausência do medo social impedira o desenvolvimento de estereótipos raciais.

O nosso cérebro do medo dá pouca importância à lógica, de modo que é fácil gerar o medo de coisas como desconhecidos ou novas tecnologias, porém extremamente difícil extingui-lo. Uma vez que uma conexão com o perigo é formada, é quase impossível nos livrarmos dela. Esta é uma característica fundamental do nosso cérebro de emergência, o qual, embora crucial para a sobrevivência, pode ser fatal quando combinado com o nosso cérebro pensante aumentado.

A ideia principal aqui é que os nossos vieses automáticos, inconscientes, têm um efeito direto na nossa perspectiva com relação à vida. As pessoas com um cérebro cinzento demasiadamente ativo, que não conseguem se livrar de um pessimismo esmagador, são atraídas por coisas negativas, e invariavelmente interpretam sinais sociais ambíguos de uma maneira negativa. Aquelas com uma perspectiva otimista são atraídas para o lado positivo da vida; elas têm a tendência automática de enxergar os possíveis benefícios de qualquer situação.

Se os nossos vieses cognitivos exercem uma influência tão profunda na nossa perspectiva, então talvez mudá-los possa ser uma maneira poderosa de modificar a nossa perspectiva. As pessoas que são cronicamente deprimidas ou ansiosas são especialmente versadas em ver as coisas da maneira mais sombria possível. Como as boas coisas da vida causam pouca impressão na mente deprimida, os desapontamentos e fracassos ocupam um grande espaço nela. Mudar os vieses poderia proporcionar um tipo de imunidade psicológica ao modificar ativamente uma inclinação negativa e potencialmente prejudicial da mente?

A possibilidade de modificar mentalidades arraigadas e potencialmente tóxicas captou a imaginação de uma série de psicólogos cognitivos e clínicos que estão agora envolvidos com um programa de pesquisa progressivo. Simples técnicas computadorizadas conhecidas como modificação do viés cognitivo (MVC), como as que usei no meu estudo de plasticidade dos genes, demonstraram que modificar os nossos vieses automáticos é, na verdade, surpreendentemente fácil. A MVC representa uma nova abordagem na psicologia cognitiva que tenta modificar a maneira como interpretamos os eventos que acontecem à nossa volta.

A MVC envolve a pessoa a ficar sentada diante de um computador durante cerca de 15 a 20 minutos por dia algumas vezes por semana. Essas técnicas foram experimentadas em uma diversa variedade de pessoas, entre elas crianças, soldados e aquelas com transtornos de ansiedade e depressão. Quando usada como terapia, a meta da MVC é modificar os vieses potencialmente perigosos que levam a pessoa ansiosa a se aproximar das coisas que a assustam.

A maneira típica de anular vieses perigosos é mostrar para alguém duas imagens ou palavras — uma negativa e a outra benigna — em uma tela de computador. No caso de um soldado com transtorno de estresse pós-traumático (TEPT), podem ser fotos de uma arma apontada diretamente para ele e um lápis em cima de uma mesa. O soldado com TEPT será instintivamente atraído pela arma apontada, o que enche ainda mais a sua mente com ideias de que o mundo é um lugar perigoso. O programa da MVC instiga a sua mente afetiva a evitar essa foto e se voltar para a imagem inócua. Isso é conseguido pedindo-se ao soldado que detecte pequenas sondas que aparecem no local da imagem benigna. Ao longo de várias centenas de testes, a mente do soldado é retreinada para desviar a atenção das imagens ameaçadoras e assustadoras e voltá-la na direção de imagens mais benignas.

A suposição é que com a mente retreinada, o novo modo de pensar se torna um hábito que assume automaticamente o controle em situações de conflito. Como descreve Emily Holmes, psicóloga da Universidade de Oxford, é de certa forma como administrar uma "vacina cognitiva" que imuniza a pessoa contra modos de pensar perigosos. Muitos vícios estão associados a fortes impulsos que são difíceis de controlar. A alcoólatra que abre uma geladeira e se vê, inesperadamente, diante de garrafas de cerveja gelada achará difícil reprimir o impulso de pegar uma garrafa de cerveja em vez da caixa de leite que ela estava procurando. A MVC visa intervir exatamente nesses momentos traiçoeiros, levando a mente a automaticamente cancelar o pensamento perigoso.

Reinout Wiers, psicólogo da Universidade de Amsterdã, desenvolveu uma intervenção da MVC concebida para mudar radicalmente as reações impulsivas que são típicas nas pessoas que bebem muito. A sua equipe projetou um *video game* que envolvia empurrar ou puxar um *joystick* em resposta a imagens em uma tela de computador. Quando uma imagem é puxada na direção da pessoa, ela fica cada vez maior; quando o *joystick* é empurrado para longe, a imagem se perde na distância. As pessoas que bebem muito puxam muito mais rápido na sua direção imagens de bebidas alcoólicas do que de refrigerantes, um padrão que não ocorre com as pessoas que bebem pouco. Além disso, as pessoas que bebem pouco e que foram treinadas para puxar bebidas alcoólicas na sua direção também consomem mais álcool em um teste de paladar subsequente.

Essa tendência de reagir impulsivamente à tentação é um reflexo do cérebro do prazer empurrando a pessoa em direção a uma recompensa: o viés influencia diretamente o comportamento. Wiers e seus colegas quiseram saber se esses impulsos poderiam ser revertidos pela MVC. Eles recrutaram 214 pacientes alcoólatras de uma clínica na Alemanha e designaram metade deles para uma situação experimental e a outra metade para uma situação falsa. Todos os voluntários receberam instruções para "empurrar" para longe a imagem que fosse apresentada em formato de retrato e "puxar" na direção deles as imagens em

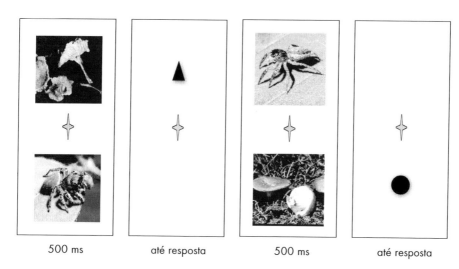

500 ms   até resposta   500 ms   até resposta

FIGURA 5.2 Diagrama de dois testes em um procedimento de modificação do viés cognitivo concebido para retreinar pessoas com aracnofobia a redirecionar a sua atenção para longe da aranha. Um par de imagens é apresentado durante 500 milissegundos, as quais são acompanhadas por um único alvo (um triângulo ou um círculo) ao qual as pessoas têm que reagir (por exemplo, pressionar o botão à esquerda se o alvo for um círculo). Nos testes de treinamento, o alvo sempre aparece na localização oposta à da imagem da aranha. No caso dos participantes do grupo de controle, o alvo aparece com igual frequência na localização das imagens relacionadas com aranhas e das imagens não relacionadas com aranhas.

formato de paisagem. As imagens de bebidas alcoólicas estavam sempre em formato de retrato, de modo que sempre eram afastadas, enquanto os refrigerantes em formato de paisagem eram puxados mais para perto. As pessoas no grupo de controle empurravam e puxavam as bebidas alcoólicas e os refrigerantes com igual frequência. A tendência inicial de aproximar imagens de álcool foi revertida para uma resposta de evitação no caso dos que estavam no grupo da MVC experimental. Todos os pacientes então passaram por um período normal de três meses de terapia da conversa destinada a ajudá-los a lidar com os seus problemas com o álcool. Um ano depois, menos da metade (46%) dos pacientes do grupo experimental tinha voltado a beber, enquanto esse percentual foi de 59% no caso dos que tinham recebido a MVC falsa.

O desenvolvimento histórico da MVC se origina da esperança de neutralizar os vieses potencialmente tóxicos impelidos pelo cérebro do medo. No final da década de 1990, Colin MacLeod, psicólogo escocês que está agora na Universidade da Austrália Ocidental, começou a se perguntar se seria possível alterar os vieses de atenção perniciosos que eram típicos das pessoas com transtornos de ansiedade. Ele compreendeu que modificar os vieses de atenção não apenas proporcionaria uma terapia eficaz para as pessoas com a tendência para reparar nos aspectos negativos da vida, como aquelas com transtornos de ansiedade, como também forneceria aos psicólogos uma maneira eficaz de descobrir se os vieses na atenção podem causar, para início de conversa, o desenvolvimento de problemas de saúde mental.

Esclarecer se são os nossos vieses que conduzem a uma perspectiva otimista ou pessimista ou se a nossa perspectiva conduz às nossas tendências únicas é uma tarefa do tipo galinha ou ovo que é notoriamente difícil de resolver. Uma associação entre uma tendência negativa e a ansiedade é simplesmente isso: por mais forte que seja o viés, nunca podemos saber a *direção* da associação. Somente se pudermos mudar os vieses das pessoas é que realmente poderemos saber a direção do relacionamento.

O plano de MacLeod era induzir um viés que não estivesse presente antes e então ver como as pessoas reagiriam a um evento estressante. A equipe australiana usou a tarefa de sondagem da atenção com pares de palavras negativas e neutras, mas com uma modificação. Em vez de a sonda aparecer na posição de uma palavra relacionada com uma ameaça (por exemplo, *ataque*) na metade das vezes e na posição de uma palavra neutra (por exemplo, *mesa*) na outra metade, como é típico, eles fizeram variações com essas contingências. Para o grupo de evitar a ameaça, a sonda sempre aparecia na localização da palavra neutra e nunca acompanhava as palavras de ameaça. Quando pares de palavras negativas e neutras eram apresentadas lado a lado (por exemplo, *fracasso-fábrica; ataque--conta*), independentemente de a palavra neutra estar à direita ou à esquerda, a sonda à qual os voluntários tinham que reagir sempre acompanhava a palavra neutra, nunca a palavra de ameaça. Para o grupo de lidar com a ameaça, a contingência foi invertida; foram usados os mesmos pares de palavras, mas a sonda sempre aparecia na localização da palavra relacionada com a ameaça.

Em um avanço importante, ambos os grupos desenvolveram o viés apropriado. Pela primeira vez, fora mostrado que o processamento seletivo poderia ser inculcado nas pessoas por um simples teste de computador que durava mais ou menos uma hora.

Essa capacidade de induzir um viés onde antes não havia nenhum – de ligar e desligar uma preferência pela negatividade – proporcionou à equipe a oportunidade única de investigar se um viés particular determinaria a maneira como alguém reage em uma situação desafiante. Finalmente, eles poderiam descobrir se um viés negativo era tão tóxico quanto sempre se suspeitara e, o que é mais importante, se um viés benigno poderia propiciar um escudo para as pessoas contra os efeitos do estresse.

Os voluntários foram submetidos a um teste moderadamente estressante logo depois do procedimento da MVC. Não podemos submeter as pessoas aos tipos de estresse grave que poderiam ser encontrados em situações de trauma na vida real, como acidentes de carro, e assim por diante, mas estressores relativamente sem importância podem ser altamente eficazes para nos ajudar a descobrir os mecanismos subjacentes.

A equipe de MacLeod decidiu estressar as pessoas pedindo a elas para resolver uma série de anagramas difíceis sob a pressão do tempo. Quando estudantes universitários são informados de que capacidade de resolver anagramas com rapidez está relacionada com o QI, você ficaria surpreso com o quanto eles podem ficar competitivos e tensos. Cada participante recebia um cartão com o anagrama "GNAAMRA" impresso nele e era informado de que tinha apenas vinte segundos para resolvê-lo.

Para você ter uma ideia de como isso funciona, tente resolver os três anagramas (em inglês) apresentados a seguir. Pegue um cronômetro, ajuste-o para sessenta segundos e veja se você consegue resolver todos os anagramas no tempo concedido.

SIAAVEBR
OSLURDEH
VETIIFUG

MacLeod e a sua equipe deram aos participantes longas listas de três anagramas e, como um extra, incluíram alguns que eram impossíveis de resolver. Os alunos acharam essa tarefa relativamente estressante, mas aqueles que tinham estado no grupo de evitar ameaças apresentaram bem menos estresse do que os que tinham estado no grupo de lidar com as ameaças. Isso confirmou o vínculo causal: um viés tóxico, induzido no laboratório, conduziu ao aumento do estresse, e um viés benigno, também induzido no laboratório, resultou em uma reduzida reação de estresse. Finalmente, o que os cientistas havia muito suspeitavam — o fato de que os vieses de atenção poderiam conduzir a uma maior vulnerabilidade à ansiedade — agora podia ser manipulado e testado no laboratório.

Sem o conhecimento de MacLeod, ex-colegas seus no Reino Unido estavam realizando experimentos semelhantes usando uma tarefa diferente porém exatamente a mesma lógica. Andrew Mathews é um dos principais cientistas clínicos do mundo e é uma figura inspiradora para muitos psicólogos interessados no relacionamento entre as nossas emoções e a nossa mentalidade. O próprio MacLeod foi introduzido pela primeira vez a esse campo de pesquisa quando estava realizando estudos clínicos com Mathews em Londres na década de 1980. Mathews, que está hoje na Universidade da Califórnia, Davis, passou muitos anos na Unidade de Ciências de Cognição e do Cérebro de Cambridge, Inglaterra, e foi lá que ele se associou a Bundy Mackintosh, um pesquisador dinâmico e entusiástico que estava intrigado com as conexões que estavam sendo descobertas entre a maneira como pensamos e como nos sentimos.

Mathews e Mackintosh em Cambridge também compreenderam o benefício potencial de sermos capazes de modificar e induzir vieses cognitivos nas condições controladas do laboratório. No entanto, em vez de focalizar a atenção, eles se concentraram em idiossincrasias e tendências na maneira como nós *interpretamos* situações ambíguas. Eles deram às pessoas cenários simples como: "Você se levanta para falar no casamento de um amigo, e as pessoas começam a rir. Como você se sente? Elas gostam de você e estão antevendo um discurso engraçado? Alternativamente, talvez elas não levem você muito a sério e estejam rindo porque você está parecendo bobo". A maneira como interpretamos situações ambíguas como essa afeta o quanto nós nos sentimos ansiosos ou não.

A equipe de Cambridge estava consciente de que estados clínicos como a ansiedade e a depressão estão associados à tendência de interpretar situações sociais de uma maneira negativa. Um sorriso é interpretado mais como malicioso do que como um interesse sincero; ter de esperar por uma reunião é tomado como um sinal de que você não é considerado importante e não como a possibilidade de que o seu colega tenha simplesmente perdido o trem. Tendo em vista a constante interpretação e reinterpretação de eventos que ocorrem à nossa volta, a vida do dia a dia é apropriada para vieses interpretativos.

Para descobrir o que vem primeiro – o viés ou a disposição de ânimo – a equipe de Cambridge começou a desenvolver centenas de cenários ambíguos que poderiam ser resolvidos de uma maneira negativa ou positiva. Uma frase como: "O médico examinou o crescimento da pequena Emily", seria apresentada em uma tela de computador, e depois seguida por uma frase com uma palavra crucial faltando, algo como: "A sua (o seu) .... tinha aumentado dois centímetros". Em seguida, duas palavras eram mostradas rapidamente na tela. Se uma palavra fizesse sentido na frase, ela deveria ser escolhida o mais rápido possível. O truque é que as duas palavras tornam a frase inteligível, mas uma a resolve de uma maneira negativa, ao passo que a outra soluciona a frase de uma maneira positiva. Neste exemplo, a escolha é "altura" ou "tumor".

Você pode adivinhar o resultado – os pessimistas não conseguem evitar de escolher a opção negativa. Como eles rotineiramente fazem interpretações negativas, "o *tumor* dela tinha aumentado dois centímetros" fazia mais sentido. Aqueles que encaram as coisas de uma maneira mais positiva reconhecem mais rápido que "a *altura* dela tinha aumentado dois centímetros". De uma maneira sorrateira, esta técnica nos fornece um vislumbre das interpretações subconscientes que as pessoas estão fazendo em ritmo acelerado.

Assim como nos estudos de MacLeod, os psicólogos de Cambridge apresentaram centenas de exemplos, mas a mudança foi que o computador sempre apresentava resoluções positivas para um dos grupos e soluções negativas para o outro. Esse treinamento constante de fazer interpretações ou positivas ou negativas com o tempo neutraliza as tendências naturais da pessoa. Esse foi um avanço muito importante.

A mudança na maneira como as pessoas interpretavam a ambiguidade também fez uma verdadeira diferença na forma como elas reagiam ao estresse. Quando os voluntários tiveram que assistir a uma série de videoclipes desagradáveis, do tipo que poderíamos ver nas séries de ação policial na televisão, aqueles que tinham sido treinados para interpretar as situações de uma maneira positiva foram muito menos afetados pelas imagens perturbadoras do que os que tinham desenvolvido um viés negativo.

Nos laboratórios de psicologia na Austrália e na Inglaterra, estavam aumentando os indícios de que o que notamos e como interpretamos as coisas causa um profundo efeito na maneira como nós somos. Nos mais ou menos dez anos que transcorreram depois dessas primeiras incursões na mudança dos vieses cognitivos, ficamos sabendo que esses resultados permanecem válidos fora do laboratório. Em um teste clínico, Norman Schmidt, psicólogo da Universidade do Estado da Flórida, testou a MVC em pacientes que tinham uma forma particularmente grave de ansiedade social. Depois de oito sessões de treinamento da atenção (como a tarefa de MacLeod) duas vezes por semana, ele constatou que 72% dos pacientes no grupo de evitar a ameaça já não se enquadravam mais nos critérios de diagnóstico para a grave ansiedade social. Enquanto 11% dos pacientes do grupo de controle de MVC se recuperaram, 72% dos pacientes com um transtorno de ansiedade ficaram curados depois dessa simples intervenção.

A depressão também é auxiliada por esses procedimentos. Chris Beevers, psicólogo da Universidade do Texas em Austin, convenceu um grande grupo de estudantes deprimidos a ter várias sessões de MVC durante um período de duas semanas. Aqueles que estavam no grupo de evitar ameaças se mostraram muito menos deprimidos depois da intervenção, ao passo que os do grupo de controle não apresentaram nenhuma mudança.

Um grande entusiasmo cerca o desenvolvimento dessas novas técnicas de MVC na comunidade científica, especialmente porque elas são baratas e fáceis de implementar, podendo até mesmo ser apresentadas para as pessoas na sua própria casa por meio da Internet. Embora essas técnicas nunca substituirão terapias mais consagradas, a esperança é que elas possam ser usadas junto com as mais convencionais terapias da palavra ou terapias medicamentosas.

E eis a semente de uma ideia: assim como a prática da memória espacial conduz a mudanças no hipocampo, ou a prática musical expande as áreas do cérebro envolvidas no movimento motor fino, talvez a prática de ver ou interpretar as coisas de uma maneira particular possa levar a mudanças fundamentais nos circuitos do cérebro que formam a base da nossa mente afetiva.

CAPÍTULO 6

Novas técnicas para remodelar o nosso cérebro

Do medo ao florescimento

Nós precisamos do nosso cérebro do medo. Sem ele, a nossa vida seria propensa a acidentes e provavelmente muito curta. No entanto, quando o sistema do medo se torna hiperativo, as pessoas podem ser esmagadas por sentimentos de ansiedade e desespero. Esses níveis patológicos de medo podem facilmente se transformar em transtornos de ansiedade e depressão, com consequências devastadoras. A psicologia e a neurociência passaram décadas desenvolvendo uma variedade de métodos, como drogas e terapias da conversa, para ajudar as pessoas a manter sob controle esses problemas insidiosos.

Eliminar níveis anormais de medo e desespero da nossa vida é uma coisa; fomentar o bem-estar e um estilo de vida florescente é outra. Uma constatação encorajadora que emergiu de recentes pesquisas é que a maioria das pessoas é surpreendentemente resiliente. Quando o pior acontece — um ataque terrorista, uma doença grave, a perda de um ente querido — quase todos nós nos recuperamos rapidamente do profundo choque. Algumas pessoas até mesmo se dão conta de que se tornaram pessoas melhores, vivenciando um crescimento pós-traumático, em contraste com um estresse pós-traumático. Avanços na ciência psicológica nos dizem que, com algum esforço, podemos reesculpir o nosso cérebro, não apenas para reduzir o medo anormal, mas também para nos colocarmos a caminho do verdadeiro florescimento.

O aviador, engenheiro e industrial americano, Howard Hughes, sofreu um grave distúrbio do sistema do medo, o transtorno obsessivo-compulsivo (TOC), que consumiu grande parte da sua energia até a sua morte em 1975. O TOC afeta milhões de pessoas em todo o mundo. Curiosamente, as pessoas que sofrem do TOC sabem que tudo está bem — elas sabem que desligaram o fogão ou trancaram a porta — mas mesmo assim têm a necessidade compulsiva de verificar de novo, repetidamente. O TOC começa quando um medo básico — *eu vou morrer por causa dos germes* — se torna uma obsessão que, na mente da pessoa que sofre do transtorno, só pode ser combatida por comportamentos repetitivos, como lavar incessantemente as mãos. Assim como a maioria dos transtornos de ansiedade, o TOC causa uma devastação na vida das pessoas, já que se torna uma preocupação total e absoluta.

Trinta anos depois da morte de Hughes, o ator Leonardo DiCaprio o interpretou no filme *O Aviador*. Para se envolver completamente com o papel, DiCaprio passou vários dias com o psiquiatra Jeffrey Schwartz para aprender mais a respeito do TOC. DiCaprio também passou períodos com alguns pacientes de Schwartz para poder ver de perto como é conviver com a doença. DiCaprio se envolveu de tal maneira com o papel que chegou a desenvolver muitos dos pensamentos, sentimentos e sintomas do TOC. Um caso temporário de TOC fora induzido no seu cérebro. Foram necessários quase três meses de terapia intensiva para que ele se livrasse do TOC depois do término das filmagens.

O Instituto Nacional de Saúde Mental estima que mais de 20 milhões de norte-americanos sejam afetados por distúrbios de medo, mais comumente por fobias, transtornos de ansiedade generalizados, o transtorno de estresse pós-traumático, ataques de pânico e o transtorno obsessivo-compulsivo. Às vezes, o medo e as preocupações esmagadoras parecem surgir do nada; às vezes, eles estão ligados a um evento específico. De qualquer modo, os transtornos de ansiedade são invasivos e, com frequência, se tornam uma característica marcante da vida da pessoa.

Para que possamos entender melhor os distúrbios do sistema do medo, vamos dar uma olhada nos seguintes relatos de duas mulheres que receberam tratamento para problemas de ansiedade em uma clínica do Reino Unido na qual conduzo algumas das minhas pesquisas.

Uma das mulheres — vamos chamá-la de Angela — sobreviveu a uma cruel tentativa de estupro. Certo dia, quando estava fazendo *jogging*, Angela foi agarrada em uma trilha isolada do bosque. Ela se lembra claramente de que um homem que estava na beira do caminho pareceu um pouco nervoso enquanto ela corria na direção dele. Quando ela passou, ele a agarrou e tentou arrastá-la para o mato. Angela se debateu, mas foi dominada pelo terror e pela raiva, e deu chutes e gritou durante um tempo que para ela pareceu interminável. "Eu acabei conseguindo me soltar e simplesmente corri, sem parar, em direção à cidade", me disse ela.

Angela conseguiu bater na porta de uma casa, mas não se lembra de muito mais. A próxima coisa que ela recorda é de ter acordado no hospital com os seus pais ao seu lado. Ela teve lesões múltiplas, entre elas um nariz quebrado, um olho roxo e uma costela fraturada. Essas lesões, com o tempo, ficaram curadas, mas como acontece frequentemente, foi do trauma que ela demorou mais a se recuperar. "Eu estava sempre nervosa no meu apartamento", explicou ela, "checando constantemente se as janelas e portas estavam trancadas". Durante meses, ela ficou morrendo de medo de sair sozinha, e só se arriscava a sair acompanhada por algum amigo ou amiga. Com o tempo, ela se mudou para uma casa nova com outras pessoas, mas até mesmo lá ela ficava nervosa e começou a se isolar cada vez mais socialmente.

Durante uma visita ao supermercado do seu bairro, Angela teve o seu primeiro ataque de pânico. "Fui dominada pelo pânico e por um medo intenso. Cheguei a sentir uma profunda dor no estômago e não podia esperar para chegar em casa e me sentir segura no meu quarto."

Até mesmo em casa o alívio era pouco, porque ela logo começou a ter lembranças repentinas do ataque. "Eu via o rosto dele, sentia o suor do corpo dele", disse Angela, e ela acordava regularmente à noite em um estado de terror. "Estou sempre imaginando uma faca", embora ela não tivesse certeza de que ele tivesse uma faca. Angela parou de comer e passou a permanecer no seu quarto a maior parte do tempo.

Finalmente, ela procurou ajuda, e depois de muito tempo, os seus sintomas, típicos do transtorno de estresse pós-traumático, começaram a diminuir. Ela ainda tem alguns problemas e ainda fica excessivamente nervosa para ir correr ou andar sozinha, mas a sua vida, quase quatro anos depois da agressão, voltou mais ou menos ao normal.

A ansiedade de Jayne é mais generalizada e difícil de explicar. "A coisa simplesmente aconteceu do nada", me disse ela. Aos 30 anos de idade, ela começou a se preocupar a respeito de todos os tipos de coisas, sentindo-se constantemente apreensiva e nervosa. "Eu era esmagada pelo sentimento de que alguma coisa ruim ia acontecer", declarou ela. Jayne não conseguiu se lembrar de nada específico que pudesse ter desencadeado esses receios, mas eles foram ficando cada vez mais arraigados à medida que o tempo ia passando. Assim como Angela, ela começou a se recolher no seu quarto, ficando apreensiva com relação a sair de casa.

Ela teve uns dois terríveis ataques de pânico, mas eram os sentimentos de apreensão e preocupação que mais a incomodavam. Jayne estava tendo os sintomas típicos do transtorno de ansiedade generalizado, que é um dos problemas mais comuns com que os psicólogos clínicos se deparam. Jayne também teve problemas de depressão, temendo que as coisas nunca melhorassem. Ela era frequentemente dominada por pensamentos e convicções negativos. "Eu realmente acho que sou uma pessoa inútil", disse ela. "Sinto que eu sou um desperdício de espaço."

Quando o medo assume o controle, é praticamente impossível viver uma vida normal, que dirá cultivar uma mentalidade otimista. Descobrir maneiras de nos livrarmos do medo é uma maneira de deter a maré ascendente desses penosos distúrbios emocionais. Como mostra a experiência de DiCaprio, os circuitos do cérebro que formam a base do nosso cérebro cinzento são altamente plásticos, possibilitando que formemos rapidamente hábitos e modos de pensar difíceis de descartar. A boa notícia é que esses circuitos disfuncionais também podem ser revertidos e guiados para uma direção mais positiva.

A psicologia e a neurociência desenvolveram agora várias técnicas capazes de efetuar verdadeiras mudanças nos circuitos disfuncionais do cérebro que estão por trás de muitos distúrbios da mente afetiva. Devo enfatizar que essas técnicas não são uma coisa superficial do tipo da "positividade" ou "apenas tenha pensamentos felizes e tudo ficará bem" que você encontrará em muitos livros de autoajuda. Estou me referindo à possibilidade de uma verdadeira mudança, refletida no nível dos neurônios e das conexões deles nas profundezas do nosso cérebro. Tudo o que nos torna nós mesmos — as nossas memórias, as nossas crenças, os nossos valores e sentimentos, até mesmo os nossos hábitos e o nosso caráter — está ligado a padrões e conexões de redes neurais dentro do nosso cérebro. Se conseguirmos mudar essas conexões, também poderemos mudar a nós mesmos. Essas técnicas podem não apenas nos ajudar a livrar-nos dos distúrbios do medo, como o TOC ou o TEPT, mas também nos conduzir de uma vida na qual conseguimos simplesmente ir levando as coisas para uma vida de um genuíno florescimento e bem-estar.

A superação do medo e da ansiedade

Como muitos veteranos que voltam do Afeganistão e do Iraque podem atestar, passar por um grave trauma pode levar à formação de memórias aparentemente indeléveis que constantemente reativam o trauma. Reviver as más lembranças impede que as pessoas sigam adiante com a sua vida. As recordações repentinas do rosto do agressor são um exemplo de como essas memórias desempenham um papel crucial na preservação de transtornos como o TEPT. A ciência do medo instituiu uma série de maneiras que pode nos ajudar a ficar livres desse tipo de medo. O fenômeno da extinção que ocorre nos procedimentos de condicionamento do medo são uma maneira óbvia pela qual o medo pode ser reduzido. Como sabemos, se um objeto temido, como um som em um estudo de laboratório, for apresentado muitas vezes na ausência de um choque elétrico, o medo diminui gradualmente. Assim como voltar a montar o cavalo depois de uma queda, a repetida exposição a uma coisa assustadora resultará, com o tempo, em um novo aprendizado de que isso agora é seguro.

Essas descobertas dos estudos do condicionamento do medo em animais conduziram ao desenvolvimento da terapia de exposição, que é um tratamento altamente eficaz para medos específicos, como a aracnofobia. A terapia da exposição atua ensinando as pessoas a encarar e esmagar memórias assustadoras. As pessoas que têm fobias fazem o possível e o impossível para evitar aquilo de que têm medo, de modo que elas nunca se colocam na posição de compreender que nada muito ruim irá acontecer. No entanto, obrigar as pessoas a encarar repetidamente o objeto aterrorizante é uma maneira altamente eficaz de eliminar o medo. A pulsação acelerada da pessoa fóbica, as palmas das mãos suadas e os sentimentos de pânico que ela tem quando é inicialmente exposta à coisa temida, começam a diminuir. Depois de algumas sessões, a maioria das pessoas com aracnofobia chega a ponto de ser capaz de pegar a aranha.

Esse tipo de exposição parece funcionar no mesmo estilo da extinção dos medos condicionados que vemos nos estudos de laboratório. Em recentes avanços, foi constatado que um antibiótico chamado D-cicloserina, originalmente utilizado como tratamento para a tuberculose, acelera esse processo; as pessoas que recebem o medicamento requerem muito menos sessões de terapia da exposição para superar os seus medos. A D-cicloserina em si não tem nenhum efeito nas reações de medo, mas em combinação com a terapia da exposição, o medicamento expande o novo aprendizado de que a coisa temida agora é segura.

Para entender como isso funciona, precisamos voltar a examinar o que acontece quando os neurônios falam uns com os outros no ponto crucial da transmissão sináptica. Durante a sinapse, as células cerebrais se comunicam umas com as outras esguichando neurotransmissores de um neurônio para o outro. Se essa substância química entrar em contato com um receptor com a forma apropriada, qualquer neurônio receptor com essa forma também será ativado, criando ondas e ondulações de atividade no cérebro. Foi descoberto que uma classe de receptores conhecidos como receptores de glutamato desempenham um papel particularmente importante na determinação das memórias de medo. Esses receptores podem ser divididos em dois tipos: AMPA (alfa-amino-3--hidroxi-metil-5-4-isoxazolpropiónico), que controlam as sinapses excitatórias rápidas, e NMDA (N-metil-D-aspartato), que desempenham um papel crucial na plasticidade a longo prazo e no desenvolvimento dos circuitos neurais.

Quando os receptores NMDA são ativados, é iniciada em todo o cérebro uma sequência de mudanças que criam um traço semipermanente. Assim como um rio escava um canal, os pensamentos regulares criam novos trajetos através das redes neurais que fazem com que seja mais fácil para as mensagens deslizarem pelo cérebro. É esse mecanismo que muitos neurocientistas acreditam hoje que esteja por trás do desenvolvimento do TEPT. A ideia é que o TEPT é causado pela formação de um trajeto indelével dos sentidos para a amígdala por meio de receptores NMDA. É por isso que é tão difícil nos livrarmos das lembranças repentinas e das memórias apavorantes do TEPT. Embora a D-cicloserina tenha muitos efeitos no cérebro, sabemos que ela influencia diretamente os receptores de NMDA na amígdala, o coração do nosso cérebro do medo, motivo pelo qual ela fomenta o desaprendizado dos medos entranhados. Desse modo, os receptores de NMDA se afrouxam e se tornam mais maleáveis, possibilitando que a terapia psicológica tenha um impacto maior.

A pesquisa é contínua, mas existem poucas dúvidas de que a combinação das terapias psicológicas com drogas medicamentosas como a D-cicloserina propiciarão novas e poderosas maneiras de combater a devastação causada por distúrbios do sistema de medo do cérebro.

No entanto, sabemos a partir de estudos de condicionamento do medo que a extinção não apaga o medo original, parecendo apenas sufocar o medo, o que significa que ele pode ser facilmente restabelecido. A minha amiga Sandra descobriu isso quando o cano de descarga de um carro que disparou fez com que ela se jogasse no chão para se proteger. É por esse motivo que prossegue a busca de maneiras mais permanentes de apagar o medo.

Liz Phelps e Joseph LeDoux, os pesquisadores do medo da Universidade de Nova York, investigaram a natureza dinâmica da memória humana para tentar encontrar uma maneira de apagar permanentemente os nossos medos. Os psicólogos costumavam pensar que as memórias eram armazenadas de uma maneira relativamente inflexível e rígida no nosso cérebro. Foi descoberto agora que as memórias, especialmente as memórias emocionais, são reativadas quando são relembradas, o que as deixa em um estado temporariamente vulnerável no qual novas informações podem ser adicionadas à memória original. Isso significa que todas as vezes que recordamos uma memória, ela é ligeiramente modificada e armazenada novamente como um membro mais novo, sutilmente diferente da original. Tecnicamente chamado de *reconsolidação*, esse período de reativação, que dura cerca de seis horas, abre uma janela de oportunidade na qual a memória pode ser alterada.

A equipe de Nova York descobriu que reativar uma memória de medo de fato lhes permitia atualizar o traço de memória com novas informações não assustadoras. Fixando pequenos eletrodos nos pulsos de 65 voluntários, foi criada uma memória de medo por meio da associação a um leve choque elétrico com a aparência de um quadrado azul: esse foi o estímulo EC+. Em contrapartida, um quadrado amarelo nunca era acompanhado por um choque: o estímulo EI-.

Todos os voluntários desenvolveram uma reação de medo ao EC+, o quadrado azul, medida pela reação galvânica da pele.

No dia seguinte, durante o período de extinção, os voluntários foram divididos em três grupos. Dois grupos foram lembrados do item temido, tendo sido mostrada a eles uma representação única do EC+; o objetivo disso era dar continuidade ao processo de reconsolidação. Para um dos grupos, os testes de extinção começaram dez minutos depois, durante o período crítico de reconsolidação. Para o segundo grupo, os testes começaram seis horas depois, quando essa janela de oportunidade deveria estar fechada. Um terceiro grupo não recebeu nenhum lembrete e foi diretamente para os testes de extinção, que consistiam de uma série de apresentações de quadrados azuis e amarelos sem choques elétricos adicionais.

Vinte e quatro horas depois, todos os voluntários foram testados novamente para ver se a memória do medo permanecia. Quando o item EC+ foi apresentado, houve uma recuperação espontânea da memória do medo no grupo que não tinha recebido nenhum lembrete bem como no grupo que recebera o treinamento de extinção fora da janela de reconsolidação. Mas no caso do grupo que teve o treinamento de extinção quando a memória estava instável, durante a janela de reconsolidação, as reações de medo não voltaram. Em outras palavras, quando um item temido era recordado e depois apresentado repetidamente sem que nada ruim acontecesse, a memória de medo original era apagada.

Um pequeno número de voluntários foi testado novamente um ano depois, e a memória do medo continuava a não estar presente no grupo que tivera o treinamento de extinção durante a janela crítica de reconsolidação. Isso sugere que a antiga memória do medo fora permanentemente modificada.

Richard Huganir, junto com o seu assistente de pós-doutorado Roger Clem na Universidade Johns Hopkins, deram seguimento a esse trabalho com camundongos e encontraram surpreendentes indícios de que, antes de mais nada, o complicado mecanismo molecular que consolida as memórias de medo podem também ser a chave para como elas também podem ser anuladas. Eles descobriram que neurônios na amígdala estão repletos de receptores de glutamato — da variedade AMPA — e que durante o período crítico em que as memórias do medo estão sendo armazenadas, esses receptores passam por uma grande reestruturação, com um constante remanejamento de receptores entre diferentes neurônios. Durante esse remanejamento, os receptores de glutamato deslizam para os neurônios e para fora deles com facilidade. É isso que Huganir e Clem especulam que torne as memórias de medo extremamente frágeis. Essa ideia foi respaldada quando eles injetaram uma droga nos camundongos que impediu esse remanejamento de receptores e descobriram que se tornou impossível apagar as memórias de medo.

A descoberta de que lembrar às pessoas a sua memória traumática antes do treinamento da extinção apresenta uma emocionante oportunidade para o desenvolvimento de novos tratamentos para a ansiedade. A nova técnica oferece uma maneira não invasiva de remover para sempre as memórias traumáticas.

O nosso conhecimento da anatomia do sistema do medo sugere outra maneira de lidar com o desenvolvimento do medo patológico. Em vez de nos concentrarmos na amígdala e no medo propriamente dito, talvez possamos visar os centros corticais superiores que refreiam a amígdala. Ao fortalecermos os centros de controle emocional do cérebro, o medo poderá ser reprimido e, talvez, diminuído para sempre. Com isso em mente, foram concebidas muitas terapias farmacológicas e cognitivas para melhorar a habilidade das pessoas de regular as suas emoções.

Sabemos que a extinção de medo-padrão efetivamente estabelece uma nova memória no cérebro, e que essa inibição do medo é alcançada pela ativação de uma área do cérebro na direção do meio, ou do que é chamado de *córtex pré-frontal medial*. Os nervos nessa área estão ligados diretamente à amígdala, uma disposição anatômica que oferece uma maneira pela qual a reação de medo pode ser reprimida. A estimulação direta de células dessa região do CPF conduz a uma forte redução na atividade da amígdala. Uma vez ativado, o centro de controle cortical pode acalmar o cérebro de emergência, que por sua vez reprime memórias assustadoras e traumáticas. Inversamente, ratos com essa área do CPF danificada são incapazes de desaprender o medo.

Parece que as pessoas com o transtorno do estresse pós-traumático podem ter um centro de controle subdesenvolvido. Quando foi pedido a pessoas que passaram por um grave trauma, como Angela, que olhassem para imagens relacionadas com o trauma no tomógrafo, foi descoberto que o CPF medial era menor e menos ativo nas pessoas que sofriam do TEPT do que nas pessoas que não sofriam. As pessoas que tinham centros de controle mais ativos também tinham sintomas menos severos do TEPT como recordações repentinas e suores quentes. Se conseguirmos descobrir maneiras de ativar essa parte intermediária do CPF e outros centros de controle do cérebro humano, teremos uma arma vital na batalha contra os transtornos de ansiedade.

Estão crescendo as evidências de que podemos aprender a regular eficazmente as nossas emoções simplesmente reavaliando a maneira como interpretamos as coisas. Se estivermos oprimidos por pensamentos aflitivos, podemos tentar regulá-los usando estratégias que nos digam que, afinal de contas, eles talvez não sejam tão maus assim. Isso não apenas pode reduzir os nossos medos, como também pode modificar os circuitos do cérebro que compõem o nosso cérebro cinzento.

Na década de 1960, Richard Lazarus esteve entre os primeiros a mostrar que reavaliar a maneira como interpretamos uma cena aflitiva pode mitigar a reação de medo. Ele exibiu para as pessoas videoclipes aflitivos — de ritos de circuncisão aborígine, por exemplo — dizendo para algumas delas, "Isso foi real: o menino está sofrendo muito", e para outras, "Este é um vídeo educacional: os meninos são atores e não estão sentindo nenhuma dor". As pessoas a quem foi dito que os meninos estavam representando demonstraram menos medo, de acordo com a reação galvânica da sua pele, e também disseram que ficaram bem menos transtornadas do que aquelas que pensaram que o vídeo era uma reprodução real do que tinha acontecido. A maneira como as pessoas interpretaram as cenas fez diferença.

Tecnologias sofisticadas de imaginologia do cérebro estão agora revelando que essas tentativas de controlar cognitivamente os nossos medos estão implementadas dentro do nosso cérebro. Uma rede de áreas do cérebro — o nosso cérebro cinzento — envia mensagens inibidoras das áreas corticais para áreas inferiores, mais reativas, que nos ajudam a regular as nossas emoções. Os pensamentos por si sós, ao que parece, podem influenciar os centros de controle do nosso córtex pré-frontal.

Meramente atribuindo um rótulo a um pensamento ou imagem emocional, é possível ativar o centro de controle do cérebro — o CPF — o qual, por sua vez, amortece as reações da amígdala. Ahmad Hariri, o neurocientista da Universidade Duke, escaneou o cérebro de 11 voluntários saudáveis enquanto eles olhavam para muitos pares de imagens — digamos, de uma cobra e de uma arma apontada – e depois correlacionavam a imagem com outra imagem-alvo. Isso obrigava os voluntários a se concentrar nos aspectos perceptivos das cenas, e como as imagens inspiravam medo, a suposição era que o cérebro de emergência deles iria abrir os olhos.

No conjunto de testes mais interessantes, as mesmas imagens eram apresentadas, mas em vez de correlacionar as imagens, os voluntários tinham que escolher uma entre duas palavras apresentadas simultaneamente para indicar se a cena negativa era "natural" (por exemplo, tubarões, cobras, aranhas, etc.) ou "artificial" (por exemplo, armas de fogo, facas, explosões, etc.). Isso obrigava os voluntários a interpretar as cenas de uma maneira linguística em vez de emocional.

O padrão de ativação no cérebro se revelou muito diferente nessas situações. Como a equipe de Hariri esperava, a condição de "correspondência" dava origem a uma reação forte e intensa da amígdala. A reação da condição de "rótulo" foi fascinante, mostrando que a reatividade natural da amígdala era suavizada em conjunto com um forte aumento em partes do córtex pré-frontal. Quando as pessoas tinham que rotular uma imagem, a forte reação do CPF causava uma reação mais fraca na amígdala.

Esse padrão associado nos mostra que as interações dinâmicas entre o CPF e a amígdala proporcionam um sistema que nos permite regular e direcionar as nossas reações emocionais por meio da avaliação consciente das nossas experiências. Quando nos vemos diante de uma ameaça – um cachorro rosnando, por exemplo – nós não reagimos apenas de acordo com o que a nossa amígdala, o botão do pânico, está nos dizendo; em vez disso, áreas do CPF nos permitem avaliar o grau da ameaça, como se podemos facilmente escapar, por exemplo. Desse modo, a parte da Idade de Pedra do nosso cérebro – a amígdala – pode ser amenizada. Esses circuitos subjacentes ao nosso cérebro cinzento são fundamentais para nos ajudar a regular as nossas reações emocionais ao medo, e são esses mesmos circuitos que se tornam disfuncionais em um vasto leque de distúrbios, como a ansiedade, o pânico, as fobias, o TEPT e a depressão.

Para investigar o quanto somos capazes de implementar o controle, são apresentadas aos voluntários imagens perturbadoras quando eles estão no tomógrafo – fotos de pessoas gravemente mutiladas depois da explosão de uma bomba ou uma mão cortada e ensanguentada são exemplos típicos. Se a expressão "Lidar com" aparecer, as pessoas são informadas de que devem se deixar conscientizar dos elementos emocionais da cena. Se a palavra "Reavaliar" aparecer, os voluntários deverão fazer o possível para regular as suas emoções e tentar encontrar maneiras de se sentir menos negativos com relação à cena. Você poderia dizer a si mesmo, por exemplo, que a mão mutilada é apenas uma imitação de plástico; ela apenas parece real. Quando damos uma olhada dentro do cérebro quando as pessoas estão fazendo isso, os resultados são extraordinários. Quando elas estão se concentrando nos aspectos emocionais de uma cena, a condição de "lidar com", a amígdala se ativa, mas quando elas estão "reavaliando", áreas do CPF se ativam, e a atividade da amígdala é reduzida.

A verdade é que regulamos as nossas emoções o tempo todo, mas com frequência não temos consciência do que estamos fazendo. Maria, uma amiga minha, certa vez me explicou o que costumava fazer quando observava uma cirurgia nos seus primeiros dias como estudante de medicina. Concentrar-se totalmente na anatomia, dando nome a cada órgão interno que conseguia ver, a ajudava a reprimir a náusea e a repugnância que ela sentia. Ela aprendera uma maneira poderosa de controlar a aflição que o seu cérebro de emergência estava lhe dizendo ser apropriada. Quando se via correndo o perigo de ser dominada pela repulsa, por exemplo, Maria pode ter pensado a respeito de como a paciente não sentiria mais dor depois da cirurgia, como a qualidade de vida dela iria melhorar radicalmente. Todos desenvolvemos técnicas desse tipo para controlar as emoções em situações difíceis, e a ciência do cérebro agora está mostrando que essas técnicas mentais fazem uma diferença genuína na maneira como o nosso cérebro reage.

Essa habilidade difere acentuadamente entre as pessoas. Algumas entram em pânico diante de um leve perigo, enquanto outras permanecem calmas e concentradas nos momentos mais difíceis. A pesquisa da neurociência está agora começando a nos dizer por quê.

Justin Kim e Paul Whalen, trabalhando no Dartmouth College, usaram a fMRI e uma nova técnica chamada *imagens por tensor de difusão* (DTI) para mapear as conexões entre diferentes áreas do cérebro. A DTI é semelhante à fMRI, mas em vez de nos dizer que áreas do cérebro estão sendo utilizadas na ocasião, esta técnica nos permite ver as conexões efetivas entre diferentes áreas do cérebro observando como as moléculas de água se propagam em volta do tecido cerebral. Ao observar esses padrões de dispersão, começa a emergir um mapa das redes em todo o cérebro, revelando que área está ligada a qual área.

A equipe de Dartmouth pediu a vinte voluntários que olhassem para várias expressões faciais enquanto estavam deitados no tomógrafo e descobriram que a atividade aumentava de um modo geral quando as pessoas estavam olhando para expressões amedrontadas, em contraste com qualquer outro tipo de expressão facial. Eles remontaram a atividade aumentada a um feixe compacto de fibras nervosas chamado *fascículo uncinado* (FU), que liga a área do cérebro que contém a amígdala — o lobo temporal — ao CPF. Uma interessante descoberta foi que a espessura das fibras conectivas estava inversamente relacionada com as diferenças individuais no nível da ansiedade traço autorrelatada. Quanto mais ansiosa era a pessoa, mais fina ou mais fraca era a conexão. As pessoas pouco ansiosas tinham uma conexão forte.

As diferenças estruturais na maneira como a amígdala se conecta ao CPF significam que uma pessoa pouco ansiosa é capaz de acalmar a sua amígdala de um modo rápido e eficaz ativando os centros de controle no seu CPF. Mensagens inibidoras são disparadas pelas fortes fibras que fazem a interconexão — o FU — para mitigar a reação de pânico. Em uma pessoa altamente ansiosa, as coisas se tornam mais difíceis. Para começar, estão presentes não apenas um centro de pânico mais reativo, como também um CPF mais fraco, o que torna mais difícil a implementação do controle. Para piorar ainda mais as coisas, a conexão, ou estação retransmissora, entre o cérebro de emergência e o centro de controle também é mais fraco, o que dificulta ainda mais a mitigação do medo.

É possível que as pessoas pouco ansiosas nasçam com um FU mais forte, de modo que elas têm uma vantagem inicial no aprendizado de como controlar as emoções. No entanto, tendo em vista o que sabemos a respeito da neuroplasticidade, isso parece improvável. O mais provável é que a experiência e o aprendizado ao longo dos anos reforcem e moldem as conexões entre os centros emocionais e de controle. Assim como podemos fortalecer os músculos e aumentar a nossa flexibilidade física malhando na academia, a prática pode fortalecer as conexões entre diferentes áreas do cérebro. Essas mudanças de cognição podem conduzir a verdadeiras modificações na maneira como o nosso cérebro reage quando se vê diante do medo e do prazer.

As evidências hoje indicam que todas as terapias para distúrbios emocionais visam esses mesmos circuitos fundamentais do cérebro que estão na base do nosso cérebro cinzento. Uma vez que estes começam a se mover e se tornar maleáveis, os princípios da neuroplasticidade podem assumir o comando, fortalecendo os "bons" circuitos e enfraquecendo os "maus". A clássica terapia da conversa — a terapia comportamental cognitiva, ou TCC — causa uma redução na atividade do cérebro de emergência junto com um aumento da atividade nas áreas do CPF. Esses tratamentos melhoram a capacidade da pessoa de controlar as emoções e são, frequentemente, o tratamento preferido para a ansiedade e a depressão. A TCC é uma intervenção psicológica altamente complexa que opera em um nível consciente, propiciando às pessoas diretrizes e estratégias para mudar padrões de pensamento e estilos de comportamento disfuncionais. Embora a TCC seja altamente eficaz no tratamento da ansiedade e da depressão, a sua complexidade torna difícil localizar com precisão os mecanismos exatos da mudança. A suposição é que a TCC atua, pelo menos em parte, modificando os vieses de baixo nível na cognição que desvia a mente das pessoas ansiosas e deprimidas para os aspectos negativos da vida.

Essa ideia é respaldada pela correlação entre mudar esses vieses e os sintomas de ansiedade e depressão. Se um viés negativo for deslocado para uma direção mais positiva — pela MVC, digamos — os sintomas diminuem, e a disposição de ânimo se estabiliza. As técnicas da MVC operam em um nível pré-consciente, com a ideia sendo que ao retreinar as nossas tendências básicas para interpretar ou lidar com o negativo, essa técnica pode deslizar debaixo do radar do controle consciente para modificar o nosso cérebro sem que nós até mesmo o saibamos. Isso significa que, à medida que o nosso cérebro forma o hábito de reparar no positivo em vez de no negativo, os circuitos subjacentes do cérebro gradualmente começarão a mudar.

Embora muito mais pesquisas sejam necessárias neste ponto, existem crescentes evidências de que os procedimentos da MVC de fato modificam os circuitos do cérebro, e, como a TCC, parece que são os centros de controle no CPF que são modificados em vez da amígdala propriamente dita. Desse modo, intervenções psicológicas como a TCC e a MVC podem alterar vieses perigosos ao fortalecer ativamente a capacidade de regular e controlar o transbordamento do nosso cérebro do medo.

Em um estudo no meu laboratório, queríamos ver se a MVC poderia impulsionar os mecanismos do cérebro que nos levam a evitar o perigo bem como impulsionar os mecanismos do cérebro que nos levam a aproximar-nos da recompensa. Um grande número de eletrodos foram presos à cabeça das pessoas para que pudéssemos medir o padrão de atividade elétrica que ocorriam no cérebro quando elas observavam imagens positivas e negativas. O grau de atividade elétrica se deslocaria em uma direção mais para a esquerda ou para a direita dependendo do tipo de treinamento da MVC? Uma maior atividade na metade esquerda do cérebro, com relação à direita, está relacionada com a tendência de aproximar-nos das coisas boas, enquanto uma atividade relativa maior na metade direita está associada à tendência de evitar coisas ruins. Se treinarmos as pessoas para reparar em imagens positivas, e isso modificar os circuitos do cérebro subjacentes ao cérebro ensolarado, a atividade cerebral deverá se deslocar para a esquerda depois do procedimento. Alternativamente, se treinarmos as pessoas

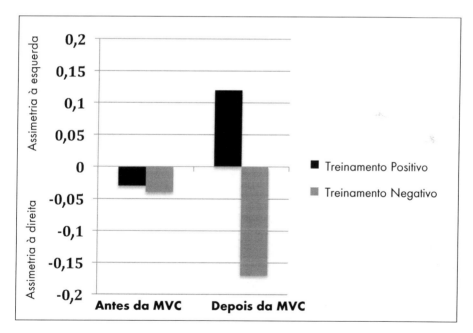

FIGURA 6.1 Os resultados do nosso estudo sobre os efeitos do treinamento da modificação do viés cognitivo na assimetria cerebral. O treinamento positivo da MVC induziu um aumento da assimetria para a esquerda, ao passo que o treinamento negativo da MVC resultou em um grau mais elevado da atividade cortical no lado direito do cérebro.

para reparar em imagens negativas, e isso mudar as redes do cérebro cinzento, o padrão de atividade cerebral deverá se deslocar para a direita.

Usando imagens altamente emotivas de cenas positivas e negativas, fizemos duas diferentes intervenções de MVC aos dois grupos de pessoas. Um dos grupos foi treinado para se voltar para as imagens positivas e evitar as cenas neutras, enquanto o outro grupo viu cenas altamente negativas bem como as neutras, e foi treinado a se voltar para as imagens negativas e evitar as benignas. Foram feitas medições de EEG tanto antes quanto imediatamente depois da MVC.

Os resultados (ver Figura 6.1) sugerem que tínhamos conseguido modificar não apenas os vieses das pessoas mas também os seus circuitos cerebrais. Aquelas que foram incentivadas a observar as imagens agradáveis exibiram mais atividade na metade esquerda do cérebro depois do treinamento. Exatamente o oposto foi encontrado no caso das pessoas submetidas ao treinamento negativo. Ao que parece, o treinamento da MVC pode modificar a reação do nosso cérebro tanto ao medo quanto à diversão.

As intervenções psicológicas, como a TCC e, mais recentemente, a MVC, têm a tendência de desempenhar um papel cada vez mais importante no tratamento dos transtornos emocionais graves, mas as drogas psicoativas ainda são, com frequência, o tratamento preferido para a depressão e muitos outros distúrbios da mente afetiva, como a ansiedade. Um verdadeiro enigma envolve a maneira como essas drogas efetivamente atuam. Em um nível molecular, a maioria dos antidepressivos provocam um aumento acentuado da quantidade de serotonina e outros neurotransmissores nas conexões sinápticas. Esse efeito pode ser detectado quase que imediatamente, embora as mudanças clínicas como a melhora do humor e outros sintomas só venham a ocorrer várias semanas depois. Além disso, as drogas antidepressivas não melhoram o humor das pessoas que não são deprimidas, enquanto as drogas que melhoram o nosso humor, como a cocaína, por exemplo, tipicamente não são eficazes no tratamento da depressão. Isso sugere que as drogas antidepressivas não atuam melhorando o estado de ânimo da pessoa.

Uma interessante explicação de como elas efetivamente funcionam foi apresentada pela psicóloga da Universidade de Oxford, Catherine Harmer, e seus colegas. Compreendendo que as drogas antidepressivas reduzem os vieses cognitivos negativos, que são típicos da ansiedade e da depressão, eles apresentaram a ideia de que essa mudança no processamento para uma direção mais positiva conduz, com o tempo, a uma mudança gradual no reforço social e no humor. Em outras palavras, uma vez que um viés é deslocado para uma direção mais positiva, a pessoa deprimida reage mais positivamente nas situações sociais; isto, por sua vez, é reforçado por interações sociais mais positivas e amigáveis, o que, com o tempo, conduz a uma espiral ascendente de positividade. Resultados de estudos com animais que mostram que as drogas antidepressivas promovem a plasticidade sináptica se encaixam bem nessa ideia de que modificar um viés tóxico é o primeiro passo em um caminho de reaprendizado e retreinamento do cérebro para que ele reaja de uma maneira mais saudável e positiva.

Até mesmo a mais leve tendência para evitar a negatividade e se aproximar do prazer e da positividade se torna quase instintiva com o tempo, o que conduz a mudanças fundamentais na maneira como reagimos ao mundo. Por conseguinte, em um nível cognitivo, parece que tanto o tratamento com drogas quanto as terapias psicológicas funcionam alterando os vieses negativos. Enquanto as terapias psicológicas afetam a nossa capacidade de regular e controlar as emoções, as drogas, como os antidepressivos, parecem causar um impacto mais direto na amígdala. Essas drogas, ao modificar os vieses cognitivos, reprimem diretamente o excesso de atividade do cérebro do medo que é uma característica comum dos transtornos emocionais.

Muitos psicólogos estão animados com as descobertas de que podemos mudar essas distorções profundamente arraigadas. Nem a nossa constituição genética nem as nossas experiências devem gravar em pedra o rumo da nossa vida. O mundo está repleto de histórias de pessoas que superaram a adversidade e passaram a viver uma vida feliz e realizada, assim como muitas desprezaram as suas vantagens e desperdiçaram o seu talento e as suas oportunidades. Embora a nossa natureza e o nosso aprendizado certamente nos deixem propensos a reagir de uma maneira ou de outra, a ciência sugere que não existe nada inevitável a esse respeito. Ao modificar a nossa paisagem mental — os padrões de vieses e distorções que nos são exclusivos — somos capazes de alterar a maneira como vemos o mundo.

Uma demonstração particularmente impressionante disso é proveniente da tomografia do cérebro de um grupo de monges budistas que concordaram em meditar enquanto o seu cérebro estava sendo analisado. A prática da meditação tem pelo menos 5 mil anos e forma uma parte essencial de muitas tradições espirituais, entre elas o budismo tibetano. As pessoas que praticam regularmente a meditação mencionam como são capazes de treinar a mente para que fique quieta, dissolvendo desse modo a influência negativa das emoções destrutivas como a raiva e o ciúme. Uma vez que esses "irritantes mentais" tenham sido atenuados, a mente então pode ser liberada para se dedicar a uma forma pura de concentração e compreensão, o que, em última análise, conduz a uma vida mais realizada e feliz.

A *atenção focalizada*, ou FA (*Focused Attention*), é uma forma de meditação que requer que o praticante se concentre em um único objeto — pode ser a sua própria respiração, uma vela ou uma única palavra — de maneira a que o praticante possa bloquear o alarido de pensamentos e imagens que geralmente ocupam a nossa mente. Richard Davidson da Universidade de Wisconsin quis descobrir se esse tipo de meditação poderia melhorar a capacidade do nosso cérebro de resistir à distração. Como atestarão muitos pais, é extremamente difícil se concentrar quando crianças estão gritando e discutindo umas com as outras, mas no caso daqueles que dominam a forma de meditação FA, deixar de dar atenção ao barulho e aos gritos perturbadores parece tornar mais fácil.

Junto com a colega Julie Brefczynski-Lewis, Davidson descobriu que as pessoas que praticam a meditação FA de fato fortalecem os circuitos do cérebro que lhes permitem se concentrar e evitar as distrações. Eles estudaram um grupo de exímios meditadores, que tinham uma média de 19 mil horas de prática, e os compararam com iniciantes que estavam apenas começando a meditar. Como era esperado, os circuitos do cérebro no CPF que ajudam a desconsiderar as distrações eram muito mais fortes nas pessoas experientes, cujo cérebro era capaz de passar em um instante para o modo de foco. A constatação mais interessante foi que no caso das pessoas que tinham um número ainda maior de horas de prática — uma medida de 44 mil horas de meditação — esses mesmos circuitos apresentaram menos ativação, embora os poderes de concentração e resistência à distração delas fossem muito melhores. Parece que o amplo treinamento mental pelo qual esses meditadores tinham passado havia fortalecido os seus circuitos cerebrais a um ponto tal que agora eles precisavam fazer menos esforço para se concentrar.

Outra forma comum de meditação é conhecida como *monitoramento aberto*, ou meditação da *atenção plena*. O objetivo aqui é monitorar as experiências comuns do momento presente, deixando que todos os sons, odores, sentimentos e pensamentos passem pela nossa mente sem julgá-los ou reagir a eles, o que possibilita que a mente fique suficientemente aberta e livre para vivenciar plenamente a natureza da autoconsciência. Uma estratégia comumente utilizada nessa forma de meditação é rotular alguns aspectos da nossa experiência. Ao rotular os nossos sentimentos, acredita-se que possamos criar um sentimento de distanciamento que possibilita que regulemos as nossas emoções com mais eficácia.

Essencialmente, a meditação da atenção plena requer que a pessoa adote a postura da testemunha imparcial. Imagine que você esteja meditando e tentando manter a mente aberta para tudo, mas um pensamento preocupante entra na sua cabeça. Em vez de se envolver com o conteúdo do pensamento, o meditador aprende a atribuir ao pensamento o rótulo *isto é preocupante* e deixá-lo seguir adiante. Não é fácil fazer isso, mas as pessoas que se tornaram peritas nesse tipo de meditação podem obter um grande controle na regulação das suas experiências emocionais. E essa forma de meditação da atenção plena fortalece as redes neurais dentro do córtex pré-frontal que regula como reagimos aos eventos emocionais.

Grande parte das aflições e preocupações que experimentamos na vida do dia a dia não são provenientes de eventos externos e sim da nossa *interpretação* desses eventos. O que realmente nos afeta é o que se passa dentro da nossa cabeça. Deixar que o pensamento passe como sendo não material é um poderoso antídoto para o efeito destruidor da raiva. Isso se ajusta à evidência substancial de que qualquer terapia — seja ela de drogas ou da conversa — que fortaleça os poderes de inibição do CPF pode diminuir a ativação da amígdala e, portanto, melhorar enormemente a maneira como regulamos a nossa reação ao estresse. É por esse motivo que tentar normalizar esses circuitos desestabilizados é a meta da maioria das intervenções que tratam dos distúrbios do humor e da ansiedade. Tendo em vista a plasticidade dos circuitos do cérebro, até mesmo circuitos "tóxicos" arraigados podem ser normalizados por meio da prática mental.

Em um estudo pioneiro, esse princípio foi demonstrado em um dos transtornos mentais mais difíceis de tratar, o TOC. A sensação constante de que alguma coisa está errada, que é o que realmente incomoda as pessoas que sofrem desse transtorno, está refletida na hiperatividade de uma área do cérebro chamada *córtex orbitofrontal* (COF), o sistema detector de erros do cérebro, situado no lado inferior da parte da frente do cérebro logo abaixo do CPF. O COF forma um circuito com a amígdala, e no TOC, a atividade aumentada nessas duas áreas resulta em um circuito disfuncional que é difícil de mudar.

Jeffrey Schwartz, psicólogo da Universidade da Califórnia em Los Angeles (UCLA, University of California Los Angeles), que assessorou Leonardo DiCaprio, passou a vida inteira tentando livrar as pessoas dos penosos sintomas do TOC. Ele fez realmente um grande avanço quando começou a se perguntar se a meditação da atenção plena não poderia ser útil para esses pacientes. Por ser ele próprio um budista praticante, ele conhecia os benefícios pessoais que a meditação podia proporcionar. Em vez de ensinar aos seus pacientes os detalhes da meditação propriamente dita, ele decidiu desenvolver uma forma de terapia comportamental cognitiva que incluía aspectos da meditação. Essa terapia passou a ser chamada de *BAP baseada na atenção plena*. Schwartz treina as pessoas para não ceder ao impulso de verificar se desligaram o fogão, mas, em vez disso, atribuir um novo rótulo aos seus sintomas como um sinal de um circuito defeituoso no cérebro e não uma coisa com a qual valha a pena elas se preocuparem.

Em um estudo pioneiro, Schwartz fez tomografias do cérebro de pessoas tanto antes quanto depois de dez semanas de BAP baseada na atenção plena. Ele descobriu que, depois do tratamento, a atividade da área crucial COF havia diminuído significativamente. Não apenas as pessoas se mostraram menos inclinadas a agir baseadas nas suas compulsões, como também a intensidade do sistema detector de erro do cérebro delas foi reduzida, o que possibilitou que elas seguissem com a sua vida. Esse foi um avanço muito importante, já que a BAP padrão é, em geral, razoavelmente ineficaz nos casos de TOC. O que fez toda a diferença foi a adição do componente da atenção plena.

A BAP baseada na atenção plena também tem tido sucesso em desfazer os circuitos disfuncionais que são a base da depressão grave. Mark Williams, psicólogo da Universidade Oxford, compreendeu que um problema difícil na depressão não é tanto lidar com o desespero e a tristeza imediatos, e sim evitar uma reincidência. Terapias da conversa, como a BAP, bem como terapias medicamentosas, são frequentemente eficazes no início para tratar os sintomas da depressão, mas a grande maioria das pessoas mergulha vezes sem conta no desespero e na depressão. Na realidade, bem mais de 60% das pessoas que se beneficiam do tratamento a curto prazo não conseguem manter o benefício ao longo do tempo.

Williams, junto com o seu colega John Teasdale da Unidade de Cognição de Ciências do Cérebro em Cambridge, Inglaterra, realizou uma série de importantes estudos com Zindel Segal, que dirige uma clínica de terapia de comportamento cognitivo na Universidade de Toronto. Os três têm lutado contra as dificuldades de ajudar pessoas que sofrem de depressão crônica e ficavam frequentemente desanimados devido à sua incapacidade de manter as pessoas longe da clínica. Teasdale começara a aprender e praticar uma técnica de redução do estresse baseada na atenção plena (MBSR, Mindfulness-based Stress Reduction) que estava sendo desenvolvida por Jon Kabat-Zinn na Universidade de Massachusetts. A técnica MBSR é um programa de oito semanas que envolve reuniões semanais de mais ou menos duas ou três horas, além de uma prática para ser feita em casa, que as pessoas são incentivadas a fazer todos os dias. As pessoas são treinadas a concentrar a atenção em uma parte do corpo depois da outra. "Concentre-se na mão esquerda", pode ser dito a elas; depois, "leve a atenção para o joelho esquerdo". O objetivo é focalizar toda a concentração na respiração sem deixar que outros pensamentos entrem na cabeça. Isso é mais fácil de dizer do que fazer, mas se a mente da pessoa divagar, a instrução que ela recebe é para "deixar para lá" e não se deixar arrastar pelo pensamento.

Os três psicólogos compreenderam que uma abordagem de atenção plena como essa poderia ser exatamente o que era necessário para evitar que as pessoas com depressão ativassem a rede de pensamentos depressivos, que são uma das causas das recaídas. A pessoa que sofreu de depressão aprende por meio da BAP a desafiar e negar os pensamentos negativos: o fato de alguém não querer ter um encontro com você não significa que você seja uma pessoa desprezível. Isso funciona por um período, mas com o tempo os antigos hábitos voltam, e as redes de negatividade são novamente ativadas. Um ou dois pensamentos fortuitos como, "Ela não gosta de mim", podem se expandir e se transformar em convicções desesperançadas como, "Não sou nem um pouco atraente" ou "Ninguém vai me amar um dia". Em um piscar de olhos, a depressão está de volta a pleno vapor.

Teasdale, Williams e Segal recrutaram 145 pessoas entre 18 e 65 anos, todas com um histórico de depressão recorrente. Os voluntários vieram dos mais diferentes lugares: das imediações rurais da pequena cidade de Bangor na área norte de Gales; do ambiente misto de região rural e cidade de Cambridge, na Inglaterra; e da área metropolitana de Toronto, no Canadá. Cerca de metade dos pacientes recebeu a terapia baseada na atenção plena aliada ao seu tratamento usual, enquanto a outra metade recebeu o tratamento habitual.

A intervenção MBSR reduziu o índice de recaída à metade em comparação com os membros do grupo de controle, e este foi especialmente o caso daqueles que tinham tido mais de três episódios graves de depressão. No caso das pessoas gravemente deprimidas que não conseguiam evitar os episódios recorrentes de depressão, a abordagem baseada na atenção plena tinha feito uma genuína diferença. Esses resultados são incrivelmente estimulantes, sugerindo que talvez tenhamos finalmente nas mãos um tratamento capaz de quebrar a noz mais difícil de todas – prevenir a recaída na depressão grave.

Relativamente pouco tempo depois desse estudo memorável, Jon Kabat-Zinn se voltou para Richard Davidson para verificar se a técnica de MBSR estava efetivamente modificando circuitos do cérebro. Os resultados clínicos estavam parecendo positivos, mas para garantir uma mudança duradoura, é necessário modificar os circuitos cerebrais. O treinamento da atenção plena estava modificando a maneira como o cérebro trabalhava?

Davidson recrutou 48 funcionários de uma empresa de biotecnologia de Madison, designando metade deles para a intervenção enquanto a outra metade permaneceu em uma lista de espera. A equipe mediu a atividade elétrica do cérebro para verificar se a atividade aumentada reveladora na *direita* com relação ao CPF *esquerdo* que é típica nas pessoas que são retraídas ou deprimidas poderia ser revertida.

Os trabalhadores de Madison tiveram eletrodos presos ao seu couro cabeludo em três ocasiões: no início do estudo; imediatamente após a intervenção de MBSR de oito semanas, que foi conduzida pelo próprio Kabat-Zinn; e uma vez mais quatro meses depois. Como um detalhe adicional, a equipe também injetou nos voluntários uma vacina contra gripe, para verificar se o treinamento da atenção plena fazia alguma diferença no número de anticorpos produzidos. Isso foi feito porque havia muito tempo Davidson suspeitava que a meditação também poderia exercer um efeito benéfico no funcionamento do sistema imunológico.

Com o pacote-padrão de oito semanas, as pessoas que tinham praticado a meditação da atenção plena exibiram alterações na atividade cerebral bem como uma melhora na imunidade. Embora não tenha sido observada uma mudança na assimetria em todos os eletrodos colocados sobre a parte da frente do couro cabeludo, a modificação reveladora de uma maior ativação do lado esquerdo esteve presente pelo menos em alguns dos eletrodos no grupo da atenção plena. Um padrão de atividade mental que é típico das pessoas felizes e otimistas foi fortalecido pela meditação. Também foi descoberto que aqueles que tinham praticado a meditação da atenção plena durante oito semanas produziram muito mais anticorpos da gripe do que os que estavam na lista de espera.

A próxima pergunta a ser feita é se esse tipo de intenso treinamento mental está afetando diretamente a amígdala, como as drogas psiquiátricas parecem fazer, ou está afetando a capacidade de controlar as emoções, como tanto a BAP quanto a MVC quase certamente fazem. A resposta vem de um estudo conduzido por David Creswell e Mathew Liberman, dois psicólogos da UCLA. Eles selecionaram 27 alunos e deram a eles um questionário para medir o grau de atenção plena deles. Mesmo sem nenhum treinamento de meditação, as pessoas diferem no grau da sua atenção, e a equipe da UCLA aproveitou essa variação que ocorre naturalmente.

Enquanto cada voluntário se deitava em uma máquina de fMRI, era pedido a ele que rotulasse fotografias de expressões faciais intensas com rótulos emocionais (*Colérico* ou *Amedrontado?*) ou com rótulos de gênero (*Maria* ou *João?*). A rotulagem de gênero teve pouco efeito, mas a rotulagem emocional criou ondas de atividade em todo o cérebro. As pessoas mais atentas exibiram a clássica reação regulatória: intensas ondulações de atividades no CPF com uma redução correspondente na amígdala. Em um acentuado contraste, os alunos que tinham tido uma pontuação baixa no questionário da atenção plena exibiram muita atividade na amígdala porém quase nenhum aumento no CPF para refrear essa reação de medo primitiva. O cérebro de emergência deles simplesmente continuou a tocar a campainha de alarme. A neurociência confirmou o que o próprio Buda havia indicado: que rotular os nossos sentimentos e tratá-los como sendo nada além de objetos da atenção pode estimular um senso de distanciamento das experiências negativas.

Estudos subsequentes foram ainda mais longe e mostraram que mudanças estruturais nas partes do nosso cérebro que nos ajudam a regular as nossas emoções, especialmente o medo, estão por trás das melhoras de humor que as pessoas relatam depois de fazer um curso de meditação baseada na atenção plena. Em um estudo, foram feitas tomografias do cérebro de 16 voluntários antes e depois das oito semanas do programa de MBSR desenvolvido por Kabat-Zinn. Em comparação com os voluntários do grupo de controle, que não meditaram durante o mesmo período, as imagens por ressonância magnética dos voluntários que tinham meditado mostraram uma maior densidade — mais neurônios — em várias áreas essenciais do cérebro que ajudam a regular as nossas emoções. Aqueles que relataram ter experimentado as maiores reduções do estresse ao longo do período também apresentaram uma menor densidade na amígdala. O programa de MBSR tinha reduzido o tamanho físico do cérebro de emergência dos voluntários e aumentado o tamanho dos centros de controle do cérebro.

Tendo em vista que existem diferenças individuais na maneira como conseguimos regular as nossas emoções, é importante perguntar se essas diferenças estão relacionadas com diferenças no bem-estar e na felicidade. A psicóloga Stéphane Côté da Universidade de Toronto fez precisamente essa pergunta junto com os seus colegas Anett Gyurak e Bob Levenson da Universidade da Califórnia, Berkeley. Eles compreenderam que muitas pessoas conhecem diferentes estratégias mentais para manter as emoções sob controle, mas ser capaz de implementar essas estratégias, especialmente quando sob pressão, é uma história diferente. Eles conduziram um estudo no laboratório no qual os voluntários foram bombardeados com uma série de ruídos altos e desagradáveis, o que causa um reflexo natural de susto, mas os voluntários tinham que tentar reprimir qualquer expressão de medo.

Os pesquisadores descobriram que algumas pessoas conseguem esconder muito melhor o susto do que outras; nas palavras da equipe, elas eram melhores "reguladoras de emoções". A descoberta mais original foi que essas variações estavam relacionadas com diferenças da vida real no bem-estar subjetivo; os melhores reguladores eram também os mais felizes.

Em um segundo estudo, os pesquisadores fizeram uma grande mudança e mostraram aos voluntários vários videoclipes de cenas realistas como o tratamento de uma pessoa com queimaduras graves ou um braço amputado. Enquanto assistiam a esses clipes, as pessoas agora tinham que *intensificar* as suas emoções; em vez de tentar esconder o que estavam sentindo, elas agora tinham que deixar transparecer os seus sentimentos.

Assim como da outra vez, houve claras diferenças individuais na maneira como as pessoas conseguiam regular a sua reação emocional. Aquelas que eram mais capazes de intensificar as suas emoções também relataram maiores níveis de bem-estar e felicidade. Ainda mais surpreendente foi que, quando a renda média foi comparada, revelou-se que os bons regulares de emoções ganhavam substancialmente mais dinheiro do que aqueles que eram menos capazes de controlar as emoções. Como comentou certa vez o campeão mundial de sinuca Steve Davies, "O segredo do sucesso é ser capaz de jogar como se isso não significasse nada, quando na verdade significa tudo".

No calor do momento, ser capaz de regular as nossas reações emocionais está associado a níveis mais elevados de sucesso e a sentimentos de satisfação com a vida. E quase todos nós somos exímios reguladores emocionais. Dos gritos e acessos de raiva dos nossos primeiros anos, aprendemos com o tempo a ter mais controle sobre a maneira como estamos nos sentindo. Quanto melhor conseguirmos fazer isso, melhor seremos capazes de lidar com os altos e baixos da vida. É por esse motivo que os distúrbios de ansiedade, embora estejam aumentando, só afligem uma minoria. A maioria das pessoas é altamente resiliente e se recupera rapidamente dos problemas.

Depois dos atentados de 11 de Setembro, houve uma grande preocupação de que fosse haver uma pandemia de ansiedade e de TEPT em Nova York e em outros lugares. Isso nunca aconteceu. Embora a maioria das pessoas tenha ficado ansiosa e assustada na época, o medo gradualmente desapareceu e, depois de algum tempo, todos começaram a voltar à sua vida normal. Algumas pessoas, de fato, vivenciam problemas duradouros depois dos desastres, mas apesar de todo o alarde, e de toda a ansiedade gerada pelos políticos e pela mídia, o fato é que a maioria das pessoas é altamente resistente aos efeitos negativos a longo prazo do medo. Um pequeno número desenvolveu graves distúrbios de ansiedade, mas um pequeno percentual vivenciou o que tem sido chamado de crescimento pós-traumático. Essas pessoas resilientes afirmam que cresceram e floresceram por causa das suas experiências traumáticas.

George Bonanno, psicólogo da Universidade Columbia em Nova York, passou a maior parte da sua carreira documentando como as pessoas reagem aos traumas importantes, e vem constatando repetidamente que as pessoas recuperam o equilíbrio emocional mesmo depois de enormes traumas e adversidades. Com a sua colega Dachner Keltner, ele examinou as emoções expressadas pelas pessoas que tinham acabado de perder um ente querido. Embora o pesar fosse comum, essas pessoas desoladas expressavam muitas emoções diferentes — algumas positivas, outras negativas. Embora acometidas pela dor, a maioria também era capaz de rir e sentir prazer de vez em quando. Essa capacidade de recuperação é uma característica do nosso cérebro ensolarado. Se conseguirmos incrementar a nossa mentalidade do cérebro ensolarado, poderemos também impulsionar a nossa resiliência e capacidade de lidar com o estresse.

A neurociência e a psicologia estão tentando agora compreender os mecanismos que estão por trás da resiliência e do otimismo do nosso cérebro ensolarado tanto quanto tentam entender o nosso cérebro cinzento. Um fator que emergiu repetidamente em um grande número de diferentes áreas de pesquisa é que os sentimentos de estar no controle são cruciais. Quando temos um verdadeiro sentimento de que controlamos o nosso destino, isso não apenas nos ajuda a recuperar-nos dos reveses como também maximiza o nosso prazer na vida.

A sugestão inicial de que um sentimento de controle é importante para a resiliência é proveniente do trabalho com animais. Quando cachorros receberam repetidos choques elétricos que eles não podiam evitar, eles desenvolveram o que Martin Seligman, psicólogo da Universidade da Pensilvânia, chamou de "desamparo adquirido". Nos seus experimentos originais, Seligman e seu colega Steven Maier colocaram cachorros em uma câmara de teste que continha dois compartimentos divididos por uma barreira baixa. O chão da câmara de teste emitia, de vez em quando, choques elétricos inofensivos, que o cachorro podia evitar saltando sobre a barreira baixa.

No entanto, alguns cachorros receberam uma série de choques inevitáveis *antes* de ser colocados na câmara de teste. Os cachorros foram emparelhados e receberam uma série de choques elétricos leves. Um dos cachorros podia interromper o choque pressionando uma alavanca com o nariz, enquanto o outro não podia interrompê-lo. Quando este segundo cachorro pressionava a alavanca, nada acontecia. O fundamental era que os dois cachorros recebiam exatamente o mesmo número de choques, mas apenas um deles tinha qualquer controle sobre a situação.

Quando os cachorros foram posteriormente colocados na câmara de teste, foram aqueles que anteriormente tinham tido o controle que não hesitaram em escapar do choque saltando por cima da barreira baixa. Aqueles que não tinham tido nenhum controle nem mesmo tentaram escapar; a maioria (cerca de dois terços) simplesmente ficou deitada levando o choque, embora o trajeto de fuga estivesse facilmente disponível. Os cachorros que tinham tido o controle nunca desenvolveram esse estilo depressivo de lidar com as coisas e não pareciam estar particularmente estressados. Esses cachorros desenvolveram resiliência, ou imunidade psicológica, ao estresse futuro.

O desenvolvimento dessa imunidade psicológica é altamente dependente do funcionamento das áreas do CPF que estão envolvidas com a implementação da regulação emocional. Steven Maier, o ex-colega de Seligman, se associou a Jose Amat do Centro de Neurociência da Universidade do Colorado e descobriu que a imunidade ao estresse que surge com a capacidade de controlar o choque é completamente eliminada se certas áreas do CPF forem desativadas. Isso nos diz que a regulação de áreas subcorticais pelo CPF é um importante mecanismo neural subjacente ao desenvolvimento da resiliência à adversidade. Se retirarmos essa capacidade de controlar, a imunidade parece desaparecer.

Desse modo, o controle, ou até mesmo o controle percebido, de uma situação é crucial para o bem-estar. Se acreditarmos que temos pelo menos um pequeno grau de controle sobre uma situação difícil, torna-se mais fácil lidar com ela. Imagine o pavor que você poderia sentir na garupa de uma motocicleta em alta velocidade ou como passageiro de um carro que estivesse derrapando. Se você estiver dirigindo, o medo parece, de certa forma, se atenuar: o seu controle percebido da situação lhe confere confiança. Estudos com ratos até mesmo mostraram que a ausência do controle conduz ao desenvolvimento de doenças relacionadas com o estresse, como úlceras estomacais.

Em um estudo que hoje é clássico, realizado com os residentes de um lar de idosos na Nova Inglaterra chamado Arden House na década de 1970, as psicólogas Judith Rodin e Ellen Langer da Universidade da Cidade de Nova York quiseram saber se a incapacidade de tomar decisões — comum entre os residentes do lar de idosos — era causada pela ausência de controle que eles tinham sobre o seu ambiente. Cientes das descobertas de Seligman do desamparo adquirido no caso de ratos, essas pesquisadoras acharam que o mesmo processo poderia estar ocorrendo com os residentes do lar de idosos.

Para descobrir, elas conceberam um engenhoso experimento. Dois andares do lar de idosos Arden House (andares 2 e 4) foram aleatoriamente selecionados, e todos os residentes desses andares receberam uma planta e também a oportunidade de assistir a um filme uma vez por semana. Tudo foi mantido o mais idêntico possível entre os andares, exceto no que dizia respeito ao grau de controle que os participantes do estudo receberam. Os do quarto andar escolheram a sua própria planta e puderam decidir quando queriam regá-la. Eles também podiam escolher a noite da semana em que iam assistir ao filme. Em contrapartida, os que moravam no segundo andar receberam uma planta que era regada por um dos membros da equipe. A equipe que cuidava deles também informava a esses residentes idosos em que noite da semana eles iam assistir ao filme.

Quando Rodin e Langer voltaram ao lar de idosos 18 meses depois, ficaram estupefatas com os resultados. Não apenas os residentes do quarto andar estavam mais felizes e saudáveis, como também o número de falecimentos no segundo andar tinha sido o dobro do do quarto andar. Assumir o controle tinha aumentado a longevidade das pessoas. Ninguém esperara encontrar uma diferença tão grande no tempo de vida delas.

Pesquisas subsequentes confirmam que o sentimento de controle é crucial para a saúde e a felicidade. Curiosamente, os resultados de vários estudos mostram que a pessoa não precisa ter nenhum controle — os benefícios são igualmente excelentes se o controle for ilusório. Quando conversei com Michael J. Fox, ele fez questão de enfatizar que ele não está alheio ao risco, mas que ele tem uma inabalável confiança de que é capaz de lidar com o que quer que aconteça. "Tenho o arsenal necessário para enfrentar qualquer crise", afirmou ele. Essa confiança é um aspecto fundamental do estilo do cérebro ensolarado, e a ciência respalda esta afirmação.

Um estudo clássico das psicólogas Lauren Alloy e Lyn Abramson publicado em 1979 mostra como isso funciona. Lâmpadas elétricas foram aleatoriamente ligadas e desligadas, e os voluntários do estudo podiam apertar botões que não tinham efeito no fato de a lâmpada acender ou não. As pessoas moderadamente otimistas estavam convencidas de que tinham algum grau de controle sobre as lâmpadas – uma ilusão de controle. Mas aquelas que eram moderadamente deprimidas eram mais exatas, já que compreendiam que não tinham nenhum controle – um fenômeno chamado "realismo depressivo", ou, como as autoras dizem, as pessoas mais pessimistas eram "mais tristes porém mais sábias".

Os pessimistas são realmente mais precisos na estimativa do controle enquanto os otimistas têm uma visão excessivamente auspiciosa das coisas? A resposta acaba se revelando um pouco mais complicada. Em estudos subsequentes, as pesquisadoras pediram a pessoas que estimassem a quantidade de controle que elas e outras pessoas tinham com relação aos eventos. Uma vez mais, os pessimistas foram precisos ao avaliar a sua própria falta de controle, mas superestimaram a quantidade de controle que outras pessoas tinham. Eles estavam certos de que embora não tivessem nenhum controle, outras pessoas tinham. Os otimistas acharam, erroneamente, que tinham algum controle, especialmente quando o resultado era bom. Se um otimista joga um par de dados e ganha 10 dólares, ele parte do princípio que teve alguma coisa a ver com esse resultado.

A pesquisa psicológica hoje nos mostra que, de fato, a maioria de nós acha que tem algum controle sobre os eventos do dia a dia. Isso explica um pouco por que a maioria de nós é moderadamente otimista. Também explica por que achamos que temos uma chance maior de ganhar na loteria se nós mesmos escolhermos os números do que se deixarmos um computador escolhê-los. Do mesmo modo, a maioria das pessoas acha que tem uma chance maior de ganhar se elas mesmas jogarem os dados, do que se deixarem outra pessoa jogá-los. A fascinação do controle é uma parte poderosa e integrante do otimismo.

A pesquisa psicológica identificou uma série de outros fatores que também são elementos importantes na busca da felicidade. Os nossos circuitos do cérebro cinzento e do cérebro ensolarado são os radares críticos que se concentram na paisagem emocional que enchem a nossa cabeça com coisas ruins ou coisas boas. A reatividade dessas áreas do cérebro determina as coisas com as quais nos sintonizamos e aquelas a que reagimos. O fato de o nosso cérebro cinzento se tornar excessivamente ativo pode conduzir a distúrbios devastadores como a ansiedade e a depressão. Assim como o nosso cérebro de emergência evoluiu como resposta ao que ameaçava os nossos ancestrais, o nosso cérebro do prazer evoluiu como resposta ao que era bom para eles — o acesso à comida e ao abrigo, a proteção da união, o amor, o perdão, a compaixão, e assim por diante.

No mundo moderno, as nossas necessidades básicas — comida, abrigo e calor — são geralmente satisfeitas, mas é a conexão com os outros e o sentimento de significado na nossa vida que frequentemente estão ausentes. Isso é a origem do que George Easterbrook chama de "Paradoxo do Progresso". Ele descobriu que nos Estados Unidos e na Europa, embora o nível de riqueza tenha crescido substancialmente ao longo de um período de cinquenta anos, a partir da década de 1950, os níveis de felicidade não se alteraram, e a incidência da ansiedade e da depressão aumentou vertiginosamente. Uma pesquisa de opinião após a outra informou que as pessoas não se sentiam mais felizes e frequentemente se mostravam profundamente pessimistas com relação ao futuro. Existe uma genuína desconexão entre o nível de riqueza material em uma sociedade e os sentimentos subjetivos de felicidade e bem-estar dos seus cidadãos.

O que fazer então para criar sociedades mais felizes e florescentes? Uma das maneiras é enfrentar com decisão a maré ascendente dos transtornos da depressão e da ansiedade, porque esses problemas causam angústia a milhões de pessoas no mundo inteiro. Para cada pessoa que sofre de um desses transtornos, você pode estar certo de que pelo menos cinco membros da família dela também são afetados pela doença, além de colegas de trabalho e outros na comunidade mais ampla.

Mas não basta nos concentrarmos em como podemos nos livrar da infelicidade; também é importante identificar os fatores que nos ajudam a florescer. Existem coisas genéricas, como estar fisicamente em forma, ativos e ter uma boa alimentação, que respaldam o nosso bem-estar. Características psicológicas positivas, como certos padrões de viés cognitivo ou a sensação de controle pessoal, também são fundamentais para o desenvolvimento de um estilo de vida mais florescente.

O mais importante é que a ciência descobriu que mudanças genuínas na felicidade só ocorrem quando três coisas acontecem juntas: muito riso e emoções positivas, estar plenamente envolvidos com a nossa vida e encontrar um senso de significado que seja mais amplo que a nossa vida do dia a dia.

Desses três componentes, o envolvimento com o que estamos fazendo, seja trabalho ou lazer, parece ser especialmente importante. Uma das mensagens mais constantes, embora inesperadas, provenientes da pesquisa da felicidade é que coisas como um emprego melhor, uma casa maior, um carro mais bonito não conduzem a um aumento duradouro da felicidade. Apesar do que os profissionais de marketing possam lhe dizer, aquele lindo relógio ou celular novo não o torna mais feliz a longo prazo. Uma pesquisa de opinião após a outra mostra que uma vez que um nível básico de riqueza é alcançado (ter um lugar para morar e alimentos suficientes para comer), o dinheiro adicional faz muito pouca diferença no sentimento de bem-estar das pessoas. O que o torna mais feliz é se envolver com alguma coisa que seja significativa para você. Esta é uma característica realmente inconfundível dos otimistas. Eles são capazes de se lançar em uma causa e se esforçar para alcançar uma meta significativa.

O psicólogo húngaro Mihaly Csikszentmihalyi (pronuncia-se tchik-sent-muh--hy-i), da Universidade de Pós-Graduação Claremont, na Califórnia, chama esse tipo de envolvimento de "experiência ideal" ou "fluxo". Neste momento, não existe nenhum sentimento do passado, nenhum sentimento do futuro, apenas um intenso presente, um sentimento esmagador de estar "no momento", ou o que as pessoas ligadas ao esporte chamam "na zona". Este é o momento mágico em que o mental e o físico se fundem de uma maneira relaxada. Quando você joga tênis, a sua postura, o seu jeito de segurar a raquete, a maneira como você lança a bola em um arco suave acima da sua cabeça, a olhadela que você dá para o seu oponente do outro lado da rede, o seu corpo balançando delicadamente para a frente, o golpe perfeito da bola com a raquete e o perfeito acompanhamento se reúnem para formar o saque perfeito. Tudo simplesmente parece entrar em sintonia nesse momento encantado.

De acordo com a pesquisa de Csikszentmihalyi, quase todos nós vivenciamos esse tipo de fluxo uma vez mais ou menos a cada dois meses. Cerca de 12% das pessoas dizem que nunca vivenciam o fluxo, ao passo que 10% afirmam que vivenciam o fluxo todos os dias. O macete é encontrar o equilíbrio adequado entre o seu nível de habilidade e o grau do desafio. Se a tarefa for fácil demais, o tédio é o resultado mais provável. Se for difícil demais, ela se torna estressante. Mas quando o nível de dificuldade se apresenta a você com um desafio genuíno porém realista, é possível entrar em um estado parecido com o de transe, no qual nada mais importa.

A pesquisa da felicidade e a do otimismo frequentemente estão interligadas, mas é importante lembrar que elas não são a mesma coisa. A felicidade envolve, em grande medida, a maneira como nós nos sentimos aqui e agora: a alegria quando observamos as pessoas que amamos brincando no mar em um dia ensolarado ou o contentamento que sentimos a respeito de como a nova vida está caminhando. O otimismo e a esperança estão relacionados com a maneira como pensamos e como nos sentimos a respeito do futuro. Se realmente acreditarmos que as coisas irão funcionar da melhor maneira possível, fica mais fácil lidar com os reveses.

Nem todos os otimistas vicejam, mas uma opinião do cérebro ensolarado sobre o mundo, especialmente quando associada ao realismo, parece ser um excelente ponto de partida. Entrevistei muitos desses realistas otimistas enquanto escrevia este livro, e ficou óbvio que a maioria deles efetivamente extraía o máximo proveito da vida. Muitos eram altamente bem-sucedidos, alguns eram ricos, alguns não eram, mas todos pareciam gostar do que faziam e olhavam o futuro com bons olhos.

Então o que a psicologia nos diz a respeito do florescimento, o que é preciso para que nós floresçamos?

A psicóloga Barbara Fredrickson é especialista em florescimento e tem sido uma defensora de encontrar maneiras de trazer emoções mais positivas para a nossa vida. Na sua pesquisa, ela descobriu uma proporção crítica de três para um, indicando que precisamos ter três emoções positivas para cada emoção negativa para vicejar. As experiências emocionais positivas incluem coisas como um sentimento de admiração, compaixão, contentamento, gratidão, esperança, alegria, amor e desejo sexual, enquanto os sentimentos negativos são aqueles como a raiva, desprezo, repulsa, constrangimento, medo, tristeza e vergonha, mencionando apenas alguns.

Fredrickson descobriu que se realmente quisermos prosperar, não devemos tentar eliminar as emoções negativas; mais exatamente, devemos trabalhar para manter a proporção de três emoções positivas para uma negativa. Ela descobriu que a maioria de nós tem duas experiências positivas para cada experiência negativa. Isso nos faz ir levando, mas é eficazmente estagnante. Uma vez que conseguimos elevar essa proporção para três experiências positivas para cada experiência negativa, podemos começar verdadeiramente a florescer.

Em um importante estudo com o matemático brasileiro Marcial Losada da Universidade Católica de Brasília, Fredrickson descobriu não apenas que a razão de três para um era fundamental, mas também que a experiência de emoções positivas e o florescimento humano estão ligados por uma precisa fórmula matemática. *Florescer* significa viver no topo da nossa amplitude, desfrutando uma vida repleta de coisas boas, crescimento e criatividade, e, quando as coisas dão errado, ter uma forte resiliência para vencer a dificuldade. Fredrickson e Losada localizaram essa saúde mental "florescente" em 45 pessoas em uma pesquisa de opinião realizada com 188 estudantes universitários. Quarenta e cinco em 188 (23%) pode parecer muito pouco, mas várias pesquisas de opinião revelaram que apenas cerca de 20% dos americanos são florescentes nesse sentido.

Depois de identificarem os "florescentes" e os "não florescentes", Fredrickson e Losada pediram a todos que se conectassem todas as noites a um website protegido, durante um mês. Todas as noites os voluntários preenchiam um formulário indicando o número de diferentes emoções que tinham vivenciado nas 24 horas anteriores. No final do mês, o número de emoções positivas e negativas foi computado, e uma "razão de positividade" foi calculada dividindo-se o total de emoções positivas pelo total de emoções negativas experimentadas. Se eu tivesse me sentido "zangada" 15 vezes, "amedrontada" duas vezes, "triste" sete vezes, "feliz" dez vezes, "contente" 14 vezes, "grata" seis vezes e "cheia de amor" dez vezes, a minha razão de positividade seria: 40 (total de emoções positivas) / 24 (total de emoções negativas) = 1,66. Para cada emoção negativa que eu vivenciei, eu teria tido quase duas emoções positivas (1,66% para ser precisa) para compensar.

Quando os pesquisadores compararam as razões de positividade no caso dos seus florescentes e não florescentes, eles descobriram uma grande diferença: aqueles que estavam florescendo tinham uma razão de positividade de 3,3, ao passo que a média para o resto foi de 2,2. Como foi constatado em outros estudos, a proporção de 3 para 1 era a linha divisória crítica entre aqueles que estavam obtendo o máximo proveito da vida e os que não estavam.

As razões de positividade também são importantes para um casamento feliz. O Dr. John Gottman do Instituto Gottman em Seattle aplicou rígidos princípios científicos à maneira como os membros dos casais se relacionam um com o outro. Por meio da sua ampla pesquisa sobre a felicidade no casamento, ele descobriu que um importante indicador das pessoas que permanecem juntas e daquelas que não permanecem é a proporção das experiências positivas para as experiências negativas que os membros de um casal têm um com o outro. A razão mágica parece ser cinco interações positivas para cada interação negativa. À medida que o número de episódios negativos vai aumentando com relação às experiências positivas, o divórcio se torna cada vez mais provável.

As razões de positividade se infiltram em todos os aspectos da nossa vida, afetando a maneira como lidamos com outras pessoas, a nossa eficácia no trabalho e até mesmo a nossa saúde. Talvez essa linha de pesquisa responda ao paradoxo de por que a maioria de nós afirma ser feliz embora o pessimismo tenha uma atração mais poderosa. Sabemos que o medo vence a alegria, que os sinais de perigo são mais fortes do que os de prazer, o que torna o otimismo relativamente mais difícil de se instalar. Apesar disso, a maioria das pessoas informa que é otimista com relação ao futuro e que está feliz e contente com a sua vida.

A razão crítica entre as coisas boas e as ruins talvez seja a resposta para esse paradoxo. A verdade é que, de fato, prestamos mais atenção aos eventos negativos, mas isso é sobrepujado pela maior frequência do positivo na nossa vida. Para superar a toxicidade potencial das emoções negativas, precisamos garantir que para cada emoção negativa nós tenhamos pelo menos duas, de preferência mais, experiências positivas. Para que a felicidade e o otimismo permaneçam conosco, precisamos mirar mais alto e ter, pelo menos, três experiências positivas para cada experiência ruim.

Ter um cérebro cinzento saudável e suscetível bem como um cérebro ensolarado saudável e suscetível é fundamental. A pesquisa conduzida pela psicóloga Tali Sharot com a colega Liz Phelps mostra que elementos *tanto* do cérebro de emergência *quanto* do cérebro que busca o prazer são essenciais para uma perspectiva feliz diante da vida. Elas pediram a pessoas que recordassem eventos negativos do passado enquanto o cérebro delas era escaneado. Uma mulher poderia recordar como se sentiu quando a sua mãe morreu ou quando se separou de um companheiro. Quando as pessoas pensavam nessas experiências ruins, a amígdala delas reagia fortemente. Em seguida, era pedido às pessoas que imaginassem como poderiam se sentir se essas mesmas experiências negativas fossem ocorrer no *futuro*. Dessa feita a reação da amígdala foi muito mais fraca, especialmente no caso daqueles que informaram que eram otimistas. Os otimistas simplesmente tinham mais dificuldade em imaginar coisas ruins acontecendo no futuro. Sharot e Phelps especularam que essa consideração enfraquecida de um futuro sombrio poderia ser um mecanismo neural subjacente ao viés do otimismo.

O trabalho do psicólogo do desenvolvimento Anthony Ong e seus colegas da Universidade Cornell se encaixa muito bem neste relato. Eles descobriram que as pessoas resilientes e otimistas vivenciam mais emoções positivas e negativas do que as pessoas menos resilientes quando estão passando por um momento difícil. Quando as pessoas estão lidando com a morte do cônjuge, as mais resilientes passarão por uma gama de altos e baixos emocionais. Muitos pesquisadores estão começando a acreditar que ser capaz de vivenciar emoções positivas é uma maneira importante de lidar com as situações que nos ajudam a regular as nossas emoções negativas. Em outras palavras, os bons momentos podem neutralizar os efeitos dos maus. Como Barbara Fredrickson descobriu nas consequências de 11 de Setembro em Nova York, não é a capacidade de reprimir a negatividade que é fundamental; mais exatamente, o essencial é alcançar o equilíbrio adequado.

Criando mentes saudáveis

Os pensamentos positivos que não estão conectados com mudanças genuínas nos circuitos dos cérebros têm pouca probabilidade de nos respaldar quando os ventos da adversidade sopram na nossa vida. "Em cada vida, um pouco de chuva precisa cair" certamente é uma afirmação verdadeira. Nenhum de nós é capaz de escapar completamente dos desapontamentos e da tristeza. Por conseguinte, ter a capacidade para sentir muitas emoções, ao lado da capacidade para frear essas emoções caso necessário, é um dos segredos para uma vida bem equilibrada. Precisamos de um cérebro ensolarado sensível que coabite satisfeito com um cérebro cinzento saudável no nosso espaço mental.

Ambos os aspectos da nossa mente afetiva são influenciados pelo que a vida lança para nós, a nossa constituição genética, e pelos genes que são ligados e desligados pelas experiências que nós temos. O mais importante é que os vieses cruciais ou idiossincrasias da mente que estabelecem a nossa mente afetiva em bases sólidas podem ser esculpidos pelo treinamento mental, seja por meio de técnicas baseadas na atenção plena, de técnicas de modificação do viés cognitivo, do tratamento com drogas medicamentosas ou de terapias da conversa tradicionais. A nossa mente é altamente plástica, e a mente afetiva não é uma exceção. Embora ela não seja necessariamente fácil de ser modificada, a possibilidade de mudar a nossa mentalidade afetiva fundamental está sempre presente.

Quando eu estava acabando de escrever este livro, visitei Richie Davidson no Centro de Neurociência Waisman na Universidade de Wisconsin para ver por mim mesma o seu novo Centro de Investigação de Mentes Saudáveis. Assim como muitos psicólogos, Davidson começou a sua carreira tentando entender e modificar o tipo de estilos emocionais que conduzem as pessoas à ansiedade e à depressão; agora, como muitos de nós, Davidson concentra grande parte da sua pesquisa no que possibilita que as pessoas floresçam. "Sabemos muito a respeito das mentes não saudáveis", disse Davidson, "mas quase nada sobre as mentes saudáveis".

"Então, o que é uma mente saudável?", perguntei.

"Eu não saberia dizer", respondeu ele. "Mas você a reconhece quando a vê."

No dia marcado para a minha partida, Davidson me mostrou o seu novo centro, que acabara de ser construído e ainda estava sendo decorado. O destaque é um grande átrio feito de madeira com uma coloração suave iluminada por luz natural.

"Este é o centro de meditação", disse ele, "e estas são as salas que abrigarão as máquinas de fMRI de última geração."

O centro era uma mistura inebriante de uma antiga tradição contemplativa com a neurociência de vanguarda contemporânea. Enquanto eu me afastava, compreendi como avançamos nos últimos anos no aprendizado de maneiras de superar a ansiedade e o medo, bem como na descoberta de formas de fomentar o florescimento e o otimismo. Ao tirar proveito das novas abordagens que emergem da psicologia, da neurociência e da genética, e integrá-las às antigas sabedorias das tradições orientais, estamos no caminho de criar pessoas e sociedades que permitirão que mentes saudáveis realmente floresçam.

AGRADECIMENTOS

Foi um verdadeiro privilégio contemplar as excentricidades dos nossos cérebros cinzento e ensolarado com numerosos cientistas inovadores e inspiradores das disciplinas da psicologia, da neurociência e da genética enquanto escrevi este livro. A maneira como o nosso modo de pensar influencia as nossas emoções está na essência da minha própria pesquisa, e muitos daqueles que estão na vanguarda desse campo se tornaram amigos chegados e colegas ao longo dos anos. Sou especialmente grata a Yair Bar-Haim, Phil Barnard, Eni Becker, Brendan Bradley, Tim Dalgleish, Naz Derakshan, Paula Hertel, Colette Hirsh, Emily Holmes, Ernst Koster, Jennifer Lau, Bundy Mackintosh, Colin MacLeod, Andrew Mathews, Sue Mineka, Karen Mogg, Mike Rinck, Mark Williams e Jenny Yiend pelas numerosas discussões sobre o poder dos vieses cognitivos e das possibilidades reveladas pela capacidade de alterá-los.

O trabalho científico sobre a ciência do medo e a ciência do prazer forma grande parte da base deste livro e foi liderado por Kent Berridge, Andy Calder, Richie Davidson, Ray Dolan, Joseph LeDoux, Arne Öhman e Liz Phelps. Sou grata a todos eles por responderem às minhas perguntas sobre a natureza do medo e do prazer, e como esses impulsos fundamentais são implementados no cérebro humano. Um grupo de cientistas que mudou a maneira como pensamos a respeito dos genes e de como estes influenciam o nosso comportamento foi igualmente generoso. Eles nem sempre concordam uns com os outros, mas coletivamente o trabalho deles me ajudou a desenvolver um entendimento mais profundo de como os genes e o ambiente trabalham juntos para produzir cérebros cinzentos e cérebros ensolarados. Também foi divertido! Sou particularmente grata a Avshalom Caspi, Thalia Eley, Jonathon Flint, Ahmad Hariri, Ken Kendler, Terrie Moffitt e Essi Viding.

Eu nunca poderia ter escrito este livro sem o entendimento de uma sucessão de alunos de doutorado e pesquisadores no meu laboratório na Universidade de Essex. Mais recentemente, Pavlina Charalambous e Rachael Martin foram maravilhosas. Durante um período mais longo, Stacy Eltiti, Kelly Garner, Anna Ridgewell, Helen Standage, Denise Wallace, Alan Yates e Konstantina Zougkou mantiveram as coisas em andamento enquanto eu estava distante, escrevendo. Agradeço também ao Wellcome Trust, que propiciou um apoio generoso ao meu programa de pesquisa sobre os cérebros cinzentos durante um período de 15 anos.

Os meus bons amigos Michael Brooks, Cathy Grossman, Alexa Geiser, Stephen Joseph, Peter Tallack e Christine Temple passaram muitas horas me incentivando a apresentar este material para um grande público. Junto com Hugh Jones, Deborah Kent, Nick Kent, Pippa Newman e Richard Newman, eles me proporcionaram um apoio e estímulo vitais nos momentos cruciais. As noites em que dormi tarde e tomei excelentes vinhos em Wivenhoe na companhia de Nigel Stratton e Lisa Tuffin também representaram uma grande ajuda ao longo do caminho. Como sempre, o meu maravilhoso marido, Kevin Dutton, faz com que tudo valha a pena. Obrigada por tudo – inclusive pelo título!

O entusiasmo e conselhos judiciosos do meu agente, Patrick Walsh, foram uma inspiração. A ajuda de todos em Conville e Walsh, especialmente Jake Smith-Bosanquet e Alex Christofi, garantiram que o livro fosse escrito e publicado. Sou grata a Lara Heimert da Basic Books e a Drummond Moir da William Heinemann por me ajudarem a conferir alguma estrutura à primeira e caótica versão preliminar. O livro também foi beneficiado com a orientação editorial de Liz Stein da Basic e de Tom Avery e Jason Arthur da Heinemann. Sou grata também a Pete Wilkins por desenvolver um excelente website. Este livro foi concluído enquanto eu era Acadêmica Convidada do Magdalen College, em Oxford. Sou grata aos acadêmicos e à equipe do Magdalen que me proporcionaram um ambiente acolhedor e edificante onde terminei *Cérebro Cinzento, Cérebro Ensolarado*.

Finalmente, interroguei, examinei e testei ao longo dos anos centenas de pessoas que sofriam de depressão e ansiedade. Tenho a forte convicção de que a ciência desenvolverá gradualmente maneiras mais eficazes de acalmar as mentes aflitas. Este livro é dedicado a todos os que são voluntários a participar de estudos de pesquisa ao redor do mundo, àqueles que conduzem os estudos e àqueles que proporcionam os recursos financeiros. A minha esperança é que as várias tendências de pesquisas discutidas nestas páginas ajudem, com o tempo, a criar mentes mais felizes e saudáveis e sociedades mais florescentes.

NOTAS

Capítulo 1: Cérebros cinzentos e cérebros ensolarados

Pág. 15 **Descobri mais tarde**: o suicídio de Paul Castle foi noticiado no *Daily Mail* (Londres), em 20 de novembro de 2010: www.dailymail.co.uk/news/article-1331308/Prince-Charless-friend-Paul-Castle-commits-suicide-business-hit-recession.html.

16 **"Percebi que ele não tinha ido parar perto dela"**: a história do bravo resgate de Adan Abobaker foi noticiado no *Evening Standard* (Londres), no dia 19 de novembro de 2010: www.thisislondon.co.uk/standard/article-23899334-homelessman-plunges-into-icy-thames-to-save-woman-from-drowning.do.

17 **A influência que a nossa personalidade**: a pesquisa descrita aqui pode ser lida em B. W. Headey e A. J. Wearing, "Personality, Life Events and Subjective Well-Being: Towards a Dynamic Equilibrium Model," *Journal of Personality and Social Psychology* 57 (1989): 731–739.

19 **documentário com o improvável título:** o documentário foi produzido pela ABC e foi ao ar no dia 7 de maio de 2009, nos Estados Unidos. O livro de Michael *Always Looking Up: The Adventures of an Incurable Optimist* (Nova York: Hyperion Books, 2009) apresenta uma série de histórias e descrições interessantes de pessoas muito otimistas.

20 **Levi narra a horrível história**: o primeiro livro de Primo Levi no qual ele descreve a vida do dia a dia em Auschwitz, *É Isto um Homem?*, foi publicado pela primeira vez pela editora italiana Einaudi em 1956, tendo sido posteriormente reeditado muitas vezes no mundo inteiro. O seu livro subsequente, *A Trégua*, descreve a sua gradual recuperação do impacto do ano que passou em Auschwitz. Levi morreu aos 67 anos de idade, quando caiu no poço de uma escada. A sua morte está envolta em mistério, com alguns acreditando que tenha sido suicídio, resultante de uma crescente depressão, ao passo que outros afirmam que não existe nenhuma evidência dessa teoria.

20 **O significado original de *otimismo***: uma boa e acessível introdução às ideias de Leibniz sobre otimismo pode ser encontrada em Lloyd Strickland, *Leibniz Reinterpreted* (Nova York: Continuum, 2006).

22 **Uma versão revista do questionário chamada LOT-R:** A LOT-R foi desenvolvida por Michael Scheier e Charles Carver, detalhes adicionais podem ser encontrados em Michael F. Scheier, Charles S. Carver e Michael W. Bridges, "Distinguishing Optimism from Neuroticism (and Trait Anxiety, Self-Mastery, and Self-Esteem): A Re-Evaluation of the Life Orientation Test," *Journal of Personality and Social Psychology* 67 (1994): 1063-1078. Para encontrar a sua pontuação, responda às perguntas na página 23, e depois siga as instruções de pontuação abaixo. Primeiro, desconsidere os seus resultados nas questões 2, 5, 6 e 8, pois elas estão apenas enchendo o espaço. Para as questões 1, 4 e 10 marque as suas respostas da seguinte maneira: A = 4, B = 3, C = 2, D = 1 e E = 0. Depois, para as questões 3, 7 e 9, marque as suas respostas da seguinte maneira: A = 0, B = 1, C = 2, D = 3 e E = 4. Agora, some os seus seis resultados, e você deverá obter um número entre 0 e 24. A maioria das pessoas obtém uma pontuação em torno de 15, o que é "levemente otimista", enquanto 0 indica "extremo pessimismo" e 24 indica "extremo otimismo".

27 **"confusão exuberante e agitada":** essa explicação do modo de ver as coisas de uma criança aparece em William James, *The Principles of Psychology* (Nova York: Henry Holt, 1890), 488. William James estudou medicina, mas nunca exerceu a profissão, e foi subsequentemente designado para ensinar anatomia e fisiologia na Universidade Harvard. Contudo, ele logo voltou a atenção para o entendimento da mente humana, e fundou o primeiro laboratório americano em psicologia experimental, em Harvard, em 1875. Ele é reconhecido como o primeiro psicólogo americano e era irmão do famoso romancista Henry James. Embora James tenha especulado que os bebês tinham uma fraca acuidade perceptiva, daí a referência à "confusão exuberante e agitada", trabalhos subsequentes demonstraram que as crianças pequenas de fato têm uma capacidade de percepção muito mais aguçada do que se imaginava originalmente. Para uma boa síntese desse assunto, consulte R. N. Aslin e L. B. Smith, "Perceptual Development," *Annual Review of Psychology* 39 (1988): 435-73.

29 **Schneirla passou a vida inteira:** Grande parte do trabalho original foi conduzida por T. C. Schneirla na Universidade de Nova York a partir da década de 1920 até a década de 1960. Um bom resumo das opiniões dele pode ser encontrado em T. C. Schneirla, "An Evolutionary and Developmental Theory of Biphasic Processes Underlying Approach and Withdrawal," *in Nebraska Symposium on Motivation*, org. M. R. Jones (Lincoln: University of Nebraska Press,

1959). Uma interessante descrição da vida e da obra de Schneirla pode ser encontrada em Ethel Tobach, "T. C. Schneirla: Pioneer in Field and Laboratory Research," *in Portraits of Pioneers in Psychology*, vol. 4, org. Gregory A. Kimble e Michael Wertheimer (Washington, DC: American Psychological Association, 2000). Boas sínteses de pesquisas neurocientíficas e psicológicas mais recentes sobre mecanismos de aproximação e afastamento podem ser encontradas em Richard J. Davidson e W. Irwin, "The Functional Neuroanatomy of Emotion and Affective Style," *Trends in Cognitive Sciences* 3 (1999): 11-21, e em S. Whittle et al., "The Neuroanatomical Basis of Affective Temperament: Towards a Better Understanding of Psychopathology," *Neuroscience and Biobehavioural Reviews* 30 (2006): 511-525.

31 **um mecanismo com um "penhasco visual"**: Esse mecanismo foi projetado por Eleanor Gibson e Richard Walk, que conduziram vários experimentos tanto com bebês humanos quanto com uma variedade de outras espécies animais. Os bebês humanos não se aventuravam a avançar sobre o "penhasco", mesmo podendo sentir a superfície sólida com as mãos. Isso também foi verdade para várias outras espécies, o que mostrou a dominância da visão sobre o tato. No entanto, os ratos, por dependerem mais do sentido do olfato do que no da visão, se sentiram bastante à vontade para atravessar a parte mais profunda do penhasco exibindo aparentemente pouco medo. Uma boa descrição do mecanismo e dos experimentos está disponível em E. J. Gibson e R. D. Walk, "The 'Visual Cliff,'" *Scientific American* 202, nº 4 (1960): 64-71.

33 **"Cocktail Party Effect"**: O trabalho de Cherry se inspirou nos problemas enfrentados pelos controladores de tráfego aéreo na década de 1950. As vozes de muitos pilotos diferentes era transmitida na torre de controle por meio de alto-falantes, e o caos resultante de vozes misturadas tornava a tarefa muito difícil para os controladores. Para tentar entender como isso poderia ser melhorado, Cherry realizou uma série de experimentos no Imperial College em Londres. O seu grande progresso ocorreu quando ele transmitiu diferentes mensagens para cada ouvido de um ouvinte no que ele chamou de *tarefa auditiva dicótica*. Os resultados desses experimentos são relatados em E. C. Cherry, "Some Experiments on the Recognition of Speech with One and Two Ears," *Journal of the Acoustical Society of America* 25 (1953): 975-79. Alguns experimentos em outros laboratórios ampliaram e refinaram esses estudos iniciais, como N. L. Wood e N. Cowan, "The Cocktail Party Phenomenon Revisited: How Frequent Are Attention Shifts to One's Own Name in an Irrelevant Auditory Channel?" *Journal of Experimental Psychology: Learning, Memory and Cognition* 21 (1995): 255-60; e N. L. Wood e N. Cowan, "The Cocktail Party Phenomenon Revisited:

Attention and Memory in the Classic Selective Listening Procedure of Cherry (1953)," *Journal of Experimental Psychology: General* 124 (1995): 243-62. Uma visão de um trabalho mais contemporâneo sobre tendências do processamento seletivo pode ser encontrada em Elaine Fox, *Emotion Science: Cognitive and Neuroscientific Approaches to Understanding Human Emotions* (Nova York: Palgrave Macmillan, 2008).

34 **Uma técnica chamada *tarefa de sondagem da atenção***: Existem muitas variantes da tarefa de sondagem da atenção, e apresentei uma breve história no seguinte capítulo de um livro: Elaine Fox e George Georgiou, "The Nature of Attentional Biases in Human Anxiety," in *Cognitive Limitations in Aging and Psychopathology*, org. Randall W. Engle, Grzegorz Sedek, Ulrich von Hecker e Daniel N. McIntosh (Cambridge, Reino Unido: Cambridge University Press, 2004), 249-74. Um dos primeiros estudos a usar esse paradigma apresentou pares de palavras negativas e neutras em uma tela; quando as palavras desapareciam, a tarefa era simplesmente detectar a presença de uma sonda-alvo, o mais rápido possível, pressionando um botão. Nesse estudo, Colin MacLeod e os seus colegas descobriram que as pessoas muito ansiosas detectavam a sonda mais rápido quando ela vinha depois de uma palavra negativa do que quando ela acompanhava uma palavra neutra. As pessoas que não eram ansiosas não exibiram essa diferença. O artigo é C. MacLeod, A. Mathews e P. Tata, "Attentional Bias in Emotional Disorders," *Journal of Abnormal Psychology* 95 (1986): 15-20. Vários estudos posteriores reproduziram esses efeitos, e uma excelente análise crítica está disponível em Y. Bar-Haim et al., "Threat-Related Attentional Bias in Anxious and Non-Anxious Individuals: A Meta-Analytic Study," *Psychological Bulletin* 133 (2007): 1-24.

36 **Estudo após estudo, contudo, nos disseram**: Embora estudos anteriores, como o de MacLeod et al, "Attentional Bias", tenham descoberto que as pessoas ansiosas eram atraídas para informações negativas, alguns estudos constataram que as pessoas não ansiosas tendiam a exibir a tendência oposta; em outras palavras, elas *evitavam* as informações negativas. Consulte Elaine Fox, "Allocation of Visual Attention and Anxiety," *Cognition and Emotion* 7 (1993): 207-15, e Colin MacLeod e Andrew Mathews, "Anxiety and the Allocation of Attention to Threat," *Quarterly Journal of Experimental Psychology* 40A (1988): 653-70.

37 **Nos seus experimentos, Bower**: Uma síntese desse trabalho pode ser encontrada em G. H. Bower, "Mood and Memory," *American Psychologist* 36 (1981): 129--148; G. H. Bower e P. R. Cohen, "Emotion Influences in Memory and Thinking: Data and Theory," in *Affect and Cognition*, orgs. M. S. Clark e S. T. Fiske (Hillsdale, NJ: Erlbaum, 1982), 291-331; G. H. Bower e J. P. Forgas, "Mood

and Social Memory," in *Handbook of Affect and Social Cognition*, org. J. P. Forgas (Mahwah, NJ: Erlbaum, 2001), 95-120; G. H. Bower, K. P. Monteiro e S. G. Gilligan, "Emotional Mood as a Context of Learning and Recall," *Journal of Verbal Learning and Verbal Behaviour* 17 (1978): 573-85.

37 **Bower novamente usou a hipnose**: Nos experimentos de memória com palavras como essas, é preciso tomar muito cuidado para garantir que as palavras positivas e negativas estejam estreitamente correlacionadas para coisas como a frequência com que elas ocorrem na linguagem e o quanto elas são familiares. Cada palavra tem uma frequência específica da regularidade com que ela ocorre tanto na linguagem falada quanto na linguagem escrita, e quanto maior a frequência de ocorrência de uma palavra, mais fácil ela será de ser lembrada. Por esse motivo, é muito importante que as palavras positivas e negativas sejam o mais semelhantes possível, para que qualquer diferença na facilidade de recordá-la possa ser atribuída à qualidade emocional da palavra e não à sua frequência.

38 **O que os psicólogos chamam de *viés de confirmação***: Muito tem sido escrito a respeito do viés de confirmação — a nossa tendência para só procurar evidências que confirmem aquilo que acreditamos. O estudo sobre extrovertidos e introvertidos de Mark Snyder é relatado em M. Snyder e W. B. Swann, "Hypothesis Testing Processes in Social Interaction," *Journal of Personality and Social Psychology* 36 (1978): 1202-212. Uma excelente síntese de como as nossas convicções determinam a nossa realidade social pode ser encontrada em Mark Snyder, "When Belief Creates Reality," in *Advances in Experimental Social Psychology*, vol. 18, org. L. Berkowitz (Nova York: Academic Press, 1984), 247-305.

40 **história ainda mais dramática de Vance Vanders**: A história de Vance Vanders ao lado de muitas outras narrativas intrigantes a respeito de como fortes convicções podem causar sintomas médicos é contada em Clifton K. Meador, *Symptoms of Unknown Origin: A Medical Odyssey* (Nashville: Vanderbilt University Press, 2005). A história também é narrada em um artigo: Helen Pilcher, "The Science and Art of Voodoo: When Mind Attacks Body," *New Scientist* 2708 (13 de maio de 2009).

41 **o efeito *nocebo***: Uma excelente análise crítica de estudos científicos sobre o efeito nocebo — descobertas de que as crenças podem causar a doença — pode ser encontrada em Arthur Barsky et al., "Nonspecific Medication Side Effects and the Nocebo Phenomenon," *Journal of the Medical Association of América* 287, nº 5 (2002), e os efeitos nocebo também são discutidos em Pilcher, "The Science and Art of Voodoo". O estudo da Universidade da Califórnia mostrando que as crenças podem causar dores de cabeça é relatado em A. Schweiger e

A. Parducci, "Nocebo: The Psychologic Induction of Pain," *Pavlovian Journal of Biological Science* 16, nº 3 (julho-setembro de 1981): 140-43.

42 **Jon-Kar Zubieta e seus colegas**: Uma descrição dos estudos de Zubieta demonstrando que as crenças podem ter um efeito direto na fisiologia do cérebro pode ser encontrada em David J. Scott et al., "Placebo and Nocebo Effects Are Defined by Opposite Opioid and Dopaminergic Responses," *Archives of General Psychiatry* 65, nº 2 (2008): 220-31.

42 **Evidências do extensivo Estudo do Coração de Framingham [Framingham Heart Study]**: A descoberta de que as mulheres que acreditam que estão sujeitas a sofrer de doenças do coração têm mais probabilidade de morrer é relatada em Rebecca Voelker, "Nocebos Contribute to a Host of Ills," *Journal of the Medical Association of America* 275, nº 5 (1996): 345-47.

Capítulo 2: O lado ensolarado para cima

46 **Os psicólogos e neurocientistas estão agora**: Descrições acadêmicas detalhadas dos mecanismos neurais que formam a base do sistema do prazer podem ser encontradas em Kent C. Berridge, "Measuring Hedonic Impact in Animals and Infants: Microstructure of Affective Taste Reactivity Patterns," *Neuroscience and Biobehavioural Reviews* 24 (2000): 173-98; Kent C. Berridge, "Comparing the Emotional Brains of Humans and Other Animals," in *Handbook of Affective Sciences*, org. R. J. Davidson, K. R. Scherer e H. H. Goldsmith (Nova York: Oxford University Press, 2003), 25-51; e K. C. Berridge e T. E. Robinson, "Parsing Rewards," *Trends in Neurosciences* 26 (2003): 507. Uma introdução mais acessível pode ser encontrada em Morten L. Kringelbach, *The Pleasure Center* (Nova York: Oxford University Press, 2009).

47 **James Olds e Peter Milner**: O hoje famoso estudo dos eletrodos, no qual os ratos optaram por estimular o seu *nucleus accumbens* em vez de se entregar a outros prazeres como o sexo e a comida, foi publicado em J. Olds and P. Milner, "Positive Reinforcement Produced by Electrical Stimulation of the Septal Area and Other Regions of Rat Brain," *Journal of Comparative and Physiological Psychology* 47 (1954): 419-27.

48 **um dos mais polêmicos programas de pesquisa**: Um livro de autoria de Robert Heath intitulado *The Role of Pleasure in Behavior: A Symposium by 22 Authors* (Nova York: Harper & Row, 1964) é uma leitura interessante. Alguns dos estudos de caso de pacientes com eletrodos profundamente implantados no cérebro são relatados em R. G. Heath, "Pleasure and Brain Activity in Man: Deep and Surface Electroencephalograms During Orgasm," *Journal of Nervous*

and Mental Diseases 154 (1972): 3-18. Muitos dos primeiros estudos sobre a estimulação profunda do cérebro também são descritos em um livro de autoria de Jose Delgado, *Physical Control of the Mind: Toward a Psychocivilized Society* (Nova York: Harper & Row, 1969). Tanto Delgado quanto Heath foram acusados de trabalhar para a CIA em um projeto de "controle da mente", embora não pareça haver nenhuma prova concreta para essa afirmação. O trabalho de Heath sobre a estimulação profunda do cérebro foi particularmente polêmico. Por exemplo, B-19, o rapaz de 24 anos descrito por Heath era gay, e Heath passou a tentar "curar" a homossexualidade dele procurando fazer com que ele sentisse prazer quando imagens eróticas de mulheres lhe eram apresentadas, chegando a ponto de incentivá-lo a fazer sexo com uma prostituta — ou "dama da noite" como ela foi descrita — na clínica enquanto os seus eletrodos estavam sendo ativados. Experimente fazer isso passar por uma comissão de ética nos dias atuais!

51 **Otto Loewi**: "The Nobel Chronicles 1936: Henry Hallett Dale (1875-1968) e Otto Loewi (1873-1961)," *Lancet* 353 (30 de janeiro de 1999): 416; *Nobel Lectures in Physiology or Medicine 1922-1941* (Amsterdã: Elsevier, 1965). Lamentavelmente, apenas dois anos depois de ter ganho o Prêmio Nobel, Loewi foi preso (pelo "crime" de ser judeu) e obrigado a entregar o dinheiro do Prêmio Nobel a um banco controlado pelos nazistas. Depois de fugir para a Inglaterra sem um centavo no seu nome, ele trabalhou como professor convidado em Oxford por um breve período antes de finalmente se mudar para a Faculdade de Medicina da Universiade Nova York em 1940.

53 **um estudo intrigante usando estudantes voluntários**: Este estudo foi a primeira demonstração de como comportamentos como jogar um *video game* poderiam conduzir à liberação de dopamina no cérebro humano. Isso foi conseguido convencendo-se pessoas a jogar um *video game* enquanto o seu cérebro estava sendo escaneado por uma tomografia de emissão de pósitrons (PET), que permite que observemos a liberação de neurotransmissores em diferentes áreas do cérebro. Ele está publicado em M. J. Koepp et al., "Evidence for Striatal Dopamine Release During a Video Game," *Nature* 393, nº 6682 (1998): 266-68.

53 **a história do prazer é muito**: Uma excelente síntese da ciência do prazer pode ser encontrada em Morten L. Kringelbach e Kent C. Berridge, orgs., *Pleasures of the Brain* (Nova York: Oxford University Press, 2009). Esse livro apresenta especialistas destacados discutindo todos os aspectos da ciência por trás do nosso sistema de prazer. Para uma introdução mais acessível a esse material, consulte Morten L. Kringelbach, *The Pleasure Center: Trust Your Animal Instincts*

(Nova York: Oxford University Press, 2009). Uma leitura interessante sobre a ciência do prazer também pode ser encontrada em Paul Martin, *Sex, Drugs and Chocolate: The Science of Pleasure* (Londres: Fourth Estate, 2008).

53 **Kent Berridge, psicólogo**: Várias análises críticas de qualidade sobre a pesquisa de Berridge estão disponíveis. O seguinte artigo, por exemplo, apresenta uma síntese concisa desse fascinante programa de pesquisa: M. L. Kringelbach e K. C. Berridge, "Towards a Functional Neuroanatomy of Pleasure and Happiness," *Trends in Cognitive Science* 13, nº 11 (2009): 479-87. Há também um interessante capítulo de K. S. Smith et al., "Hedonic Hotspots: Generating Sensory Pleasure in the Brain," in Kringelbach e Berridge, orgs., *Pleasures of the Brain*, 27-49. Para mais detalhes, consulte as páginas na web de Berridge na Universidade do Michigan: www.personal.umich.edu/~berridge/.

56 **testou essa teoria com 27 pessoas**: Esse estudo é relatado em A. S. Heller et al., "Reduced Capacity to Sustain Positive Emotion in Major Depression Reflects Diminished Maintenance of Fronto-Striatal Brain Activation," *Proceedings of the National Academy of Sciences* 106 (2009): 22445-22450.

57 **Por meio de técnicas como a eletroencefalografia (EEG)**: Uma boa síntese dessa pesquisa pode ser encontrada em Richard J. Davidson e William Irwin, "The Functional Neuroanatomy of Emotion and Affective Style," *Trends in Cognitive Sciences* 3 (1999): 11-21.

58 **Ruut Veenhoven, sociólogo**: R. Veenhoven, "Hedonism and Happiness," *Journal of Happiness Studies* 4 (2003): 437-57.

58 **a busca de sensações situa-se em um espectro**: Uma excelente síntese da psicologia da busca de sensações e da disposição de correr riscos visando experiências intensas pode ser encontrada em Marvin Zuckerman, *Sensation Seeking and Risky Behavior* (Nova York: American Psychological Association, 2007).

58 **a Breve Escala de Busca de Sensações**: Essa escala foi desenvolvida por Rick Hoyle e colegas na Universidade Duke. Detalhes adicionais podem ser encontrados em R. H. Hoyle et al., "Reliability and Validity of a Brief Measure of Sensation Seeking," *Personality and Individual Differences* 32, nº 3 (2002): 401-14. Para encontrar o seu resultado, responda cada pergunta da página 59 e depois siga as instruções sobre como marcar a pontuação. Primeiro, você vai perceber que cada pergunta tem uma pontuação que vai de 1 a 5. Simplesmente some todas as suas marcações e depois divida o resultado por 8 para obter o seu resultado de busca de sensações. Desse modo, se você teve uma pontuação 5 em tudo, o seu total seria 40; a divisão por 8 lhe daria um resultado de busca de sensações médio de 5. Você pode obter a sua pontuação para cada um dos quatro componentes da busca de sensações: simplesmente adicione a pontua-

ção total para cada uma das duas perguntas e depois divida por 2 para obter a média para esse componente. *Busca de Experiências* está nas perguntas 1 e 5. *Susceptibilidade ao Tédio* está nas perguntas 2 e 6, *Emoções e Busca de Aventuras* está nas perguntas 3 e 7, enquanto *Desinibição* está nas perguntas 4 e 8. Estudos revelaram que, em média, os rapazes adolescentes têm um resultado total que varia de 3,07 a 3,14 (média = 3,1), enquanto as moças têm um resultado total um pouco mais baixo, de cerca de 2,95 a 3,02 (média = 2,98). Os resultados médios da busca de sensações também tendem a diferir nos grupos étnicos e, geralmente, declinam à medida que envelhecemos. Para maiores informações, consulte D. Vallone et al., "How Reliable and Valid Is the Brief Sensation Seeking Scale for Youth of Various Racial Ethnic Groups?" *Addiction* 102, supp. 2 (2007): 71-8.

60 **psicólogos da Universidade do Kentucky**: O trabalho de Jane Joseph e seus colegas que mostra que o cérebro das pessoas que buscam sensações muito fortes difere do cérebro das pessoas que evitam o risco está publicado em J. E. Joseph et al., "Neural Correlates of Emotional Reactivity in Sensation Seeking," *Psychological Science* 20, n° 2 (2009): 215-23.

61 **psicóloga Suzanne Segerstrom**: Suzanne Segerstrom, *Breaking Murphy's Law: How Optimists Get What They Want – and Pessimists Can Too* (Nova York: Guilford Press, 2006), 33.

61 **Barbara Ehrenreich no seu livro**: Para uma interessante síntese de como o otimismo irrefletido pode ser ruim para nós, consulte Barbara Ehrenreich, *Smile or Die: How Positive Thinking Fooled America and the World* (Londres: Granta Books, 2009).

63 **uma pesquisa de opinião realizada pela National Lottery do Reino Unido**: Os detalhes completos dessa pesquisa de opinião podem ser encontrados *on-line* em www.lottery.co.uk/news/lotto-optimism-report.asp.

63 **Um levantamento realizado com 17.356 pessoas**: Detalhes completos sobre essa pesquisa de opinião, realizada pelo BBC World Service, podem ser encontrados *on-line* em news.bbc.co.uk/1/hi/world/americas/obama_inauguration/7838475.stm.

64 **Por que o nosso cérebro tem esse viés tão otimista**: Para alguns dos primeiros estudos que demonstram o viés do otimismo ou o que tem sido frequentemente chamado de "ilusão da positividade", consulte Neil D. Weinstein, "Unrealistic Optimism about Future Life Events," *Journal of Personality and Social Psychology* 39 (1980): 806-20. *Irrationality: Why We Don't Think Straight!* de Stuart Sutherland (New Brunswick, NJ: Rutgers University Press, 1994) é uma síntese clássica de como os seres humanos se caracterizam pelo pensamento irracional.

Muitos exemplos mais recentes do viés do otimismo, especialmente quando relacionados com a economia comportamental, podem ser encontrados em Dan Ariely, *Predictably Irrational: The Hidden Forces That Shape Our Decisions* (Nova York: HarperCollins, 2008) e Tali Sharot, *The Optimism Bias: A Tour of the Irrationally Positive Brain* (Nova York: Pantheon Books, 2011).

64 **A ciência nos oferece várias dicas**: A tendência de muitos homens de interpretar a cordialidade como um interesse sexual tem sido descrita em muitos estudos, entre eles o experimento discutido aqui por F. E. Saal, C. B. Johnson e N. Weber, "Friendly or Sexy? It May Depend on Whom You Ask," *Psychology of Women Quarterly* 13 (1989): 262-76. Vários outros exemplos são discutidos por Martie Heselton e seu colega David Buss *in* "Error Management Theory: A New Perspective on Biases and Cross-Sex Mind Reading," *Journal of Personality and Social Psychology* 78 (2000): 81-91.

65 **a simples Escala de Satisfação com a Vida [Satisfaction with Life Scale]**: A SWLS foi desenvolvida por Ed Diener, o Eminente Professor de Psicologia da Cátedra Joseph R. Smiley da Universidade de Illinois, e seus colegas. O artigo original é E. Diener et al., "The Satisfaction with Life Scale," *Journal of Personality Assessment* 49 (1985): 71-5. Uma ampla discussão a respeito da SWLS e do significado das diversas pontuações pode ser encontrada em internal.psychology.illinois.edu/~ediener/. Se você somar a sua pontuação em todas as questões, obterá um resultado global entre 5 e 35. Diener explica o significado das diferentes categorias da seguinte maneira: 30 a 35 é "Altamente Satisfeito". Se você está situado nessa faixa, você claramente ama a sua vida e sente que as coisas estão correndo bem. A vida é agradável, e todas as principais esferas (por exemplo, trabalho, lazer, vida familiar) estão indo bem. Um resultado na faixa 25 a 29 também é elevado e indica que a maioria das esferas da vida está indo bem. Um resultado de 20 a 24 é o resultado médio nos países economicamente desenvolvidos. Um resultado nessa faixa indica que você está predominantemente satisfeito, mas acha que algumas áreas podem ser melhoradas. Um resultado entre 15 e 19 se encontra levemente abaixo da média. Se o seu resultado está nessa faixa, é provável que tenha problemas pequenos, porém significativos, em várias áreas da sua vida. Um resultado na faixa de 10 a 14 significa "Insatisfeito". Um resultado nessa faixa indica que várias esferas na sua vida não estão correndo bem. Um resultado entre 5 e 9 significa "extremamente insatisfeito". De acordo com Diener, a insatisfação nesse nível geralmente se deve a problemas em múltiplas áreas da vida, e a ajuda de outras pessoas é quase que certamente necessária. Para maiores informações e explica-

ções sobre essas categorias de pontuações, consulte internal.psychology.illinois. edu/~ediener/.

67 **Em um estudo hoje famoso**: o estudo descrito aqui é de D. D. Danner, D. A. Snowdon e W. V. Friesen, "Positive Emotions in Early Life and Longevity: Findings from the Nun Study," *Journal of Personality and Social Psychology* 80 (2001): 804-13.

68 **da sua teoria de "ampliar e construir"**: Essa teoria é apresentada de uma maneira acessível no excelente livro de Fredrickson *Positivity: Groundbreaking Research Reveals How to Embrace the Hidden Strength of Positive Emotions, Overcome Negativity, and Thrive* (Nova York: Crown, 2009). O estudo sobre o papel das emoções positivas no desenvolvimento da resiliência depois dos atentados de 11 de Setembro em Nova York é de B. L. Fredrickson et al., "What Good Are Positive Emotions in Crises? A Prospective Study of Resilience and Emotions Following the Terrorist Attacks on the United States on September 11, 2001," *Journal of Personality and Social Psychology* 84 (2003): 365-76.

70 **Um estudo realizado por Mika Kivimaki**: M. Kivimaki et al., "Optimism and Pessimism as Predictors of Change in Health After Death or Onset of Severe Illness in Family," *Health Psychology* 24 (2005): 413-21.

71 **Madam C. J. Walker**: Walker viveu uma vida extraordinária. Apesar de ter nascido em uma família pobre de ex-escravos no Sul dos Estados Unidos no final do século XIX, ela conseguiu fundar e administrar uma grande empresa e se tornar uma das mulheres mais ricas dos Estados Unidos. A sua história é belamente narrada pela sua tataraneta: A'Lelia Bundles, *On Her Own Ground: The Life and Times of Madam C. J. Walker* (Nova York: Scribner, 2001).

72 **É difícil medir**: O estudo de persistência no laboratório descrito aqui é L. Solberg Nes, S. Segerstrom e S. E. Sephten, "Engagement and Arousal: Optimism's Effect During a Brief Stressor," *Personality and Social Psychology Bulletin* 31 (2005): 111-20.

72 **Ao testar grandes números de estudantes de Direito**: S. Segerstrom, "Optimism, Goal Conflict, and Stressor-Related Immune Change," *Journal of Behavioral Medicine* 24 (2001): 441-67.

73 **pelos resultados de uma meta-análise**: H. N. Rasmussen et al., "Optimism and Physical Health: A Meta-Analytic Review," *Annals of Behavioral Medicine* 37 (2009): 239-56.

74 **O otimismo é um ingrediente essencial**: Os comentários de Bezos sobre a importância do otimismo para os negócios são citados em Jack Roseman, "Entrepreneurship: Optimism Vital to Entrepreneurs, As Is Ability to Calculate Risks, Costs," *Post-Gazette* (Pittsburgh), 6 de junho de 2004, e em Alan Deuts-

chman, "Inside the Mind of Jeff Bezos," *Fast Company*, 19 de dezembro de 2007, www.fastcompany.com/magazine/85/beos1.html. Jeff Bezos foi declarado Homem do Ano da revista *Time* em 1999; uma narrativa detalhada da história da sua vida e da fundação da Amazon.com pode ser encontrada na revista *Time*, edição de 27 de dezembro de 1999.

74 **Nelson Mandela**: A extraordinária história de vida incrível e inspiradora de Nelson Mandela pode ser lida no seu maravilhoso livro *Long Walk to Freedom: The Autobiography of Nelson Mandela* (Boston: Little, Brown, 1994).

75 **"da quase deliberada ignorância**: As citações aqui foram extraídas do discurso de Barack Obama à Convenção Nacional Democrática no dia 27 de julho de 2004 (consulte www.dems2004.org). Uma descrição mais ampla dessas opiniões estão disponíveis em Barack Obama, *The Audacity of Hope: Thoughts on Reclaiming the American Dream* (Nova York: Crown, 2006).

75 **Shirin Ebadi é um bom exemplo**: A Dra. Shirin Ebadi nasceu em 1947 em Hamedan, uma cidade no noroeste do Irã. Ela é uma destacada ativista dos direitos humanos, e detalhes da sua vida podem ser encontrados em nobelprize.org/nobel_prizes/peace/laureates/2003/ebadi-autobio.html. Outros detalhes das suas opiniões podem ser encontrados em uma entrevista com Voice of America de 12 de novembro de 2009 (http://www.voanews.com/english/news/middle-east/a-13-2009-11-12-voa1-69822647.html). Em junho de 2009, Ebadi descreveu como o governo fechou o seu escritório e confiscou o seu apartamento bem como a sua conta bancária. Vários membros da sua família são constantemente perseguidos e ameaçados pelas autoridades. No entanto, Ebadi continua a lutar por justiça, implorando às mulheres, em particular, para que assumam um papel mais amplo na sociedade por meio da educação e da participação ativa na política. A justiça social só é alcançada por causa de pessoas como ela.

Capítulo 3: O cérebro cinzento

79 **fascinantes experimentos sobre este assunto**: Os experimentos que mostraram que as pessoas notam mais rapidamente cobras e aranhas em tarefas de busca visual em comparação com imagens não relacionadas com o medo são relatadas em A. Öhman, A. Flykt e F. Esteves, "Emotion Drives Attention: Detecting the Snake in the Grass," *Journal of Experimental Psychology: General* 130 (2001): 466-478. Uma síntese acessível de que o cérebro possui um módulo do medo evoluído que reage especialmente a ameaças antigas pode ser encontrada em A. Öhman e S. Mineka, "The Malicious Serpent: Snakes as a Prototypical Stimu-

lus for an Evolved Module of Fear," *Current Directions in Psychological Science* 12 (2003): 5-9. Para um maravilhoso e interessante relato de como a presença de cobras no nosso antigo ambiente foi um dos principais propulsores da evolução humana, consulte Lynne Isbell, *The Fruit, the Tree, and the Serpent: Why We See So Well* (Cambridge, MA: Harvard University Press, 2009).

81 **Hoje, sabemos mais a respeito do medo**: Um relato altamente acessível e interessante de como o sistema do medo opera pode ser encontrado *on-line* em uma exibição chamada Goose Bumps: The Science of Fear [Arrepios de Medo: A Ciência do Medo], desenvolvida pelo California Science Center (consulte www.fearexhibit.org). Um vívido relato de como a nossa mente funciona na presença de um perigo extremo também pode ser encontrado no livro de Jeff Wise, *Extreme Fear: The Science of Your Mind in Danger* (Nova York: Palgrave Macmillan, 2009). Um dos melhores livros sobre o medo escrito por um destacado cientista da neurologia do medo ainda é o de Joseph E. LeDoux, *The Emotional Brain: The Mysterious Underpinnings of Emotional Life* (Nova York: Simon & Schuster, 1996). Para uma síntese mais acadêmica, consulte E. A. Phelps, "Emotion and Cognition: Insights from Studies of the Human Amygdala," *Annual Review of Psychology* 57 (2006): 27-53; J. E. LeDoux, "Emotion Circuits in the Brain," *Annual Review of Neuroscience* 23 (2000): 155-218; e A. J. Calder, A. D. Lawrence e A. W. Young, "Neuropsychology of Fear and Loathing," *Nature Reviews Neuroscience* 2 (2001): 352-63.

82 **Um amigo meu que trabalhava**: A experiência do meu amigo é um exemplo de um conhecido fenômeno em psicologia chamado "efeito de foco da arma", que é a constatação de que a presença de uma arma tende a atrair a atenção e, por conseguinte, reduz a validade das testemunhas oculares. Uma boa síntese de estudos que examinam esse efeito pode ser encontrada em um artigo de Nancy Mehrkens Steblay, "A Meta-Analytic Review of the Weapon Focus Effect," *Law and Human Behavior* 16, nº 4 (1992): 413-24.

82 **evidências convincentes de que a amígdala**: Um dos primeiros estudos que mostram a ativação diferencial da amígdala humana diante de expressões amedrontadas e expressões felizes é o de J. Morris et al., "A Differential Response in the Human Amygdala to Fearful and Happy Facial Expressions," *Letter to Nature* 383 (1996): 812-15.

83 **se a amígdala reagiria a ameaças *inconscientes***: O estudo que mostra que a amígdala reage a ameaças inconscientes está publicado em J. S. Morris, A. Öhman e R. J. Dolan, "A Sub-Cortical Pathway to the Right Amygdala Mediating 'Unseen' Fear," *Proceedings of the National Academy of Sciences* 96 (1998): 1680-685.

84 **realizei uma série de testes**: O experimento com JB foi publicado em E. Fox, "Processing Emotional Expressions: The Role of Anxiety and Awareness," *Cognitive, Affective, and Behavioral Neuroscience* 2 (2002): 52-63.

85 **Marco Tamietto e Beatrice de Gelder**: A equipe liderada por Beatrice de Gelder em Tilburg realizou alguns estudos extraordinários com pacientes com dano cerebral que sofriam de visão cega e negligência visual. O trabalho deles é explicado em um excelente artigo de Beatrice de Gelder, "Uncanny Sight in the Blind," *Scientific American* (maio de 2010): 43-7. O artigo que demonstra que pacientes com negligência espacial ainda podem reparar na linguagem corporal amedrontada é de M. Tamietto et al., "Seeing Fearful Body Language Overcomes Attentional Deficits in Patients with Neglect," *Journal of Cognitive Neuroscience* 19 (2007): 445-54.

86 **de Gelder e a sua equipe conduziram**: O estudo que relata que expressões de medo não vistas podem desencadear o contágio emocional na visão cega é de M. Tamietto et al., "Unseen Facial and Bodily Expressions Trigger Fast Emotional Reactions," *Proceedings of the National Academy of Sciences* 106 (2009): 17661-17666. É claro que é possível que as demonstrações relatadas por de Gelder e seus colegas não sejam, afinal de contas, de visão cega por causa da neuroplasticidade que pode ocorrer depois de um dano cerebral. Hoje sabemos que o cérebro tem uma extraordinária capacidade de se reprogramar rapidamente depois de um dano, e que, portanto, pacientes com visão cega podem ter aprendido a enxergar por meio de outros trajetos. Mesmo que este seja o caso — e as pesquisas estão investigando isso agora — a descoberta de que os sinais de medo são especialmente proeminentes confirma que o nosso cérebro de emergência é um dos circuitos mais poderosos e penetrantes na nossa cabeça.

87 **Adam Anderson, psicólogo**: O estudo que mostra que assumir uma expressão amedrontada conduz a uma visão melhor está publicado em J. M. Susskind et al., "Expressing Fear Enhances Sensory Acquisition," *Nature Neuroscience* 11 (2008): 843-50.

87 **Liz Phelps, psicóloga da Universidade de Nova York**: O estudo de Liz Phelps e da sua equipe demonstrando como ver rapidamente um rosto amedrontado pode melhorar a nossa visão está publicado em E. Phelps, S. Ling e M. Carrasco, "Emotion Facilitates Perception and Potentiates the Perceptual Benefits of Attention," *Psychological Science* 17 (2006): 292-99.

88 **A capacidade do medo de se apoderar do sistema**: A descrição de Colin Stafford Johnson do seu encontro com uma tigresa na Índia foi relatada em uma entrevista com Michael Kelly em "21st Century Fox," *Irish Times Magazine*, 29 de março de 2008.

90 *tarefa de detecção da pulsação:* O estudo relatado aqui pode ser encontrado em H. D. Critchley et al., "Neural Systems Supporting Interoceptive Awareness," *Nature Neuroscience* 7 (2004): 189-95. Os dois breves artigos que se seguem também fornecem boas descrições da ciência por trás da maneira como o nosso cérebro respalda os sentimentos conscientes de emoções: A. D. (Bud) Craig, "Human Feelings: Why Are Some More Aware Than Others?" *Trends in Cognitive Sciences* 8, nº 6 (2004): 239-41; John S. Morris, "How Do You Feel?" *Trends in Cognitive Sciences* 6, nº 8 (2002): 317-19.

90 **Respaldando a teoria original de James**: Dolan e Critchley partem do princípio que ser capazes de detectar a nossa pulsação poderia ajudar a converter esses estados corporais em sentimentos. No entanto, outra possibilidade é que as pessoas que são mais ansiosas e apreensivas podem ter uma percepção melhor, como vimos no trabalho de Liz Phelps e Adam Anderson, e portanto o relacionamento segue na direção oposta. Em outras palavras, talvez se sentir levemente apreensivo conduza a uma melhor percepção, e não ao contrário.

92 **o notório "comercial da margarida"**: A história do comercial da campanha é narrada no excelente livro de Drew Westen *The Political Brain: The Role of Emotion in Deciding the Fate of the Nation* (Nova York: PublicAffairs, 2007). Westen discute o papel das emoções na influência de padrões de votação e persuasão política.

93 **o comercial persuadiu as pessoas inconscientemente**: O livro de Drew Weston apresenta muitos exemplos de persuasão política. Para um relato mais amplo e altamente acessível de como o fato de a nossa mente estar controlada pode nos deixar mais expostos a ser persuadidos, consulte Kevin Dutton, *Flipnosis: The Art of Split-Second Persuasion* (Londres: William Heinemann, 2010), também publicado como *Split-Second Persuasion: The Ancient Art and New Science of Changing Minds* (Boston: Houghton Mifflin Harcourt, 2011).

93 **podemos estudar pessoas que sofreram uma lesão permanente**: Uma descrição de dois pacientes (DR e SE) com lesão na amígdala pode ser encontrada em A. J. Calder, "Facial Emotion Recognition After Bilateral Amygdala Damage: Differentially Severe Impairment of Fear," *Cognitive Neuropsychology* 13 (1996): 699-745, enquanto os resultados de outros cinco pacientes, entre eles RS, estão relatados em P. Broks et al., "Face Processing Impairments After Encephalitis: Amygdala Damage and Recognition of Fear," *Neuropsychologia* 36 (1998): 59-70. Uma boa referência geral é R. Adolphs et al., "Fear and the Human Amygdala," *Journal of Neuroscience* 15 (1995): 5879-891.

95 **Andy e a sua equipe também descobriram**: O artigo que mostra que DR não consegue reconhecer nem sons nem expressões faciais relacionados com o

medo e com a raiva é de S. K. Scott et al., "Impaired Auditory Recognition of Fear and Anger Following Bilateral Amygdala Lesions," *Nature* 385 (1997): 254-57.

96 **a lesão na amígdala causa problemas genuínos**: A descoberta que a amígdala é importante para a avaliação da confiabilidade e de outros traços da personalidade é relatada em R. Adolphs, S. Baron-Cohen e D. Tranel, "Impaired Recognition of Social Emotions Following Amygdala Damage," *Journal of Cognitive Neuroscience* 14 (2002): 1264-274.

96 **as características que nos levam a fazer essas avaliações instantâneas**: Demonstrações interessantes das feições dos rostos confiáveis e não confiáveis podem ser vistas no website de Alexander Todorov: webscript.princeton.edu/~tlab/demonstrations/. Várias publicações podem ser encontradas nesse website; uma delas, que relata interessantes resultados sobre as feições dos rostos confiáveis e não confiáveis, é de A. N. Oosterhof e A. Todorov, "Shared Perceptual Basis of Emotional Expressions and Trustworthiness Impressions from Faces," *Emotion* 9 (2009): 128-33.

96 **Ray Dolan e seus colegas**: Um experimento que demonstra que a amígdala e a ínsula reagem aos rostos não confiáveis está publicada em J. S. Winston et al., "Automatic and Intentional Brain Responses During Evaluation of Trustworthiness of Faces," *Nature Neuroscience* 5 (2002): 277-83.

97 **A equipe de Adolphs também testou SM**: O estudo que demonstra que a lesão na amígdala conduz a apostas arriscadas é de B. De Martino, C. F. Camerer e R. Adolphs, "Amygdala Damage Eliminates Monetary Loss Aversion," *Journal of Neuroscience* 107 (2010): 3788-792.

98 **a amígdala é importante na articulação**: O artigo que mostra que SM tem um espaço pessoal menor do que o normal é de D. P. Kennedy et al., "Personal Space Regulation by the Human Amygdala," *Nature Neuroscience* 12 (2009): 1226-227.

99 **Richard Davidson, psicólogo da Universidade de Wisconsin**: Uma boa síntese de um trabalho que mostra que uma assimetria cerebral no lado direito está relacionada com níveis mais elevados de ansiedade é apresentada em R. J. Davidson, "Affective Style and Affective Disorders: Perspectives from Affective Neuroscience," *Cognition & Emotion* 12 (1998): 307-30. O experimento que mostra que esse padrão de atividade cerebral estava relacionado com níveis aumentados de cortisol na corrente sanguínea está publicado em N. H. Kalin et al., "Asymmetric Frontal Brain Activity, Cortisol, and Behavior Associated with Fearful Temperament in Rhesus Monkeys," *Behavioral Neuroscience* 112 (1998): 286-92.

100 **o Inventário de Ansiedade Traço de Estado* (STAI)**: O STAI de Spielberger é amplamente usado no mundo inteiro para medir os dois componentes da ansiedade de estado e traço. Detalhes adicionais podem ser encontrados em www.mindgarden.com/products/staisad.htm.

100 **um breve questionário aos alunos**: Meus colegas e eu desenvolvemos a Escala de Neuroticismo de Essex que nos permite identificar rapidamente pessoas com uma ansiedade traço potencialmente elevada ou baixa para participar dos nossos estudos. Ela não foi validada, mas em testes com 146 estudantes que preencheram o nosso questionário bem como o questionário de Ansiedade Traço de Spielberger, a correlação encontrada foi de 0,82, que é altamente positiva. Em outras palavras, se alguém tem uma pontuação elevada na escala de Essex, é bastante provável que ela tenha uma pontuação elevada na escala de Spielberger; se ela tiver uma pontuação baixa nessa escala, é quase certo que revelarão uma ansiedade traço baixa na escala de Spielberger. Para calcular o seu resultado, você só precisa somar todos os números que você envolveu com um círculo, invertendo os itens 5, 7, 9 e 10. Desse modo, se você marcou 5 em qualquer um desses itens, você deve marcá-lo como 1, enquanto um 4 se torna 2, um 3 permanece um 3, um 2 se torna 4, e um 1 se torna 5. O resultado médio que encontramos é geralmente em torno de 24, com os resultados baixos sendo em torno de 18 ou menos. Um resultado acima de 40 é considerado relativamente elevado.

102 **Karin Mogg e Brendan Bradley**: O estudo descrito aqui foi publicado em K. Mogg et al., "Selective Attention to Threat: A Test of Two Cognitive Models of Anxiety," *Cognition & Emotion* 14 (2000): 375-99.

102 **usei uma tarefa chamada *attentional blink test***: O estudo que demonstra que as pessoas que revelam níveis elevados de ansiedade traço estão mais propensas a notar expressões faciais amedrontadas do que expressões faciais alegres em um *attentional blink test* é relatado em E. Fox, R. Russo e G. Georgiou, "Anxiety Modulates the Degree of Attentive Resources Required to Process Emotional Faces," *Cognitive, Affective, & Behavioral Neuroscience* 5 (2005): 396-404.

104 **Assim como Ray Dolan e outros**: Foram agora publicados vários estudos que mostram que a reação da amígdala ao perigo se torna mais forte à medida que a ansiedade aumenta. O nosso artigo que mostra que a ansiedade influencia as reações da amígdala à ameaça, especialmente no caso de rostos zangados olhando diretamente para nós, está publicado em M. P. Ewbank, E. Fox e A. J.

---

* State-Trait Anxiety Inventory (STAI) no original. (N. dos trads.)

Calder, "The Interaction Between Gaze and Facial Expression in the Amygdala and Extended Amygdala Is Modulated by Anxiety," *Frontiers in Human Neuroscience* 4 (julho de 2010): Artigo 56.

105 **Sonia Bishop e seus colegas**: O estudo que mostra que as pessoas com uma elevada ansiedade traço têm mais dificuldade em ativar os seus centros de inibição quando se veem diante de uma ameaça está publicado em S. J. Bishop et al., "Prefrontal Cortical Function and Anxiety: Controlling Attention to Threat Related Stimuli," *Nature Neuroscience* 7 (2004): 184-87.

Capítulo 4: Genes do otimismo e do pessimismo

107 **a descoberta do "gene do otimismo"**: O meu estudo que gerou notícias da mídia sobre a descoberta de um gene do otimismo pode ser encontrado em Elaine Fox, Anna Ridgewell e Chris Ashwin, "Looking on the Bright Side: Biased Attention and the Human Serotonin Transporter Gene," *Proceedings of the Royal Society: Biological Sciences* 276 (2009): 1747-751. O experimento relatado nesse artigo mostra que variações no gene transportador de serotonina está na base das tendências da atenção para assuntos negativos ou positivos, que estão, é claro, associadas às mentalidades pessimista e otimista, respectivamente.

108 **quase 46 mil gêmeos e seus parentes**: O estudo mencionado aqui está publicado em Robert I. E. Lamb et al., "Further Evidence Against the Environmental Transmission of Individual Differences in Neuroticism from a Collaborative Study of 45,850 Twins and Relatives on Two Continents," *Behavior Genetics* 30 (2000): 223-33. O nosso estudo sobre a herdabilidade do otimismo como medida pelo LOT-R está sendo atualmente preparado para publicação. Outro estudo com 3.053 gêmeos com mais de 50 anos de idade também usou o LOT-R e constatou uma herdabilidade de 36%. Esse estudo está relatado em Miriam A. Mosing et al., "Genetic and Environmental Influences on Optimism and Its Relationship to Mental and Self-Rated Health: A Study of Aging Twins," *Behavior Genetics* 39 (2009): 597-604.

112 **os dois campos da ciência genética**: À medida que me familiarizei mais com essas perspectivas divergentes, eu me conscientizei de que as opiniões delas tinham recebido uma vantagem nítida devido à enorme quantidade de dinheiro necessária para responder a uma pergunta enganadora simples: que genes nos predispõem à doença mental ou à felicidade? Em 2007, o Stanley Medical Research Institute em Chevy Chase, Maryland, doou 100 milhões de dólares ao Broad Institute em Cambridge, Massachusetts, para financiar os GWAS para encontrar genes para o risco de doenças psiquiátricas. Um ano depois,

a Essel Foundation, fundada pela família Liber, doou a mesma quantia para Daniel Weinberger e a sua equipe para realizar estudos da abordagem do gene candidato em psiquiatria. Os recursos estão afluindo para os dois lados, e à medida que novas informações chegam do mundo inteiro, é bastante provável que cientistas dos dois lados da linha divisória comecem, com o tempo, a trabalhar juntos.

112 **Danny Weinberger, psiquiatra experimental**: O estudo discutido aqui está publicado em Michael F. Egan et al., "Effect of COMT Val$^{108/158}$ Met Genotype on Frontal Lobe Function and Risk for Schizophrenia," *Proceedings of the National Academy of Sciences* 98 (5 de junho de 2001): 6917-922.

114 **Como declarou um recente livro de genética**: Jonathan Flint., Ralph J. Greenspan e Kenneth S. Kendler, *How Genes Influence Behavior* (Nova York: Oxford University Press, 2010).

114 **Helle Larsen, psicóloga**: O estudo discutido aqui está publicado em Helle Larsen et al., "A Variable-Number-of-Tandem-Repeats Polymorphism in the Dopamine D4 Receptor Gene Affects Social Adaptation of Alcohol Use: Investigation of a Gene by Environment Interaction," *Psychological Science* 21 (2010): 1064-068.

115 **Um dos que se expressam mais abertamente**: Jonathan Flint, junto com Marcus Munafo, psicólogo da Universidade de Bristol, conduziram muitas meta-análises (estudos de estudos) para testar se traços de personalidade como o neuroticismo podem ser atribuídos a um gene específico. Eles geralmente constatam que os resultados diferem dependendo do questionário particular utilizado pelos pesquisadores originais. Alguns questionários mostram uma ligação, ao passo que outros não. Dois artigos acadêmicos tratam dessa questão para o leitor interessado: M. R. Munafo et al., "5-HTTLPR Genotype and Anxiety-Related Personality Traits: A Meta-Analysis and New Data," *American Journal of Medical Genetics B: Neuropsychiatric Genetics* 150B, nº 2 (2009): 271, e M. R. Munafo e J. Flint, "Meta-Analysis of Genetic Association Studies," *Trends in Genetics* 20 (2005): 439-44.

116 **genes únicos têm apenas um minúsculo impacto**: Uma excelente discussão dessa questão pode ser encontrada em Flint, Greenspan e Kendler, *How Genes Influence Behavior*.

118 **as medidas resultantes frequentemente**: Quero ressaltar que discuti a questão de as medidas resultantes nos GWAS serem menos sensíveis do que as dos estudos do gene candidato com o psiquiatra Kenneth Kendler, da Universidade da Virgínia, depois de uma palestra que ele apresentou na Universidade de Oxford em outubro de 2011. Embora ele concorde, em linhas gerais, que isso

seja verdade no caso de muitos GWAS, ele também deixa claro que muitos estudos "no campo" recolhem informações bem mais detalhadas a respeito do histórico da família e de detalhes da vida profissional e social do que as dos estudos do gene candidato. Testar pessoas no laboratório tem muitas vantagens sem toda a desordem que encontramos na vida real. O problema é que alguns dos efeitos que são bem claros e fortes no ambiente controlado no laboratório podem não ser sólidos o bastante quando estamos testando as pessoas no seu ambiente familiar.

119 **O gene transportador de serotonina é um**: Boas sínteses acadêmicas do trabalho sobre o gene transportador de serotonina podem ser encontradas em A. R. Hariri and A. Holmes, "The Serotonin Transporter and the Genetics of Affect Regulation," *Trends in Cognitive Sciences* 10 (2006): 182-91, e T. Canli e K.-P. Lesch, "Long Story Short: The Serotonin Transporter in Emotion Regulation and Social Cognition," *Nature Neuroscience* 10 (2007): 1103-109.

119 **no primeiro estudo sobre como os genes**: O estudo clássico, dirigido por Avshalom Caspi e Terrie Moffitt, que mostrou uma interação gene-ambiente com o gene transportador de serotonina e o risco da depressão é de A. Caspi et al., "Influence of Life Stress on Depression: Moderation by a Polymorphism in the 5-HTT Gene," *Science* 301 (18 de julho de 2003). O relacionamento entre o gene transportador de serotonina se tornou recentemente polêmico, com alguns estudos encontrando fortes efeitos e outros não encontrando nenhuma relação. Uma meta-análise, por exemplo, chegou à conclusão de que a interação do transportador de serotonina e eventos estressantes da vida *não* aumentava a depressão. Consulte N. Risch et al., "Interaction Between the Serotonin Transporter Gene (5-HTTLPR), Stressful Life Events, and Risk of Depression: A Meta-Analysis," *Journal of the American Medical Association* 23 (17 de junho de 2009). Parte do problema é que existe uma vasta variação na competência de diferentes estudos de medir eventos estressantes da vida. Alguns estudos avaliam o estresse apenas ao longo de um breve período — digamos, cerca de um ano — enquanto outros medem o estresse em períodos muito mais longos, como os cinco anos usados no estudo de Caspi. Essas diferenças no *design* do estudo frequentemente resultam em resultados aparentemente conflitantes. No entanto, as evidências totais de que existem importantes interações gene--ambiente no risco da depressão e de outros distúrbios psiquiátricos permanecem fortes. Para uma excelente síntese de como os genes e o ambiente podem interagir na psiquiatria, consulte A. Caspi e T. E. Moffitt, "Gene-Environment Interactions in Psychiatry: Joining Forces with Neuroscience," *Nature Reviews Neuroscience* 7 (2006): 583-90.

121 **Uma vez mais, um estudo realizado por Avshalom Caspi**: O estudo que mostra que crianças que sofreram abuso só desenvolveram problemas antissociais quando tinham uma variante específica do gene MAOI é A. Caspi et al., "Role of Genotype in the Cycle of Violence in Maltreated Children," *Science* 297 (2002): 851.

122 **descobriram uma ligação entre dois genes**: O artigo original que relatou essa descoberta é de C. M. Kuhnen and J. Y. Chiao, "Genetic Determinants of Financial Risk Tasking," *PLoS ONE* 4, nº 2, e4362 (2009): 1-4. Uma síntese mais acessível desse estudo foi publicada *on-line*: "Big-Time Financial Risk Taking: Blame It on Their Genes," *Science Daily*, 11 de fevereiro de 2009, www.sciencedaily.com/releases/2009/02/090211082352.htm.

122 **Ahmad Hariri, um dinâmico defensor**: Ahmad Hariri e seus colegas realizaram muitos estudos sobre o transportador de serotonina, junto com vários outros genes, e a associação deles com traços de ansiedade. O estudo clássico mostrando que a amígdala reage mais nos portadores de alelos curtos está publicado em A. R. Hariri et al., "Serotonin Transporter Genetic Variation and the Response of the Human Amygdala," *Science* 297 (2002): 400-03. Uma meta-análise publicada em 2008 encontrou respaldo para a associação do polimorfismo transportador de serotonina e a ativação da amígdala, embora essa análise também tenha descoberto que o efeito encontrado no primeiro estudo foi uma superestimação, o que é típico de muitos GWAS. Essa meta-análise está publicada em M. R. Munafo, S. M. Brown e A. R. Hariri, "Serotonin Transporter (5-HTTLPR) Genotype and Amygdala Activation: A Meta-Analysis," *Biological Psychiatry* 63 (2008): 852-57.

123 **No meu laboratório**: O nosso artigo sobre a base genética das tendências pessimistas e otimistas é Fox, Ridgewell e Ashwin, "Looking on the Bright Side."

126 **um novo estudo que vínhamos realizando**: O estudo discutido aqui está publicado em Elaine Fox et al., "The Serotonin Transporter Gene Alters Sensitivity to Attention Bias Modification: Evidence for a Plasticity Gene," *Biological Psychiatry* 70 (2011): 1049-054.

127 **uma nova teoria radical**: Essas ideias teóricas são descritas em J. Belsky e M. Pluess, "Beyond Diathesis-Stress: Differential Susceptibility to Environmental Influences," *Psychological Bulletin* 135 (2009): 885-908. Para uma leitura altamente acessível sobre a ideia de que as pessoas com certos genótipos podem se sair pior em uma crise porém ser mais beneficiadas quando os tempos são bons, consulte David Dobbs, "The Science of Success," *Atlantic* (dezembro de 2009).

128 **Kathleen Gunthert e colegas:** O estudo discutido aqui é de Kathleen Gunthert et al., "Serotonin Transporter Gene Polymorphism (5-HTTLPR) and Anxiety Reactivity in Everyday Life: A Daily Process Approach to Gene by Environment Interaction," *Psychosomatic Medicine* 69 (2007): 762-68.

130 **Usando os meticulosos registros suecos:** Uma excelente síntese desse trabalho e da epigenética em geral pode ser encontrada em John Cloud, "Why Your DNA Isn't Your Destiny," *Time*, 6 de janeiro de 2010.

131 **Bygren e Golding, trabalhando com:** O estudo discutido aqui está publicado em Marcus E. Pembrey et al., "Sex-Specific, Male-Line Transgenerational Responses in Humans," *European Journal of Human Genetics* 14 (2006): 159-66.

132 **O seu grupo de laboratório descobriu:** Esse trabalho está descrito em "Epigenetics: DNA Isn't Everything," *Science Daily*, 12 de abril de 2009, www.sciencedaily.com/releases/2009/04/090412081315.htm.

132 **A herança epigenética não está restrita:** Existem hoje centenas de estudos bem-documentados que demonstram a herança epigenética sem a mudança da estrutura fundamental do DNA. Uma análise crítica abrangente pode ser encontrada em Eva Jablonka e Gal Raz, "Transgenerational Epigenetic Inheritance: Prevalence, Mechanisms, and Implications for the Study of Heredity and Evolution," *Quarterly Review of Biology* 84, nº 2 (2009): 131-76. Uma síntese menos técnica da epigenética com ênfase nas implicações para o tratamento do câncer pode ser encontrada em Stephen S. Hall, "Beyond the Book of Life," *Newsweek*, 13 de julho de 2009.

132 **Em uma pesquisa realizada por:** O trabalho de Tracy Bale e seus colegas demonstrando que uma dieta com um elevado teor de gordura na gravidez pode causar mudanças epigenéticas em camundongos está publicada em G. A. Dunn e T. L. Bale, "Maternal High-Fat Diet Promotes Body Length Increase and Insulin Insensitivity in Second-Generation Mice," *Endocrinology* 150, nº 11 (2009): 4999-5009.

133 **Como explicam Frances Champagne:** O seguinte artigo apresenta uma excelente síntese da interação entre os genes e o ambiente: F. A. Champagne e R. Mashoodh, "Genes in Context: Gene-Environment Interplay and the Origins of Individual Differences in Behavior," *Current Directions in Psychological Science* 18 (2009): 127-31. O diagrama apresentado aqui (Figura 4.5) é uma versão modificada da Figura 1 desse artigo.

135 **Uma série fascinante de estudos:** O trabalho empírico conduzido por Ian Weaver e seus colegas é descrito em I. C. Weaver et al., "Epigenetic Programming by Maternal Behavior," *Nature Neuroscience* 7 (2004): 847-54. Para uma excelente síntese da epigenética e de como as diferenças nos cuidados maternos podem

causar profundos efeitos na expressão de genes que podem ser passados de geração em geração, consulte Frances A. Champagne, "Epigenetic Mechanisms and the Transgenerational Effects of Maternal Care," *Frontiers of Neuroendocrinology* 29 (2008): 386-97.

136 **Tim Oberlander**: Esse trabalho que mostra que a depressão materna pode resultar no silenciamento de alguns genes que nos ajudam a lidar com o estresse está publicado em T. F. Oberlander et al., "Prenatal Exposure to Maternal Depression, Neonatal Methylation of Human Glucocorticoid Receptor Gene (NR3C1) and Infant Cortisol Stress Responses," *Epigenetics* 3, nº 2 (2008): 97-106.

Capítulo 5: A mente maleável

139 **Em 2000, a Professora Eleanor Maguire**: Esse trabalho foi publicado em E. A. Maguire et al., "Navigation Related Structural Change in the Hippocampi of Taxi Drivers," *Proceedings of the National Academy of Sciences* 97 (2000): 4398-403.

140 **Várias áreas do cérebro**: Evidências para esta afirmação podem ser encontradas em C. Gaser e G. Schlaug, "Brain Structures Differ Between Musicians and Non-Musicians," *Journal of Neuroscience* 23 (2003): 9240-245.

140 **Com a descoberta da neuroplasticidade**: Um relato muito acessível da ciência e dos cientistas que descobriram como os processos plásticos do cérebro realmente são encontra-se em Norman Doidge, *The Brain That Changes Itself: Stories of Personal Triumph from the Frontiers of Brain Science* (Nova York: Penguin Books, 2007). Outro livro excelente que relata grande parte do mesmo material mas que se concentra em uma conferência promovida pelo Dalai Lama em 2004 com alguns cientistas proeminentes sobre o tema da plasticidade do cérebro é Sharon Begley, *The Plastic Mind: New Science Reveals Our Extraordinary Potential to Transform Ourselves* (Londres: Constable & Robinson, 2009).

141 **Vários estudos hoje confirmam**: O estudo que mostra que áreas do córtex visual foram recrutadas para processar sons nas pessoas cegas foi relado por A. A. Stevens et al., "Preparatory Activity in Occipital Cortex in Early Blind Humans Predicts Auditory Perceptual Performance," *Journal of Neuroscience* 27 (2007): 10734-0741.

141 **A neurocientista Helen Neville**: Neville e seus colegas publicaram várias constatações relevantes. A primeira demonstração foi em H. J. Neville, A. Schmidt e M. Kutas, "Altered Visual-Evoked Potentials in Congenitally Deaf Adults," *Brain Research* 266 (1983): 127-32. Uma discussão mais recente é apresentada

em D. Bavelier et al., "Visual Attention to the Periphery Is Enhanced in Congenitally Deaf Individuals," *Journal of Neuroscience* 20 (2000): 1-6.

142 **Ironicamente, William James**: William James, *The Principles of Psychology* (Nova York: Henry Holt, 1890).

142 **alguns experimentos pioneiros**: Este trabalho é descrito em T. G. Brown e C. S. Sherrington, "On the Instability of a Cortical Point," *Proceedings of the Royal Society: Biological Sciences* 85 (1912): 250-77. Esse trabalho, que deu uma pista inicial de que o cérebro poderia ser altamente flexível, foi em grande medida desconsiderado. Charles Scott Sherrington ganhou posteriormente o Prêmio Nobel de fisiologia e medicina em 1932 pelo seu trabalho sobre o sistema nervoso.

142 **Shepherd Ivory Franz descobriu uma coisa**: Uma boa síntese dos estudos que conduziram Franz a essas conclusões encontra-se em S. L. Franz, "The Functions of the Cerebrum," *Psychological Bulletin* 13 (1916): 149-73. Uma excelente síntese da vida de S. L. Franz e da sua frequentemente desconsiderada contribuição para a história da psicologia pode ser encontrada em V. A. Colotle e P. Bach-y-Rita, "Shepherd Ivory Franz: His Contributions to Neuropsychology and Rehabilitation," *Cognitive, Affective, & Behavioral Neuroscience* 2 (2002): 141-48.

143 **Ao mostrar que áreas do córtex motor mudavam**: Karl Lashley passou muitos anos estudando e procurando a "localização" da memória no cérebro. Em 1950, ele resumiu todo o seu trabalho, que, em última análise, deixou de estabelecer que as nossas memórias existiam em uma área particular do cérebro. O artigo é K. S. Lashley, "In Search of the Engram," *Symposia for the Society of Experimental Biology* 4 (1950): 454-82. O trabalho de Lashley demonstrando a plasticidade do córtex motor do cérebro do macaco é K. S. Lashley, "Temporal Variation in the Function of the Gyrus Precentralis in Primates," *American Journal of Physiology* 65 (1923): 585-602. Uma interessante síntese da vida e da contribuição de Lashley para o desenvolvimento da psicologia pode ser encontrada em N. M. Weidman, *Constructing Scientific Psychology: Karl Lashley's Mind-Brain Debate* (Cambridge, Reino Unido: Cambridge University Press, 1999).

144 **"Células que disparam juntas**: O princípio da ação de massa é descrito no livro clássico de Hebb. Consulte Donald O. Hebb, *The Organization of Behavior: A Neuropsychological Theory* (Nova York: Wiley, 1949), 60. Uma síntese clara da teoria da neuroplasticidade de Hebb pode ser encontrada em S. J. Cooper, "Donald O. Hebb's Synapse and Learning Rule: A History and Commentary," *Neuroscience and Biobehavioral Reviews* 28 (2005): 851-74.

144 **ainda foram necessários mais de trinta anos**: Excelentes sínteses da história da neuroplasticidade podem ser encontradas em P. R. Huttenlocher, *Neural Plasticity: The Effects of the Environment on the Development of the Cerebral Cortex* (Cambridge, MA: Harvard University Press, 2002), e Jeffrey M. Schwartz e Sharon Begley, *The Mind and the Brain: Neuroplasticity and the Power of Mental Force* (Nova York: Harper-Collins, 2002). Discussões um tanto mais acessíveis dessa história podem ser encontradas no livro posterior de Begley *The Plastic Mind* e no livro de Norman Doidge *The Brain That Changes Itself*. A neuroquímica e os mecanismos do cérebro subjacentes às propostas de Hebb foram descobertos com o tempo por Eric Kandel da Universidade Columbia em Nova York; ele dividiu o Prêmio Nobel em 2000 pelas suas descobertas na base molecular do aprendizado e da memória.

145 **eles começaram a série de estudos**: Uma descrição deste trabalho está disponível em qualquer livro-texto introdutório de psicologia ou livros-texto sobre percepção. O artigo original é D. H. Hubel e T. N. Wiesel, "The Period of Susceptibility to the Physiological Effects of Unilateral Eye Closure in Kittens," *Journal of Physiology* 206 (1970): 419-36.

146 **e psicóloga Teija Kujala demonstrou**: O principal experimento que demonstrou que o córtex visual é ativado pelo *uso da audição* em pessoas que só ficaram cegas depois do "período crítico" é de T. Kujala et al., "Electrophysiological Evidence for Cross-Modal Plasticity in Humans with Early- and Late-Onset Blindness," *Psychophysiology* 34 (1997): 213-16.

146 **O seu programa de trabalho inovador**: Alvaro Pascual-Leone realizou numerosos experimentos com seres humanos mostrando que quando uma atividade motora particular se repete um grande número de vezes, a parte do córtex responsável por essa atividade se expande. Por exemplo, alguns dos seus primeiros estudos mostraram que a região do córtex que controla o dedo "da leitura" é muito maior nas pessoas que sabem ler Braille em comparação com aquelas que não sabem. A. Pascual-Leone e F. Torres, "Plasticity of the Sensorimotor Cortex Representation of the Reading Finger in Braille Readers," *Brain* 116 (1993): 39-52. Isso refletiu um trabalho anterior que fora conduzido por Michael Merzenich com macacos. Na Universidade de Wisconsin, Merzenich e a sua equipe realizaram uma microcirurgia em vários jovens macacos e cortaram um nervo crucial na mão deles, de modo que as áreas corticais responsáveis por grande parte da mão pararam de receber sinais da mão. Eles esperaram cerca de sete meses para verificar o que tinha acontecido no cérebro desses macacos. Para sua grande surpresa, Merzenich descobriu que a área cortical do cérebro desses macacos tinha se reprogramado completamente. Em forte contradição

ao espírito da época na neurociência, ele havia demonstrado, sem sombra de dúvida, que o cérebro era plástico. Na realidade, as suas constatações estavam tão fora de sincronia que o artigo só foi publicado com a condição de que não fosse feita nenhuma menção à plasticidade neural! R. L. Paul, H. Goodman e M. M. Merzenich, "Alternations in Mechanoreceptor Input to Brodmann's Areas 1 and 3 of the Postcentral Hand Area of *Macaca Mulatta* After Nerve Section and Regeneration," *Brain Research* 39 (1972): 1-19.

148 **Gage chegou a essas conclusões**: A primeira demonstração de Gage de que jovens camundongos em ambientes enriquecidos efetivamente desenvolveram novos neurônios foi relatada em G. Gage et al., "More Hippocampal Neurons in Adult Mice Living in an Enriched Environment," *Nature* 386 (1997): 493-95. Essa equipe também descobriu, mais tarde, que a neurogênese também poderia ocorrer em animais muito mais velhos. G. Kempermann, H. G. Kuhn e F. H. Gage, "Experience-Induced Neurogenesis in the Senescent Dentate Gyrus," *Journal of Neuroscience* 18 (1998): 3206-212. É interessante assinalar, contudo, que essas não foram efetivamente as primeiras demonstrações de neurogênese. Assim como as descobertas iniciais da neuroplasticidade foram desconsideradas pela comunidade científica, os primeiros relatos de neurogênese do neurocientista do MIT Joseph Altman nos idos de 1962 também foram desconsiderados, apesar de terem sido publicados em uma publicação proeminente. Consulte J. Altman, "Are New Neurons Formed in the Brains of Adult Mammals?" *Science* 135 (1962): 1127-128. A história da descoberta da neurogênese é belamente narrada em Michael Spector, "Rethinking the Brain: How the Songs of Canaries Upset a Fundamental Principle of Science," *New Yorker* 23 de julho de 2001, e também em Begley, *The Plastic Mind*.

148 **Já se sabia que camundongos**: Mark Rosenzweig chefiou na década de 1960 uma equipe na Universidade da Califórnia, em Berkeley, que mostrou que ratos, ratos-do-deserto e camundongos criados em ambientes mais enriquecidos tinham o cérebro maior e mais pesado do que aqueles criados em um ambiente mais medíocre. Consulte M. R. Rosenzweig e E. L. Bennett, "Effects of Differential Environments on Brain Weights and Enzyme Activities in Gerbils, Rats, and Mice," *Developmental Psychobiology* 2 (1969): 87-95. Alguns anos depois, William Greenough da Universidade de Illinois mostrou que isso acontecia porque os ratos que eram criados em ambientes enriquecidos desenvolviam mais conexões entre os neurônios e produziam mais dendritos nos seus neurônios (a parte que recebe sinais dos outros neurônios), dando origem a redes corticais muito mais densas e compactas. F. R. Volkmar e W. T. Greenough,

"Rearing Complexity Affects Branching of Dendrites in the Visual Cortex of the Rat," *Science* 176 (1972): 1145-447.

149 **Como Gage declarou em uma pequena conferência**: Isto se refere a uma conferência Mente e Vida [Mind and Life] promovida pelo Dalai Lama com uma série de proeminentes cientistas realizada em Dharamsala em 2004 e relatada por Sharon Begley em *The Plastic Mind*, 79. O artigo científico que relata essa descoberta revolucionária é de P. S. Eriksson et al., "Neurogenesis in the Adult Human Hippocampus," *Nature Medicine* 4 (1998): 1313-317.

153 **Conhecida como *condicionamento do medo***: Uma excelente descrição do condicionamento do medo, e altamente acessível, feita por um dos líderes da área pode ser encontrada em Joseph E. LeDoux, *The Emotional Brain: The Mysterious Underpinnings of Emotional Life* (Nova York: Simon & Schuster, 1996). Uma clara síntese dos procedimentos do condicionamento do medo também pode ser encontrada em Joseph E. LeDoux, "Emotional Memory," *Scholarpedia* 2, nº 7 (2007): 1806.

153 **No famoso experimento do "Pequeno Albert"**: Este antigo e famoso exemplo do que é hoje conhecido como condicionamento do medo foi publicado em J. B. Watson e R. Raynor, "Conditioned Emotional Reactions," *Journal of Experimental Psychology* 3 (1920): 1-14.

154 **O psicólogo Mark Bouton da Universidade de Vermont**: O trabalho de Mark Bouton mostrando que o medo extinto pode ser restabelecido é discutido neste artigo acessível: M. E. Bouton, "Context, Ambiguity, and Classical Conditioning," *Current Directions in Psychological Science* 3 (1994): 49-53.

157 **Em um estudo conduzido no meu laboratório**: Os nossos experimentos de pesquisa visual que mostram que as ameaças contemporâneas — como armas de fogo e seringas — são encontradas com a mesma rapidez que perigos mais antigos — como cobras e aranhas — estão publicados em Elaine Fox, Laura Griggs e Elias Mouchlianitis, "The Detection of Fear-Relevant Stimuli: Are Guns Noticed as Quickly as Snakes?" *Emotion* 4 (2007): 691-96.

157 **clássico experimento conduzido por Susan Mineka**: Este estudo está publicado em M. Cook e S. Mineka, "Observational Conditioning of Fear to Fear-Relevant Versus Fear-Irrelevant Stimuli in Rhesus Monkeys," *Journal of Abnormal Psychology* 98 (1989): 448-59.

158 **o que foi chamado de *viés da covariação***: Muitos experimentos em laboratórios de psicologia mostraram que achamos mais fácil associar o perigo a algumas coisas do que a outras, mesmo quando não existe nenhuma associação efetiva. O primeiro estudo a demonstrar esse efeito está publicado em A. J. Tomarken,

S. Mineka e M. Cook, "Fear-Relevant Selective Associations and Covariation Bias," *Journal of Abnormal Psychology* 98 (1989): 381-94.

159 **O mesmo tipo de coisa acontece**: O experimento que demonstra que as pessoas tendem a superestimar o vínculo entre a felicidade e ser magra está publicado em R. J. Viken et al., "Illusory Correlation for Body Type and Happiness: Co-Variation Bias and Its Relationship to Eating Disorder Symptoms," *International Journal of Eating Disorders* 38 (2005): 65-72.

161 **uma síndrome assustadoramente chamada de *eletrossensibilidade***: Muitas pessoas acreditam que os telefones celulares podem afetar a sua saúde. No entanto, a grande maioria dos estudos científicos demonstrou que desde que as pessoas não tenham consciência de se o telefone está ligado ou desligado, elas são incapazes de detectar o telefone, e os sintomas delas não são piores quando o telefone está ligado do que quando ele não está. Órgãos de saúde pública no mundo inteiro vêm investindo grandes quantias para financiar pesquisas científicas com o objetivo de determinar a veracidade das afirmações de que a tecnologia do telefone celular está afetando negativamente a saúde humana. Recebi financiamento do British Mobile Telecommunications and Health Research Programme (MTHR) para montar um novo laboratório e dirigir uma equipe multidisciplinar de cientistas para descobrir se os campos eletromagnéticos gerados pelos telefones celulares e pelas suas estações de base estariam, de fato, causando os problemas relatados por um número pequeno, porém crescente, de pessoas. Os nossos estudos, junto com dezenas de outros testes controlados por placebo, duplos-cegos, foram agora conduzidos no mundo inteiro, testando centenas de pessoas, e a descoberta mais constante é que as pessoas são incapazes de detectar campos eletromagnéticos acima do que esperaríamos por acaso. Além disso, os sintomas de saúde negativos a curto prazo relatados por pessoas que acreditam estar sendo afetadas pelos sinais dos telefones celulares não parecem estar relacionados com a presença de campos eletromagnéticos apesar do que elas pensam; em vez disso, esses sintomas parecem ser atribuíveis ao que a pessoa acredita, esteja ela certa ou errada. A interpretação mais razoável é que os problemas de saúde que ocorrem na suposta eletrossensibilidade são causados pelo medo dos telefones celulares e pela *crença* de que eles são prejudiciais, e não pelos campos eletromagnéticos em si. Pode muito bem ser que haja algumas pessoas capazes de detectar a radiação eletromagnética, mas até agora o esforço científico concentrado não conseguiu encontrá-las. Alguns dos nossos artigos científicos sobre este tema são os seguintes: S. Eltiti et al., "Does Short-Term Exposure to Mobile Phone Base Station Signals Increase Symptoms in Individuals Who Report Sensitivity to Electromagnetic Fields?

A Double-Blind Randomized Provocation Study," *Environmental Health Perspectives* 115 (2007): 1063-068; e R. Russo et al., "Does Acute Exposure to Mobile Phones Affect Human Attention?" *Bioelectromagnetics* 27 (2006): 215-20. Para um resumo acessível do conhecimento científico existente no mundo a respeito dos campos eletromagnéticos e a saúde, consulte o seguinte website criado pela Organização Mundial de Saúde: www.who.int/peh-emf/project/en/.

162 **As características do sistema do medo**: O experimento que demonstra que membros do grupo de fora funcionam como estímulos preparados, fazendo com que aprendamos a temê-los com mais facilidade, está publicada em A. Olsson et al., "The Role of Social Groups in the Persistence of Learned Fear," *Science* 309 (2005): 785-87.

163 **Experimentos com tomografias do cérebro**: Este estudo está publicado em E. A. Phelps et al., "Performance on Indirect Measures of Race Evaluation Predicts Amygdala Activation," *Journal of Cognitive Neuroscience* 12 (2000): 729-38.

164 **meninas com a síndrome de Williams**: O estudo que mostra que crianças com a síndrome de Williams, uma desordem genética que as deixa desprovidas do medo social, não adquirem estereótipos raciais está publicado em A. Santos, A. Meyer-Lindenberg e C. Deruelle, "Absence of Racial, but Not Gender, Stereotyping in Williams Syndrome Children," *Current Biology* 20 (2010): 307-08. O trabalho de Santos e seus colegas parece ser uma forte evidência de que o medo social está na base do racismo. Se nos livrarmos do medo social, o racismo deverá simplesmente desaparecer. Nem todo mundo concorda. Liz Phelps, por exemplo, disse que embora considere os resultados interessantes, o problema é que como as crianças com a síndrome de Williams também têm sérias dificuldades de aprendizado, a sua incapacidade de captar atitudes racistas pode ter mais a ver com o aprendizado do que com o medo social. Este é um bom argumento, mas, por outro lado, o fato de essas crianças terem captado a estereotipagem de gênero quase sem problemas se opõe a ele. A ideia de que podemos reduzir o racismo e a estereotipagem negativa reduzindo o medo de outros grupos é fascinante e merece ser investigada mais detalhadamente.

165 **A possibilidade de modificar mentalidades arraigadas**: Os primeiros artigos a publicar informações mostrando que é possível modificar os vieses das pessoas se concentrou em modificar a maneira como *interpretamos* informações ambíguas. Consulte A. Mathews e B. Mackintosh, "Induced Emotional Interpretation Bias and Anxiety," *Journal of Abnormal Psychology* 109 (2000): 602-15, e S. Grey e A. Mathews, "Effects of Training on Interpretation of Emotional Ambiguity," *Quarterly Journal of Experimental Psychology* 53A (2000): 1143-162. A primeira demonstração de Colin MacLeod de que é possível modificar vieses

na atenção foi publicada em C. MacLeod et al., "Selective Attention and Emotional Vulnerability: Assessing the Causal Basis of Their Association Through the Experimental Manipulation of Attentional Bias," *Journal of Abnormal Psychology* 111 (2002): 107-23. Sínteses detalhadas e trabalhos subsequentes estão disponíveis em A. Mathews e C. MacLeod, "Induced Processing Biases Have Causal Effects on Anxiety," *Cognition and Emotion* 16 (2002): 331-54, e C. MacLeod, E. H. W. Koster e E. Fox, "Whither Cognitive Bias Modification Research? Commentary on the Special Section Articles," *Journal of Abnormal Psychology* 118 (2009): 89-99. Vários capítulos em J. Yiend, org., *Cognition, Emotion, and Psychopathology: Theoretical, Empirical and Clinical Directions* (Cambridge, Reino Unido: Cambridge University Press, 2004) discutem o desenvolvimento de procedimentos de modificação do viés cognitivo. Mais recentemente, o meu livro-texto, *Emotion Science: Neuroscientific and Cognitive Approaches to Understanding Human Emotions* (Basingstoke, Reino Unido: Palgrave Macmillan, 2008), também contém sínteses de estudos da MVC e discussões detalhadas dos vínculos entre os processos cognitivos e as emoções.

166 **Reinout Wiers, psicólogo**: O estudo descrito aqui está publicado em Reinout W. Wiers et al., "Retraining Automatic Action Tendencies Changes Alcoholic Patients' Approach Bias for Alcohol and Improves Treatment Outcome," *Psychological Science* 22 (2011): 490-97.

172 **Um grande entusiasmo cerca**: Várias sínteses acadêmicas desse trabalho estão agora disponíveis. Consulte a edição especial sobre a modificação do viés cognitivo, organizada por Ernst Koster, Elaine Fox e Colin MacLeod, *Journal of Abnormal Psychology* 118, nº 1 (2009). Um comentário sobre todos os artigos publicados na edição especial está disponível em MacLeod, Koster e Fox, "Whither Cognitive Bias Modification Research?" Mais recentemente, Paula Hertel da Universidade Trinity e Andrew Mathews da Universidade da Califórnia, Davis, publicaram uma síntese: "Cognitive Bias Modification: Past Perspectives, Current Findings, and Future Applications," *Perspectives in Psychological Science* 6 (2011): 521-36.

Capítulo 6: Novas técnicas para remodelar o nosso cérebro

174 **O TOC começa quando um medo básico**: Uma excelente discussão do TOC e das diversas maneiras de combatê-lo pode ser encontrada em Jeffrey Schwartz, *Brain Lock: Free Yourself from Obsessive Compulsive Behavior* (Nova York: Harper Perennial, 1997).

178 **A D-cicloserina em si**: A D-cicloserina é uma entre uma série de drogas medicamentosas que melhoram o *desempenho cognitivo*. Michael Davis, psicólogo da Universidade Emory, encontrou evidências de que essa droga pode melhorar os benefícios oriundos da terapia da exposição na ajuda às pessoas para superar os medos fóbicos, como o medo de altura, ou acrofobia. Uma discussão muito acessível desse trabalho pode ser encontrada em: www.dana.org/news/cerebrum/detail.aspx?id=752. Um dos primeiros artigos acadêmicos que mostram os benefícios potenciais dessa droga aliada a intervenções psicológicas é K. J. Ressler et al., "Cognitive Enhancers as Adjuncts to Psychotherapy: Use of D-Cycloserine in Phobias to Facilitate Extinction of Fear," *Archives of General Psychiatry* 61 (2004): 1136-144.

179 **A equipe de Nova York descobriu**: O artigo que relata este estudo é de D. Schiller et al., "Preventing the Return of Fear in Humans Using Reconsolidation Update Mechanisms," *Nature* 463 (2010): 49-54. Uma boa discussão desse trabalho pode ser encontrada em Daniel Lametti, "How to Erase Fear in Humans," *Scientific American*, 23 de março de 2010, www.scientificamerican.com/article.cfm?id=how-to-erase-fear-in-humans.

181 **Essa ideia foi respaldada**: O estudo descrito aqui é de R. L. Clem e de R. L. Huganir, "Calcium-Permeable AMPA Receptor Dynamics Mediate Fear Memory Erasure," *Science* 330 (2010): 1108-112.

181 **Uma vez ativado, o centro de controle cortical**: O estudo que mostra que a ativação de áreas do córtex pré-frontal pode amortecer a reação da amígdala ao medo nos ratos está publicado em M. R. Milad e G. J. Quirk, "Neurons in Medial Prefrontal Cortex Signal Memory for Fear Extinction," *Nature* 420 (2002): 70-4.

181 **Parece que as pessoas com**: Uma síntese acadêmica de um grande número de estudos de tomografias do cérebro que examinaram a atividade de várias áreas do cérebro em pessoas com TEPT pode ser encontrado em L. M. Shin et al., "Amygdala, Medial Prefrontal Cortex, and Hippocampal Function in PTSD," *Annals of the New York Academy of Science* 1071 (2006): 67-79.

182 **Na década de 1960, Richard Lazarus**: Uma excelente descrição desse trabalho pode ser encontrada em Richard Lazarus, *Psychological Stress and the Coping Process* (Nova York: McGraw-Hill, 1966).

182 **Meramente atribuindo um rótulo**: Experimentos que demonstram que aplicar um rótulo verbal a imagens emocionais pode ativar o córtex pré-frontal e atenuar a amígdala foram relatados em A. R. Hariri, S. Y. Bookheimer e J. C. Mazziotta, "Modulating Emotional Responses: Effects of a Neocortical Network on the Limbic System," *NeuroReport* 11 (2000): 43-8. O mesmo padrão

de resultados foi encontrado em um estudo com um formato semelhante que usou imagens de cenas aflitivas ou ameaçadoras. Consulte A. R. Hariri et al., "Neocortical Modulation of the Amygdala Response to Fearful Stimuli," *Biological Psychiatry* 53 (2003): 494-501. Existe uma crescente literatura sobre como reinterpretar ou reavaliar ativamente situações emocionais pode conduzir a mudanças genuínas nos centro de controle do cérebro. Uma excelente síntese pode ser encontrada em K. N. Ochsner e J. J. Gross, "Cognitive Emotion Regulation: Insights from Social, Cognitive and Affective Neuroscience," *Current Directions in Psychological Science* 17 (2008): 153-58.

184 **Justin Kim e Paul Whalen**: O estudo discutido aqui que mostra que a força do fascículo uncinado difere de acordo com o nível de ansiedade relatado está publicado em J. Kim e P. Whalen, "The Structural Integrity of an Amygdala-Prefrontal Cortex Pathway Predicts Trait Anxiety," *Journal of Neuroscience* 29 (2009): 11614-11617.

186 **A clássica terapia da conversa**: Uma excelente síntese da ciência por trás dessa afirmação a respeito da TCC pode ser encontrada em David A. Clark e Aaron T. Beck, "Cognitive Theory and Therapy of Anxiety and Depression: Convergence with Neurobiological Findings," *Trends in Cognitive Sciences* 14 (2010): 418-24.

186 **Embora muito mais pesquisas sejam necessárias**: É preciso muito mais pesquisas para determinar os efeitos que os procedimentos da TCC têm nos circuitos do cérebro. No entanto, um estudo indicou que esses procedimentos poderiam modificar os centros de controle no CPF; consulte M. Browning et al., "Lateral Prefrontal Cortex Mediates the Cognitive Modification of Attentional Bias," *Biological Psychiatry* 67 (2010): 919-25.

188 **Uma interessante explicação**: Uma excelente síntese deste trabalho pode ser encontrada em C. J. Harmer, G. M. Goodwin e P. J. Cowen, "Why Do Antidepressants Take So Long to Work? A Cognitive Neuropsychological Model of Antidepressant Drug Action," *British Journal of Psychiatry* 195 (2009): 102-08.

189 **Uma demonstração particularmente impressionante**: Richard Davidson, o psicólogo da Universidade de Wisconsin, foi um dos primeiros a examinar o efeito da meditação sobre o controle mental e as funções regulatórias. Em uma série exclusiva de estudos, ele examinou os padrões de atividade cerebral que ocorrem quando monges budistas experientes entram em estados meditativos. Uma boa síntese desse trabalho pode ser encontrada em A. Lutz et al., "Attention Regulation and Monitoring in Meditation," *Trends in Cognitive Sciences* 12 (2008): 163-68. A primeira demonstração da atividade cerebral do grupo de monges budistas — os atletas olímpicos do mundo da meditação, como Da-

vidson os chama — está em A. Lutz et al., "Long-Term Meditators Self-Induce High-Amplitude Gamma Synchrony During Mental Practice," *Proceedings of the National Academy of Sciences* 101 (2004): 16369-6373. Uma síntese desse trabalho, de leitura bastante fácil, também é encontrada em Sharon Begley, *The Plastic Mind: New Science Reveals Our Extraordinary Potential to Transform Ourselves* (Londres: Constable & Robinson, 2009).

190 **Junto com a colega Julie Brefczynski-Lewis**: Este trabalho é relatado em J. A. Brefczynski-Lewis et al., "Neural Correlates of Attentional Expertise in Long-Term Meditation Practitioners," *Proceedings of the National Academy of Sciences* 104 (2007): 11483-1488.

191 **Outra forma comum**: Uma excelente discussão da meditação da atenção plena e o seu papel em ajudar pessoas a lidar com o estresse pode ser encontrada em Mark Williams e Danny Penman, *Mindfulness: An Eight-Week Plan for Finding Peace in a Frantic World* (Emmaus, PA: Rodale Books, 2011).

192 **Schwartz fez tomografias do cérebro de pessoas**: O estudo memorável que demonstra que dez semanas de BAP baseada na atenção plena causaram uma redução da atividade no córtex orbitofrontal dos pacientes com TOC bem como uma substancial melhora clínica foi publicado por J. M. Schwartz et al., "Systematic Changes in Cerebral Glucose Metabolic Rate After Successful Behavior Modification Treatment of Obsessive-Compulsive Disorder," *Archives of General Psychiatry* 53 (1996): 109-13. O desenvolvimento por Jeffrey Schwartz de uma forma de terapia comportamental cognitiva baseada na atenção plena é descrito em Jeffrey M. Schwartz e Sharon Begley, *The Mind and the Brain: Neuroplasticity and the Power of Mental Force* (Nova York: Harper Perennial, 2002).

192 **A BAP baseada na atenção plena também tem tido**: Uma excelente analise crítica acadêmica de estudos sobre a depressão pode ser encontrada em K. J. Ressler e H. S. Mayberg. "Targeting Abnormal Neural Circuits in Mood and Anxiety Disorders: From the Laboratory to the Clinic," *Nature Neuroscience* 10 (2007): 1116-124. Para uma discussão mais acessivel, consulte Williams e Penman, *Mindfulness*.

194 **Teasdale, Williams e Segal recrutaram**: O estudo que demonstrou a eficácia da terapia de comportamento cognitivo baseada na atenção plena na prevenção da recaída na depressão grave foi publicado em J. D. Teasdale et al., "Prevention of Relapse/Recurrence in Major Depression by Mindfulness-Based Cognitive Therapy," *Journal of Consulting and Clinical Psychology* 68 (2000): 615-23. Um livro de autoria de Z. V. Segal, J. M. G. Williams e J. D. Teasdale, *Mindfulness-Based Cognitive Therapy for Depression: A New Approach to Preventing*

Relapse (Nova York: Guilford Press, 2002), também apresenta uma excelente visão de abordagens de atenção plena da terapia cognitiva.

194 **Relativamente pouco tempo depois desse estudo memorável:** O estudo que mostrou que a técnica de redução do estresse de oito semanas baseada na atenção plena de Jon Kabat-Zinn pode melhorar a função do sistema imunológico e conduzir a uma mudança na assimetria frontal do cérebro para um padrão mais positivo (para o lado esquerdo) foi de R. J. Davidson et al., "Alterations in Brain and Immune Function Produced by Mindfulness Meditation," *Psychosomatic Medicine* 65 (2003): 564-70. Excelentes sínteses da evidência científica de que uma assimetria relativa para o lado esquerdo na atividade de partes do CPF está associada à experiência de emoções positivas, ao passo que uma assimetria relativa para o lado direito na ativação do CPF está associada a emoções negativas podem ser encontradas em R. J. Davidson, "Emotion and Affective Style: Hemispheric Substrates," *Psychological Science* 3 (1992): 39-43, e em R. J. Davidson e W. Irwin, "The Functional Neuroanatomy of Emotion and Affective Style," *Trends in Cognitive Sciences* 3 (1999): 11-21.

195 **Enquanto cada voluntário se deitava em uma máquina de fMRI:** O estudo que usa a fMRI para mostrar que as pessoas que tiveram uma pontuação mais elevada no questionário de "atenção plena" tiveram uma atividade maior no CPF e uma ativação reduzida da amígdala (ou seja, a reação do medo) foi de J. D. Creswell et al., "Neural Correlates of Dispositional Mindfulness During Affect Labeling," *Psychosomatic Medicine* 69 (2007): 560-65.

196 **O programa de MBSR tinha reduzido:** O estudo descrito aqui pode ser encontrado em K. Britta et al., "Mindfulness Practice Leads to Increases in Brain Grey Matter Density," *Psychiatry Research: Neuroimaging* 191, nº 1 (2011): 36-43.

196 **Tendo em vista que existem diferenças individuais:** O estudo que mostra que as pessoas diferem na sua capacidade de regular as emoções e que isso está relacionado com diferenças na vida real no bem-estar e no sucesso financeiro está publicado em S. Côté, A. Gyurak e R. W. Levenson, "The Ability to Regulate Emotion Is Associated with Greater Well-Being, Income, and Socioeconomic Status," *Emotion* 10 (2010): 923-33.

198 **George Bonanno, psicólogo:** Uma síntese acessível da pesquisa científica que mostra que a maioria das pessoas é altamente resiliente depois do trauma pode ser encontrada em George A. Bonanno, *The Other Side of Sadness: What the New Science of Bereavement Tells Us About Life After Loss* (Nova York: Basic Books, 2009). Para um relato acessível de como as pessoas podem crescer e até mesmo vivenciar o "crescimento pós-traumático" depois de um trauma importante, consulte Stephen Joseph, *What Doesn't Kill Us: The New Psychology of Posttrau-*

matic Growth (Nova York: Basic Books, 2011). Uma excelente síntese também pode ser encontrada em Gary Stix, "The Neuroscience of True Grit," *Scientific American* (março de 2011): 28-33.

198 **nos seus experimentos originais, Seligman**: A descoberta original de desamparo adquirido nos cachorros foi feita por Martin Seligman e colegas, e publicada em M. E. P. Seligman, S. F. Maier e J. Geer, "The Alleviation of Learned Helplessness in Dogs," *Journal of Abnormal Psychology* 73 (1968): 256-62. Uma das coisas interessantes a observar é que aproximadamente um terço dos 150 cachorros que receberam um choque inevitável não se tornaram desamparados — eles nunca desistiram. Embora a maioria tenha desenvolvido um estilo depressivo de lidar com as coisas e se tornado desamparados, alguns permaneceram resilientes e mantiveram um estilo mais otimista. Existe pouca dúvida de que essas diferenças também estejam refletidas nos padrões de pensamento pessimista e otimista que vemos nas pessoas.

199 **O desenvolvimento dessa imunidade psicológica**: Essa pesquisa está publicada em J. P. E. Amat et al., "Previous Experience with Behavioural Control over Stress Blocks the Behavioural and Dorsal Raphe Activating Effects of Later Uncontrollable Stress: Role of the Ventral Medial Prefrontal Cortex," *Journal of Neuroscience* 26 (2006): 13264-3272.

199 **Estudos com ratos até mesmo**: O experimento relatado aqui foi publicado em J. M. Weiss, "Effects of Coping Behavior in Different Warning Signal Conditions on Stress Pathology in Rats," *Journal of Comparative and Physiological Psychology* 77, nº 1 (1971): 1-13. É importante ressaltar que um estudo anterior com macacos, publicado por Joseph Brady, encontrou resultados exatamente opostos. No que se tornou conhecido como os estudos dos "macacos executivos", Brady informou que o macaco que tinha o controle, o "executivo", tinha desenvolvido *mais* úlceras do que o macaco preso, que recebeu o mesmo número de choques mas não tinha nenhum controle. No entanto, hoje é amplamente reconhecido que houve um sério problema com o planejamento do estudo de Brady. O problema foi que os macacos não foram aleatoriamente designados para as diferentes condições. Em vez disso, os macacos que aprendiam mais rápido receberam a função "executiva", enquanto os macacos mais lentos foram colocados no grupo "nenhum controle sobre o choque". Um estudo subsequente de Jay Weiss descobriu que os macacos que respondiam rápido eram, originalmente, mais propensos a *desenvolver* úlceras. O estudo de Brady foi publicado em J. V. Brady et al., "Avoidance Behavior and the Development of Gastroduodenal Ulcers," *Journal of the Experimental Analysis of Behavior* 1 (1958): 69-72.

199 **residentes de um lar de idosos na Nova Inglaterra:** Os estudos com os residentes do lar de idosos realizados por Ellen Langer e Judith Rodin aqui referidos foram publicados em dois artigos: E. J. Langer e J. Rodin, "The Effects of Choice and Enhanced Personal Behaviorality for the Aged: A Field Experiment in an Institutional Setting," *Journal of Personality and Social Psychology* 34 (1976): 191-98, e J. Rodin e E. J. Langer, "Long-Term Effects of a Control--Relevant Intervention with the Institutionalized Aged," *Journal of Personality and Social Psychology* 35 (1977): 897-902.

200 **Um estudo clássico das psicólogas Lauren Alloy:** O estudo original sobre o realismo depressivo foi publicado em L. B. Alloy e L. Y. Abramson, "Judgment of Contingency in Depressed and Non-Depressed Students: Sadder but Wiser?" *Journal of Experimental Psychology: General* 108 (1979): 441-85. Estudos subsequentes mostraram que não é realmente o caso que as pessoas deprimidas ou pessimistas sejam mais tristes porém mais sábias; em vez disso, parece que a depressão está associada a estimativas mais precisas da falta de controle da própria pessoa, porém, curiosamente, a tendência de *superestimar* a quantidade de controle que as outras pessoas têm. Esse trabalho foi publicado em D. Martin, L. Y. Abramson e L. B. Alloy, "The Illusion of Control for Self and Others in Depressed and Non-Depressed College Students," *Journal of Personality and Social Psychology* 46 (1984): 125-36.

201 **temos uma chance maior de ganhar:** Uma síntese abrangente dos efeitos da ilusão de controle pode ser encontrada em E. J. Langer, "The Illusion of Control," *Journal of Personality and Social Psychology* 32 (1975): 311-28.

201 **"Paradoxo do Progresso":** No seu livro *The Paradox of Progress: How Life Gets Better While People Feel Worse* (Nova York: Random House, 2003), George Easterbrook apresenta muitos fatos e números fascinantes a respeito de como a riqueza do mundo desenvolvido aumentou substancialmente ao longo de um período de cinquenta anos. Ele ressalta, por exemplo, que na década de 1950 um cheeseburger no McDonald's custava o equivalente a meia hora de salário, ao passo que em 2003 o custo era equivalente a cerca de nove minutos de trabalho. No entanto, as pessoas entrevistadas em 2003 disseram que estavam em situação pior do que os seus pais e que acreditavam que os seus filhos iriam herdar um mundo ainda pior. Não é tudo culpa do McDonald's! Existem muitos outros exemplos de como as coisas melhoraram (por exemplo, ter espaço e calor dentro de casa) enquanto os sentimentos de bem-estar não se alteraram.

202 **a ciência descobriu que mudanças genuínas:** Martin Seligman tem estado na vanguarda do movimento da "psicologia positiva", que tenta descobrir o que pode conduzir a uma vida repleta de alegria e significado, tentando espe-

cialmente descobrir o que possibilita que as pessoas floresçam. As suas constatações são explicadas no seu livro *Authentic Happiness: Using the New Positive Psychology to Realize Your Potential for Lasting Fulfillment* (Nova York: Free Press, 2002). Para uma descrição mais acadêmica da psicologia positiva, consulte M. E. P. Seligman e M. Csikszentmihalyi, "Positive Psychology: An Introduction," *American Psychologist* 55 (2000): 5-14. Mihaly Csikszentmihalyi também escreveu amplamente sobre a psicologia positiva, especialmente sobre o conceito do "fluxo" ou da "experiência ideal". Esse trabalho é belamente descrito no seu livro, hoje clássico, *Flow: The Psychology of Optimal Experience* (Nova York: Harper-Collins, 1990).

204 **A psicóloga Barbara Fredrickson**: O estudo sobre o florescimento e os índices de positividade descritos aqui podem ser encontrados em B. L. Fredrickson e M. F. Losada, "Positive Affect and the Complex Dynamics of Human Flourishing," *American Psychologist* 60 (2005): 678-86. O trabalho de Barbara Fredrickson é descrito no seu livro inspirador, *Positivity: Groundbreaking Research Reveals How to Embrace the Hidden Strength of Positive Emotions, Overcome Negativity, and Thrive* (Nova York: Crown, 2009). Você também pode calcular o seu índice de positividade no website dela: www.positivityratio.com. Vale a pena mencionar que, embora para florescer seja importante manter o nosso índice de positividade acima de 3, também é possível ter um excesso de uma coisa boa. Fredrickson ressalta que as experiências positivas precisam ser genuínas e que se o índice de positividade se tornar alto demais, isso pode, na verdade, ser uma coisa ruim.

205 **As razões de positividade também são importantes**: A pesquisa de John Gottman identificou várias coisas que são importantes para um casamento feliz, entre elas uma razão de positividade de mais de cinco para um. Você pode ler a respeito desse trabalho em John Gottman, *Why Marriages Succeed or Fail: And How You Can Make Yours Last* (Nova York: Fireside, 1994).

206 **Ter um cérebro cinzento saudável e suscetível**: O trabalho mostra que partes do nosso cérebro que reagem ao medo, como a amígdala, também são importantes para nos empurrar em direção a um viés otimista está publicado em T. Sharot et al., "Neural Mechanisms Mediating Optimism Bias," *Nature* 450 (2007): 102-05. O trabalho de Anthony Ong que demonstra que as pessoas resilientes tendem a vivenciar mais emoções positivas e negativas em uma crise pode ser encontrado em A. D. Ong, C. S. Bergeman e T. L. Bisconti, "The Role of Daily Positive Emotions During Conjugal Bereavement," *Journal of Gerontology: Psychological Sciences* 59B (2004): 158-67.